wan guo万国 深蓝法考

国家统一法律职业资格考试

讲义版 ⑥

万国专题讲座

商法·
经济法·
环境资源法·
劳动社保法·
知识产权法

邓金华◎编著
万国深蓝法考研究中心◎组编

中国法制出版社
CHINA LEGAL PUBLISHING HOUSE

**图书在版编目（CIP）数据**

商法·经济法·环境资源法·劳动社保法·知识产权
法 / 邓金华编著；万国深蓝法考研究中心组编. —北
京：中国法制出版社，2022.1
2022国家统一法律职业资格考试万国专题讲座：讲
义版
ISBN 978-7-5216-2243-0

Ⅰ．①商⋯　Ⅱ．①邓⋯　②万⋯　Ⅲ．①法律—中国—
资格考试—自学参考资料　Ⅳ．①D920.4

中国版本图书馆CIP数据核字（2021）第213126号

责任编辑：成知博　　　　　　　　　　　　　　　　　　　封面设计：李　宁

**商法·经济法·环境资源法·劳动社保法·知识产权法**
SHANGFA · JINGJIFA · HUANJINGZIYUANFA · LAODONGSHEBAOFA · ZHISHICHANQUANFA
编著 / 邓金华
组编 / 万国深蓝法考研究中心
经销 / 新华书店
印刷 / 保定市中画美凯印刷有限公司
开本 / 787 毫米 × 1092 毫米　16 开　　　　　　　　印张 / 17.25　字数 / 398 千
版次 / 2022 年 1 月第 1 版　　　　　　　　　　　　2022 年 1 月第 1 次印刷

中国法制出版社出版
书号 ISBN 978-7-5216-2243-0　　　　　　　　　　　　　　　　定价：45.00 元

北京市西城区西便门西里甲 16 号西便门办公区　　　　　　　传真：010 63141852
邮政编码：100053
网址：http://www.zgfzs.com　　　　　　　　　　　　编辑部电话：010-63141820
市场营销部电话：010-63141612　　　　　　　　　　印务部电话：010-63141606
（如有印装质量问题，请与本社印务部联系。）
如有二维码使用问题，请与万国深蓝法考技术部联系。二维码使用有效期截至 2022 年 12 月 31 日。电话：400-155-1220

# 总序

## 精准学习，锚定法考通关之路

丢掉考试中 40% 的分数仍可能通关，貌似宽松；但实际上，过往的法考（司考）每年通过率不到 20%，八成以上考生被拒之门外。高容错率、低通过率，似乎是难题太多；而在历年考题中，高难度、易丢分的题目却又屈指可数。这就是法考（司考）的奇特属性，也是被蒙蔽了接近二十年的不解之谜。这一不解之谜所造成的痛苦达到二十年多之顶峰，也加剧了考生的无所适从（刚出考场就开始在网上吐槽）。

2018 年，法考在诸多方面出现了划时代的重大变化——主观题、客观题分开考，主观题开卷考，机考方式改革，内容结构调整等；2019 年，考试时间提前，客观题分两批次考试；2020 年，考试延期，主观题考试实现全面机考，采用电子法条形式，并出现民法学科与商法学科、民法学科与民事诉讼法学科交叉考查的新形式；2021 年，考试再度延期，考生们在延期等待中苦苦坚持、又在坚持中对将会出现的变化迷茫无措。我们不禁疑问，法考还会出现哪些变革？

在迷雾中，我们已经探索了二十多年，从传统的培训，到基于移动互联网的培训。我们现在确信：以往荒唐的备考方式，是真正的、唯一的谜底。

以往备考是这样的：买上摞起来差不多一米高的书，尽早开始，在两个月内将所有学科快速学完一遍，之后无限循环，在考前达到五轮甚至六轮以上的重复。这种备考方式可称为"消耗式学习"，它需要大量时间，透支备考者的体力、精力，但是否能真正掌握知识点，却是"混沌"的。

"消耗式学习"的另一个场景，是在时间超长的名师视频课件中点播，然后像网络追剧般看完每一个视频。视频课件中"名师"带来的微妙心理暗示，给备考者营造出最舒适的备考体验。然而视频即使全部看完，考题正确率却仍旧难以提升。

"消耗式学习"的失败，在于它试图通过机械式重复学习来谋求理解上的深入，只关注知识的"强行灌输"过程，甚少关注消化与否的结果；只关注知识的"输入"，甚少关注知识的"输出"（即在记忆、理解知识的基础上运用知识）；知识"输入"时只考虑到大多数考生的共性问题，甚少涉及每个考生的个性化问题。

彻底揭开不解之谜的谜底，让备考高效的解决之道应当是：在备战法考的全过程中，能始终对考生各知识掌握情况持续测量，之后全面评估考生的掌握程度分布，从而有针对性地安排接下来的学习重点。这样的路径在考生的个体维度独立建立，便意味着每个人都拥有了对自己而言效率最高且独一无二的备考过程。

万国，以此构建"深蓝法考"。

从 2017 年开始，深蓝法考 APP 开始帮助每年备考的考生们通过客观题，再通过主观题！实现了他们法考过关的梦想。"精准学习＋个性化定制"的备考方式，让进入深蓝的考生们，无法再回到过去的备考模式中，深蓝把备考的一切装进考生的口袋，它是所向披靡的法考通关工具。深蓝成为那些没有非常充足时间、复习时间碎片化且亟需复习效率的在职备考人员的贴心人。

### 深蓝法考 APP 客观题备考学习阶段

进入深蓝法考 APP 的学习，第一步是对考生的实际学习需求进行测评，定制出个性化的学习计划，在此基础上，进入"基础学习＋考前冲刺"的深蓝全程学习。学习模式包括：初阶的"学＋测"；高阶的"学＋测＋补"。

随着学习内容及学习阶段的不断推进，深蓝及时安排考生完成与学习进度相同学科的测试卷。测试卷的作用是帮助考生查找学习薄弱环节；接下来，深蓝私教安排考生进入一对一的深蓝问诊课堂，通过课后定制的解决方案，帮助考生将学习中的薄弱环节学懂、掌握。深蓝在每个学习节点上，都推出法考多学科不同主题的直播授课。进入考前冲刺，深蓝问诊课是考生高效、精准学习的强大学习工具，确保考生对高频考点的全面掌握。

"基础学习＋考前冲刺"的深蓝全程学习内容，全部都在考生各自的定制计划中以动态调整的形式不断完美实现，这就是考生们在深蓝法考 APP 的帮助下，顺利通过的重要原因。

### 深蓝法考 APP 主观题备考学习阶段

深蓝依据历年主观题考试内容，将攻克主观题所要具备的能力，归纳为通关核心三大能力，这三大能力是：（1）对主观题具体问题的定性与判断的知识能力；（2）答案定位于法条，确定法言法语关键词的能力；（3）知识答案＋法言法语关键词形成表述的能力。

三大能力的学习与训练完美地体现在深蓝"精准学习＋个性化定制"的法考主观题应试学习产品之中：首先，深蓝通过课前测试对考生学习需求进行初步归因和归类；其次，通过深蓝"学练测＋问诊课"，定制出个性化的学习计划；再次，将考生在深蓝题库或学练测中所展示的学习薄弱点，关联到三大能力项下，进行数据整合，以周为单位推出考生主观题三大能力学习数据报告；最后，指导考生进行精准地查漏补缺学习。

同时，深蓝主观题的人工视频批改是目前法考主观题产品中成效显著、口碑极佳的学习通关工具，它的批改效果极大提高了考生对上述三大能力的掌握效率。

深蓝清晰而精准地记录了每一位深蓝考生客观题、主观题学习的全部过程，包括学习上的进步、学习中途的停滞，以及放弃学习之后的倒退等每一个细小环节，生成每一位深蓝考生的学习数据轨迹。这些学习数据迅速提供给深蓝教研团队，帮助他们不断开发新的法考学习产品，造福更多的考生通过考试，实现梦想！

北美冰球手韦恩·格雷茨基的一句话隐喻了远见，令我受益匪浅："我向冰球将要到达的地方滑去，而不是它曾经过的地方。"教育与技术深度结合形成了完美交集，我喜欢这个交集，也确信"深蓝法考"所做的一切已是个正确的开始。

2021 年 11 月

# 前言

## 商法

**命题规律**

重者恒重、新增必考是商法的基本命题规律。命题涵盖面很广，但重要考点在考核中持续出现，从不曾缺席。

关于2022年商法重要考点列举如下：

1.公司法是商法中的重头戏，重要考点包括：第一、分公司与子公司制度；第二、公司章程可约定事项；第三、股东资格确认规则；第四、名义股东规则；第五、股东出资义务；第六、股东代表诉讼与司法解散规则；第七、公司合并与分立制度；第八、有限公司股权转让制度；第九、股份公司募集设立制度等。

2.合伙企业法在商法中属于千年老二的角色，地位仅次于公司法，重要考点包括：第一、普通合伙人出资规则；第二、普通合伙人财产份额出质与转让规则；第三、普通合伙人债务清偿规则；第四、普通合伙人退伙与继承规则；第五、合伙事务执行规则；第六、有限合伙人与普通合伙人的区别等。

3.个人独资企业法重要考点包括：第一、出资人的无限责任与受托人的禁止义务；第二、个人独资企业的管理等。

4.外商投资法重要考点包括：第一、适用范围；第二、准入待遇等。

5.企业破产法重要考点包括：第一、破产申请与受理制度；第二、管理人与债权人会议制度；第三、债务人财产与债权申报制度；第四、破产程序转换规则；第五、取回权与撤销权制度；第六、重整与和解制度等。

6.票据法重要考点包括：第一、票据特征；第二、票据抗辩与补救制度；第三、出票、背书、承兑、保证规则；第四、票据的法定记载事项等。

7.证券法重点内容包括：第一、股票与债券的区别；第二、证券发行与交易规则；第三、信息披露原则与投资者保护制度；第四、基金份额持有人的权利与基金管理人的禁止行为等。

8. 保险法重点内容包括：第一、保险法的基本原则；第二、人身保险的特别规则；第三、财产保险的代位求偿权；第四、保险合同的解除制度等。

9. 海商法重点内容包括：第一、船舶优先权制度；第二、船舶留置权制度；第三、船舶抵押权制度；第四、海难救助倒序原则等。

**复习方法**

1. 鉴于一道题目往往包含着 N 多考点，牵扯范围比较广，所以对上述重要考点要雨露均沾，进行全方位、精准地学习。

2.《公司法解释（五）》考生应高度重视。同时，要深入学习《公司法解释（四）》《保险法解释（四）》《破产法解释（三）》。

3. 鉴于在题目设计上，综合性程度逐年增高，2022 年考生要在学习中培养法治思维与解题智慧，既能深入理解，又要精准记忆。

4. 鉴于案例分析难度加大，没有实务背景知识很难解答，2022 年考生应关注热点案例，熟悉真实的公司运作流程。

# 经济法、劳动法及社会保障法、环境资源法

**命题规律**

三大部门法命题涵盖面广，重者恒重、新修必考、回应热点、尊重常识是其共同的命题规律，2022 年重要考点列举如下：

1. 竞争法重要考点包括：第一、垄断行为的认定；第二、滥用行政权力排除、限制竞争行为的认定；第三、不正当竞争行为的认定；第四、法律责任等。

2. 消费者法重要考点包括：第一、消费者权利与经营者义务；第二、产品责任；第三、食品安全制度；第四、食品安全责任等。

3. 银行业法重要考点包括：第一、贷款法律制度；第二、存款法律制度；第三、监督管理职责与监督管理措施等。

4. 财税法重要考点包括：第一、企业所得税减免；第二、个人所得税的征收；第三、纳税争议、税收保全与税收强制措施；第四、审计范围与审计程序等。

5. 土地法和房地产法重要考点包括：第一、国有土地使用权出让与划拨制度；第二、集体土地使用权制度；第三、房地产开发与交易制度；第四、城乡规划的编制与实施制度；第五、不动产登记制度。

6. 劳动法及社会保障法重要考点包括：第一、商业秘密与竞业禁止；第二、无固定期限劳动合同；第三、劳动合同解除；第四、劳务派遣；第五、劳动争议处理程序；第六、社会保险相关制度；第七、军人保险相关制度等。

7. 环境资源法重要考点包括：第一、按日连续处罚；第二、突发环境事件处理；第三、环评文件审批；第四、采伐许可；第五、采矿许可等。

# 编写说明

　　《万国专题讲座》是我们万国学校经过二十多年法考（司考）培训之摸索、锤炼，由我们优秀的授课老师和专业的研发中心人员共同创造出来的品牌，它已经成为国内法考培训领域中经典系列之一。

　　自2016年起，《万国专题讲座》引入互联网技术，打造完成"深蓝法考"学习平台，在传统图书培训环境中加入手机扫码，实现移动互联网式学习。《万国专题讲座》已经升级成为"会讲课""会刷题""会答疑"的全新法考学习通关模式。

　　《万国专题讲座·讲义版》由一线资深授课老师严格按照法考大纲的要求，全面系统编写而成。对于考生而言，是法考通关最基础的学习内容。本套书具有如下特点：

## 1. 重要考点课程表

　　我们与授课老师反复沟通打磨，为广大考生全新呈现了"重要考点课程表"这一版块。

　　依托于"深蓝法考"APP的大数据学习模型，结合授课老师多年丰富授课经验，提炼历年司考真题及法考模拟题所涉高频考点，重要考点课程表归纳总结了法考学科的重要核心考点。同时，为助力考生全面系统学习，我们与授课老师一道，为重要考点课程表所涉考点配备了相应的视频（音频）课程。考生可通过扫描图书封面的二维码（一书一码），进入"深蓝法考"APP获取相关资源。

　　在"深蓝法考"APP上，考生可以获得个性化的定制学习：反复学习授课老师讲解的课件视频（音频）内容；就相关内容提出疑问，提交"深蓝"获取解答；在深蓝题库中刷题，检测自己的学习情况；在法条库中查找法条，初步建立起学科体系。

　　实现高效、精准学习，这就是深蓝法考2022年学习包讲义版相较同类品种的最大差异与优势。

## 2. 知识体系图

　　在每一专题里，我们根据学科特点及授课老师的教学模式，以不同形式建立知识体系图。考生在这一知识体系图中可以清晰、直观地了解各个知识点（考点）之间的关系，同时还可以根据授课老师的讲解，在图上标注出重点、难点和自己需要反复学习的知识点，打造一份属于考生自己的法考学习笔记。

### 3. 命题点拨

命题点拨包括三部分内容：本专题内考试大纲要求掌握的重点知识点（考点）、考试所出现的高频次考查内容以及对考试内容命题趋势的预测。

在此重点提醒考生，一定要仔细审读"命题点拨"的内容。在这一部分中，授课老师针对以上内容予以说明并给出复习建议，认真读懂这部分内容能帮助考生实现事半功倍的复习效果。

### 4. 知识点详解

此部分为本书主干，是授课老师结合学科特点对各科内容的具体讲解。考生在学习初期，应先通读该部分内容，打好基础；继而根据授课老师针对重点知识点的考查角度、详细内容的讲解阐述，透彻理解掌握相关制度规则。

本部分有如下特点：一是授课老师将教学中考生所提出的疑难问题、易混淆问题进行集中讲解，配置详细的解析，帮助考生明晰哪些是重点考查的知识点，使考生在备考中能够做到明确重点、有的放矢；二是对于易混淆的知识点，我们设置了"注意"版块，从多视角进行解析，帮助考生绕开考点陷阱；三是对于需要重点记忆的内容，多以图表方式呈现，为考生记忆提供便利。

按照上述思路进行体系化学习后，考生可以清楚地将专题中的重点、易混淆、要背诵的知识点（考点）内容集中总结，按照学习计划从容备考。

### 5. 经典考题

本书所收录的"经典考题"是近年来的司考真题及法考模拟题。遴选试题的标准是考点考查频次必须是 2 次以上；题目严谨，不能有较大歧义，同时要尽量方便考生查询。其作用是实现同步练习的目的。对于"经典考题"，我们在书中均给出了答案与解析，考生可以仔细阅读。

在此提醒考生，一定要及时刷题，找出学习中的漏洞；同时通过做题，体会重点考点、易混淆点、难点的内容，巩固并掌握知识点。

《万国专题讲座·讲义版》与《万国专题讲座·重点法条记忆版》《万国专题讲座·题库版》《万国专题讲座·精粹背诵版》组成超强的万国学习包提供给广大考生，祝福考生们心想事成，实现法考通关目标！

万国深蓝法考研究中心

2021 年 12 月

**复习方法**

1. 重要考点全面掌握、精准记忆。考前机械背诵、突击发力的错误想法绝不可取，只有深入持久学习，真正理解规则背后的逻辑才是硬道理。

2. 信用卡盗刷、校园贷、商改住、森林防火、债转股、银行接管等当年热点都曾出现在考题中，考生要加大对热点问题的关注与思考，并且将热点案例结合考点进行学习。

3.《土地管理法》中的土地征收补偿制度，考生应高度重视。

4. 考生要提高思维层次，在学习中培养法治思维与分析能力，培养综合运用法条、法理、逻辑、常识、技巧解题的智慧，尤其要提高运用常识解题的能力。

# 知识产权法

**命题规律**

重者恒重、侵权必考是知识产权法的命题规律，2022 年重要考点列举如下：

1. 著作权法重要考点包括：第一、著作权的客体；第二、著作权归属；第三、著作权人身权；第四、著作权财产权；第五、合理使用制度；第六、法定许可制度；第七、著作权侵权的认定等。

2. 专利法重要考点包括：第一、专利申请制度；第二、优先权制度；第三、现有技术抗辩；第四、专利无效宣告；第五、专利侵权的认定等。

3. 商标法重点内容包括：第一、注册商标的申请制度；第二、注册商标转让与许可制度；第三、注册商标无效宣告制度；第四、商标侵权的认定等。

**复习方法**

1. 重要考点全面掌握、精准记忆。临阵磨枪光的只是"面子"，而我们最终考的还是实实在在的"里子"。所以，考生要坚持不懈、持久学习，深入理解规则背后的道理，并且提高思维层次，综合运用法条、法理、逻辑、常识、技巧解题。

2. 考生要加大对热点问题的关注与思考，对最高法的最新判决保持高度关注。还要将热点案例结合考点进行学习。

3. 知识产权法重点考核侵权问题，而且有题干设计越来越复杂的趋势，考生要多做题，多熟悉经典的案情，以提高解题的速度与正确率。

4. 鉴于修改后的《著作权法》《专利法》于 2021 年 6 月 1 日实施，要特别注意新修与新增的考点。

# 目录

## 第二部分   经济法

# 第三部分　知识产权法

# 第四部分　劳动及社会保障法

# 第五部分　环境资源法

# ○ 重要考点课程表 ○

| 序号 | 重要考点 | 序号 | 重要考点 |
|------|---------|------|---------|
| 1 | 公司设立之公司资本 | 29 | 反垄断调查与法律责任 |
| 2 | 公司设立之股东出资 | 30 | 虚假宣传与诋毁商誉 |
| 3 | 发起人 | 31 | 互联网不正当竞争和侵犯商业秘密 |
| 4 | 公司设立之公司章程 | 32 | 实体税法 |
| 5 | 公司设立之股东 | 33 | 税收程序法 |
| 6 | 公司运行之股东的权利保护 | 34 | 审计法 |
| 7 | 公司运行之治理结构 | 35 | 商业银行的设立、变更 |
| 8 | 公司的收益分配制度 | 36 | 商业银行的业务规则、监督管理 |
| 9 | 公司的变更、合并与分立 | 37 | 消费者的权利、经营者的义务与责任承担 |
| 10 | 公司的解散与清算 | 38 | 违反食品安全法的法律责任 |
| 11 | 上市公司 | 39 | 劳动合同的订立 |
| 12 | 股权、股份的转让 | 40 | 劳动合同的解除 |
| 13 | 普通合伙 | 41 | 集体劳动合同、劳务派遣与非全日制用工制度 |
| 14 | 有限合伙 | 42 | 劳动争议 |
| 15 | 普通合伙企业的财产与损益分担 | 43 | 社会保险法 |
| 16 | 普通合伙事务的执行 | 44 | 著作权的客体与主体 |
| 17 | 普通合伙与第三人的关系 | 45 | 著作人身权 |
| 18 | 有限合伙人的权利和义务 | 46 | 著作财产权 |
| 19 | 破产的申请和受理 | 47 | 邻接权 |
| 20 | 债务人财产 | 48 | 表演者权利义务 |
| 21 | 债权申报与债权人会议 | 49 | 著作权侵权行为 |
| 22 | 重整程序 | 50 | 专利权授予的条件与程序 |
| 23 | 票据法概述 | 51 | 专利权的保护与限制 |
| 24 | 汇票、本票和支票 | 52 | 商标注册的申请 |
| 25 | 证券投资基金法律制度 | 53 | 商标权的取得与内容 |
| 26 | 保险合同的订立、履行和解除 | 54 | 商标侵权行为及例外 |
| 27 | 人身保险合同与财产保险合同 | 55 | 驰名商标的保护 |
| 28 | 垄断行为 | | |

# 第一部分 商 法

# 专题一　公司法

## 第一节　公司法概述

知识体系图

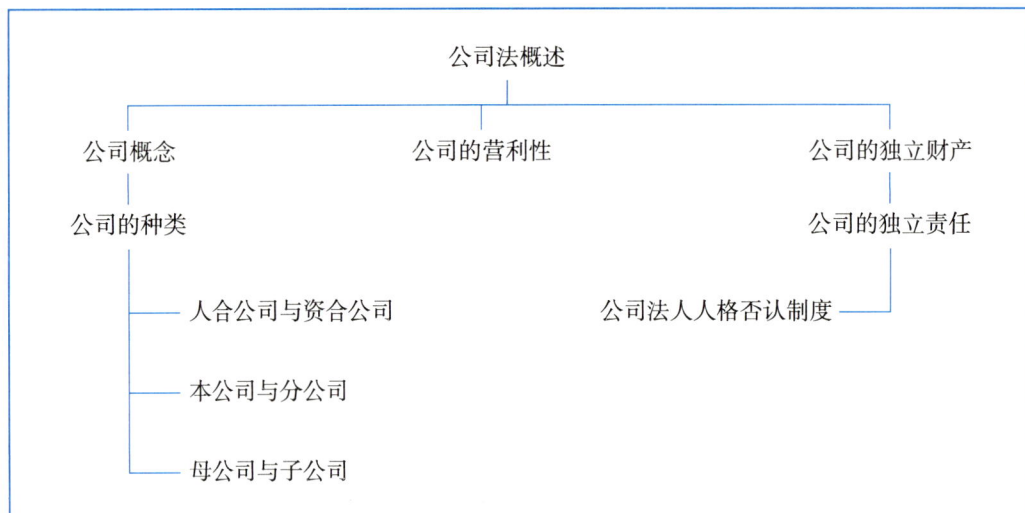

命题点拨

　　本节包括公司的概念与特征、公司的分类、公司权利能力和行为能力三部分内容。其中公司法人人格否认、本公司与分公司、母公司与子公司、转投资与担保是命题重点。要理解公司的独立财产与独立责任，理解公司法人人格否认制度的立法规定与意义。公司法人人格否认还要注意构成要件，公司担保还要注意越权担保的效力问题。

## 一、公司的特征

| 公司法律特征 | 具有独立性、社团性、营利性。 |
| --- | --- |
| 公司法人人格否认 | 公司股东滥用公司法人独立地位和股东有限责任，逃避债务，严重损害公司债权人利益的，应当对公司债务承担连带责任。<br>【九民纪要·人格混同】认定公司人格与股东人格是否存在混同，最根本的判断标准是公司是否具有独立意思和独立财产，最主要的表现是公司的财产与股东的财产是否混同且无法区分。 |

续　表

| | |
|---|---|
| **深石原则** | 2015 年 3 月 31 日，最高人民法院公布了四个典型案例，其中包括"沙港公司诉开天公司执行分配方案异议案"。本案中，法院借鉴了美国深石原则，首次确认出资不实的股东对公司的债权劣后于公司外部债权人的受偿顺位。2016 年卷四商法案例分析考查了深石原则。 |

**经典问答：什么是公司？**

公司是指股东依照公司法的规定，以其认缴的出资额或认购的股份为限承担责任，以其全部法人财产对债务承担责任的企业法人。公司具有独立性、社团性、营利性。独立性体现为独立名义、独立财产、独立责任。

**经典问答：公司法有哪些基本原则？**

公司法的基本原则包括鼓励投资、公司自治、公司及利益相关者保护、股东平等、权利制衡、股东有限责任、公司社会责任等。

**经典问答：公司外部第三人损害公司利益造成资产贬损，该股东是否有权直接起诉要求侵害一方赔偿损失？**

公司外部第三人损害公司利益造成资产贬损进而致使公司股东所持有的股权价值在客观上遭受贬损的，该股东无权直接起诉要求侵害一方赔偿损失。公司作为独立法人，股东并不能对公司的财产直接享有自由支配权，法律上也不允许财产混同，故公司本身遭受不法损害并不等于股东同时也遭受不法损害，股东就此不直接享有独立诉权，但股东以派生诉讼起诉的除外。

**经典考题：**零盛公司的两个股东是甲公司和乙公司。甲公司持股 70% 并派员担任董事长，乙公司持股 30%。后甲公司将零盛公司的资产全部用于甲公司的一个大型投资项目，待债权人丙公司要求零盛公司偿还货款时，发现零盛公司的资产不足以清偿。关于本案，下列哪一选项是正确的？（2016 年·卷三·27 题·单选）①

A. 甲公司对丙公司应承担清偿责任

B. 甲公司和乙公司按出资比例对丙公司承担清偿责任

C. 甲公司和乙公司对丙公司承担连带清偿责任

D. 丙公司只能通过零盛公司的破产程序来受偿

---

① 【答案】A。《公司法》第 20 条第 3 款规定："公司股东滥用公司法人独立地位和股东有限责任，逃避债务，严重损害公司债权人利益的，应当对公司债务承担连带责任。"甲公司的行为严重损害了公司债权人丙公司的利益，应当对公司债务承担连带责任，A 选项正确；乙公司仍然以其出资为限对公司债务承担有限责任，B、C 选项错误；丙公司有权要求甲公司承担连带责任，并非只能通过破产程序来受偿，D 选项错误。【错误原因】本题考查法人人格否认制度（刺破公司面纱制度），D 选项的表述过于绝对，包含关键词"只能"的选项一般需要多加注意。错误原因主要是相关法律制度理解不准确。

## 二、公司的分类

### （一）理论分类

| | |
|---|---|
| **以公司股东的责任范围为标准分类** | 可将公司分为无限责任公司、两合公司、股份两合公司、股份有限公司和有限责任公司。 |
| | 无限、两合、股份两合公司我国公司法没作规定。 |
| **以股份转让自由度分类** | 可将公司分为封闭式公司（有限公司）、开放式公司（股份公司）。 |
| **以公司的信用基础为标准分类** | 可将公司分为人合公司与资合公司以及人合兼资合公司。 |

### （二）以公司之间的关系为标准分类

| | |
|---|---|
| **本公司与分公司** | 1.公司可以设立分公司。设立分公司，应当向公司登记机关申请登记，领取营业执照。分公司不具有法人资格，其民事责任由公司承担。 |
| **母公司与子公司** | 2.公司可以设立子公司，子公司具有法人资格，依法独立承担民事责任。 |

**经典问答：根据《民法典》第74条，分支机构如何承担民事责任？**

分支机构以自己的名义从事民事活动，产生的民事责任由法人承担；也可以先以该分支机构管理的财产承担，不足以承担的，由法人承担。

**经典考题：** 玮平公司是一家从事家具贸易的有限责任公司，注册地在北京，股东为张某、刘某、姜某、方某四人。公司成立两年后，拟设立分公司或子公司以开拓市场。对此，下列哪一表述是正确的？（2014年·卷三·25题·单选）[①]

A.在北京市设立分公司，不必申领分公司营业执照

B.在北京市以外设立分公司，须经登记并领取营业执照，且须独立承担民事责任

C.在北京市以外设立分公司，其负责人只能由张某、刘某、姜某、方某中的一人担任

D.在北京市以外设立子公司，即使是全资子公司，亦须独立承担民事责任

---

[①]【正确答案】D。根据《公司登记管理条例》第47条第1款规定："公司设立分公司的，应当自决定作出之日起30日内向分公司所在地的公司登记机关申请登记；法律、行政法规或者国务院决定规定必须报经有关部门批准的，应当自批准之日起30日内向公司登记机关申请登记。"设立分公司要领取营业执照，因此A选项错误。《公司法》对分公司负责人由谁担任并没有强制性规定，因此可以由股东之外的人担任，C选项错误。根据《公司法》第14条："公司可以设立分公司。设立分公司，应当向公司登记机关申请登记，领取营业执照。分公司不具有法人资格，其民事责任由公司承担。公司可以设立子公司，子公司具有法人资格，依法独立承担民事责任。"分公司不能独立承担民事责任，因此B选项错误。子公司依法独立承担民事责任，因此D选项正确。【错误原因】本题考查分公司与子公司。分公司不具有法人资格，其民事责任由公司承担。子公司具有法人资格，依法独立承担民事责任。错误原因主要是相关法律制度理解不准确，缺乏区分思维。

### 三、公司权利能力和行为能力

| | | |
|---|---|---|
| **行为能力** | 1.与权利能力具有一致性 | 通过公司的法人机关来形成和表示：股东（大）会；董事会；监事会。 |
| | | 对外由法定代表人或其授权的代表来实施。 |
| | 2.公司法定代表人依照公司章程的规定，由董事长、执行董事或者经理担任，并依法登记。<br>【民法典·61条】法人章程或者法人权力机构对法定代表人代表权的限制，不得对抗善意相对人。<br>【民法典·170条】执行工作任务的人员，就其职权范围内的事项，以法人或者非法人组织的名义实施的民事法律行为，对法人或者非法人组织发生效力。对执行其工作任务的人员职权范围的限制，不得对抗善意相对人。<br>【民法典·504条】法人的法定代表人或者非法人组织的负责人超越权限订立的合同，除相对人知道或者应当知道其超越权限外，该代表行为有效，订立的合同对法人或者非法人组织发生效力。 | |
| **转投资和对外担保** | 1.公司可以向其他企业投资；但是，除法律另有规定外，不得成为对所投资企业的债务承担连带责任的出资人。<br>可以投资到合伙企业，但国有独资公司和上市公司不能成为普通合伙人。 | |
| | 2.公司向其他企业投资或者为他人提供担保，依照公司章程的规定，由董事会或者股东会、股东大会决议。 | |
| | 3.公司章程对投资或者担保的总额及单项投资或者担保的数额有限额规定的，不得超过规定的限额。 | |
| | 4.公司为公司股东或者实际控制人提供担保的，必须经股东会或者股东大会决议。<br>（1）该股东或者该实际控制人支配的股东，不得参加上述事项的表决。<br>（2）该项表决由出席会议的其他股东所持表决权的过半数通过。<br>实际控制人是指虽不是公司股东，但是通过投资关系、协议或者其他安排，能够实际支配公司行为的人。 | |
| **【民担解·第七条】** | 公司的法定代表人违反公司法关于公司对外担保决议程序的规定，超越权限代表公司与相对人订立担保合同，人民法院应当依照民法典第六十一条和第五百零四条等规定处理：<br>（一）相对人善意的，担保合同对公司发生效力；相对人请求公司承担担保责任的，人民法院应予支持。<br>（二）相对人非善意的，担保合同对公司不发生效力；相对人请求公司承担赔偿责任的，参照适用本解释第十七条的有关规定。<br>法定代表人超越权限提供担保造成公司损失，公司请求法定代表人承担赔偿责任的，人民法院应予支持。<br>第一款所称善意，是指相对人在订立担保合同时不知道且不应当知道法定代表人超越权限。相对人有证据证明已对公司决议进行了合理审查，人民法院应当认定其构成善意，但是公司有证据证明相对人知道或者应当知道决议系伪造、变造的除外。 | |

**经典问答：公司作为行为主体实施法律行为的过程，可以划分为哪两个层次？**

按照最高人民法院司法观点，在民商事法律关系中，公司作为行为主体实施法律行为的过程可以划分为两个层次，一是公司内部的意思形成阶段，通常表现为股东会或董事会决议；二是公司对外作出意思表示的阶段，通常表现为公司对外签订的合同。

**经典问答：法定代表人变更，办理变更登记有何意义？**

对法定代表人变更事项进行登记，其意义在于向社会公示公司意志代表权的基本状态。工商登记的法定代表人对外具有公示效力，如果涉及公司以外的第三人因公司代表权而产生的外部争议，应以工商登记为准。而对于公司与股东之间因法定代表人任免产生的内部争议，则应以有效的股东会任免决议为准，并在公司内部产生法定代表人变更的法律效果。

## 总　结

1. 公司独立性与股东有限责任

| 公司有独立的法人责任 | | 享有法人财产权，公司以其全部财产对公司的债务承担责任。 |
| --- | --- | --- |
| 股东负有限责任 | 有限公司 | 以认缴出资额为限（资本不划分为等额股份）。 |
| | 股份公司 | 以认购的股份为限（将全部资本分为等额股份）。 |

2. 刺破公司面纱法律后果

| 对外 | 公司股东滥用公司法人独立地位和股东有限责任，逃避债务，严重损害公司债权人利益的，应当对公司债务承担连带责任。 |
| --- | --- |
| 对内 | 公司股东滥用股东权利给公司或者其他股东造成损失的，应当依法承担赔偿责任。 |

3. 转投资和担保

| 非关联担保 | 公司为他人提供担保，依照公司章程的规定，由董事会或者股东会、股东大会决议。 |
| --- | --- |
| 关联担保 | 公司为公司股东或者实际控制人提供担保的，必须经股东会或者股东大会决议。 |

4. 分支机构以自己的名义从事民事活动，产生的民事责任由法人承担；也可以先以该分支机构管理的财产承担，不足以承担的，由法人承担。

5. 法定代表人未经授权擅自为他人提供担保的，构成越权代表：债权人善意的，合同有效；反之，合同无效。

6. 善意，是指债权人不知道或者不应当知道法定代表人超越权限订立担保合同。债权人对公司机关决议内容的审查一般限于形式审查。

7. 回避原则：公司为公司股东提供担保的，必须经股东会或者股东大会决议。该股东不得参加上述事项的表决。

# 第二节　公司的设立

知识体系图

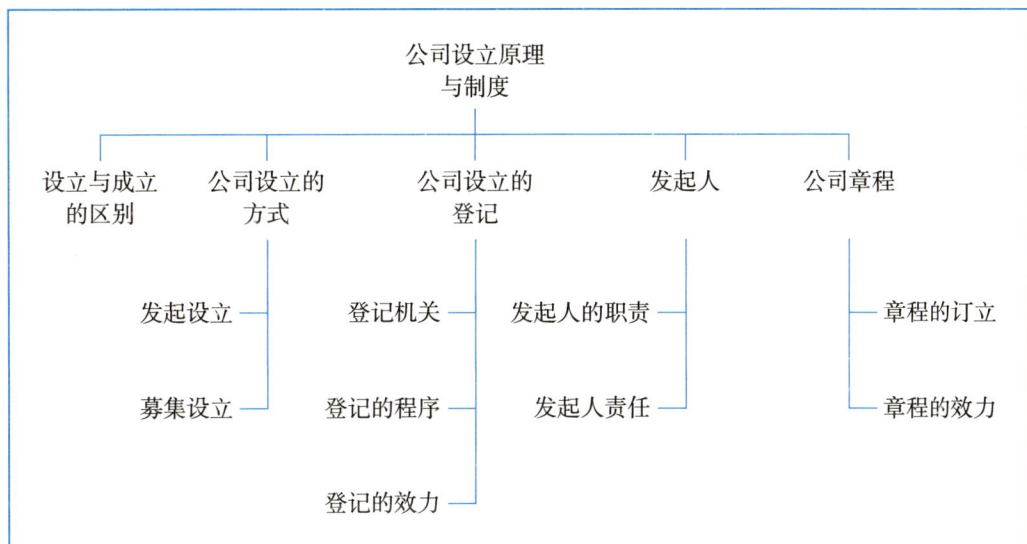

命题点拨

　　本节包括公司设立、公司章程、公司资本等部分内容。其中发起人责任、公司章程的订立与修改等是命题重点。要注意发起设立与募集设立、连带清偿责任与连带赔偿责任的区分问题。

## 一、公司设立

| | |
|---|---|
| **方式** | 1.公司设立的方式：发起设立和募集设立。 |
| | 2.发起设立是指由发起人认购公司应发行的全部股份而设立公司。 |
| | 3.募集设立是指由发起人认购公司应发行股份的一部分，其余股份向社会公开募集或者向特定对象募集而设立公司。 |
| **登记** | 1.设立有限责任公司应由全体股东指定的代表或共同委托的代理人作为申请人； |
| | 2.设立股份有限公司应由董事会作为申请人。 |
| | 公司营业执照签发日期为公司成立日期。 |
| **发起人** | 1.发起人：为设立公司而签署公司章程、向公司认购出资或者股份并履行公司设立职责的人，应当认定为公司的发起人，包括有限责任公司设立时的股东。 |
| | 2.责任 | （1）公司因故未成立，债权人有权请求全体或者部分发起人对设立公司行为所产生的费用和债务承担连带清偿责任。<br>①对外：连带责任。<br>②对内：约定责任比例→约定出资比例→均等。 |

续　表

| | |
|---|---|
| | （2）发起人因履行公司设立职责造成他人损害：<br>①公司成立后受害人有权请求公司承担侵权赔偿责任。<br>②公司未成立，受害人有权请求全体发起人承担连带赔偿责任。 |
| | （3）发起人为设立公司以自己名义对外签订合同：<br>①合同相对人请求该发起人承担合同责任的，人民法院应予支持。<br>②公司成立后，合同相对人请求公司承担合同责任的，人民法院应予支持。 |
| | （4）发起人以设立中公司名义对外签订合同：<br>①公司成立后合同相对人请求公司承担合同责任的，人民法院应予支持。<br>②公司成立后有证据证明发起人利用设立中公司的名义为自己的利益与相对人签订合同，公司以此为由主张不承担合同责任的，人民法院应予支持，但相对人为善意的除外。 |
| 加入自由原则 | 在公司法法理上，应践行不得强迫他人设立或参与公司组织的原则，应尊重他人是否加入公司的意思自治。 |

**经典问答：什么是公司设立？**

公司设立是指公司设立人依照法定的条件和程序，为组建公司并取得法人资格而必须采取和完成的法律行为。公司设立不同于公司成立，后者是设立公司行为的法律后果。

## 二、公司章程

| | |
|---|---|
| **公司章程的订立和修改** | 1.公司章程必须采取书面形式：<br>（1）有限公司以及发起设立的股份公司的章程经全体股东同意并在章程上签名盖章。<br>（2）募集设立的股份公司章程经出席创立大会的认股人所持表决权过半数通过。 |
| | 2.公司章程变更的一般程序：<br>首先，由董事会提出修改公司章程的提议；<br>其次，将修改公司章程的提议通知其他股东；<br>再次，由股东会或股东大会表决通过；<br>最后，应向市场监督管理机关申请变更登记。 |
| | 3.有限责任公司修改公司章程的决议，必须经代表 2/3 以上表决权的股东通过；<br>股份有限公司修改公司章程的决议，必须经出席股东大会的股东所持表决权的 2/3 以上通过。 |
| | 公司章程变更后，公司董事会应向市场监督管理机关申请变更登记。 |
| **公司章程的效力** | 1.设立公司必须依法制定公司章程。 |
| | 2.公司章程对公司、股东、董事、监事、高级管理人员具有约束力。高级管理人员包括经理、副经理、财务负责人、上市公司董事会秘书和公司章程规定的其他人员。 |
| | 3.公司章程的规定不能对抗善意第三人。 |

**经典问答：什么是公司章程？**

公司章程是指公司所必备的，规定其名称、宗旨、资本、组织机构等对内对外事务的基本法律文件。

**经典问答：**如何评价公司章程赋予股东会对股东处以罚款职权？

按照最高人民法院司法观点，公司章程关于股东会对股东处以罚款的规定，系公司全体股东所预设的对违反公司章程股东的一种制裁措施，符合公司的整体利益，体现了有限公司的人合性特征，不违反公司法的禁止性规定，应合法有效。

但公司章程在赋予股东会对股东处以罚款职权时，应明确规定罚款的标准、幅度，股东会在没有明确标准、幅度的情况下处罚股东，属法定依据不足，相应决议无效。

**经典考题：**甲、乙、丙设立一有限公司，制定了公司章程。下列哪些约定是合法的？（2013年·卷三·68题·多选）①

A. 甲、乙、丙不按照出资比例分配红利

B. 由董事会直接决定公司的对外投资事宜

C. 甲、乙、丙不按照出资比例行使表决权

D. 由董事会直接决定其他人经投资而成为公司股东

## 三、股东可特约事项

| | 有限公司 | 股份有限公司 |
|---|---|---|
| **分配红利** | 原则：按照"实缴的出资比例"分配；<br>例外：全体股东约定不按照出资比例分配红利的除外。 | 原则：按照股东持有的股份比例分配；<br>例外：公司章程规定不按持股比例分配的除外。 |
| **增资优先认股比例** | 原则：按照"实缴的出资比例"；<br>例外：全体股东约定不按照出资比例优先认缴出资的除外。 | 无 |
| **表决权行使** | 原则：股东会会议由股东按照出资比例行使表决权；<br>例外：公司章程另有规定的除外。 | 股东出席股东大会会议，所持每一股份有一表决权。公司持有的本公司股份没有表决权。 |

---

① 【答案】ABC。《公司法》第34条规定："股东按照实缴的出资比例分取红利；公司新增资本时，股东有权优先按照实缴的出资比例认缴出资。但是，全体股东约定不按照出资比例分取红利或者不按照出资比例优先认缴出资的除外。"故此，股东分配红利可以由全体股东协议约定，有协议时协议优先，没有协议时，按照实缴出资比例分取红利，A选项正确。《公司法》第46条规定："董事会对股东负责，行使下列职权：……（三）决定公司的经营计划和投资方案；……"故B选项正确。根据《公司法》第42条规定："股东会会议由股东按照出资比例行使表决权；但是，公司章程另有规定的除外。"故此，股东的表决权可以由章程规定，C选项正确。根据《公司法》第46条规定："董事会对股东会负责，行使下列职权：……（六）制订公司增加或者减少注册资本以及发行公司债券的方案；……"其他人经投资而成为公司股东，属于公司增加注册资本（简称为增资），董事会只有方案制定权，决定权属于股东会法定职权，故D选项错误。【错误原因】本题考查公司章程约定事项的合法性。选项D具有一定难度，需要一定的语义分析能力，所谓"其他人经投资而成为公司股东"这句表述的法律意义是"公司增加注册资本"，明白这点是解题的关键。错误原因主要是相关法律制度理解不准确，对于"章定优先"事项掌握不到位。

续　表

| 对外投资 | 公司向其他企业投资或者为他人提供担保，可依照公司章程的规定或董事会或股东会、股东大会决议。 | |
| --- | --- | --- |
| 股权对外转让限制 | 原则：经其他股东过半数同意；例外：公司章程对股权转让另有规定的，从其规定。 | 公司章程可以对公司董事、监事、高级管理人员转让其所持有的本公司股份作出其他限制性规定。 |

**经典问答**：实缴出资比例如何计算？

股东的"实缴出资比例"（设为 P），应当是该股东的实缴出资额（设为 X）除以全体股东的实缴出资总额（设为 Y）的得数，即 $P=X/Y$。

**经典考题**：科鼎有限公司设立时，股东们围绕公司章程的制订进行讨论，并按公司的实际需求拟定条款规则。关于该章程条款，下列哪些说法是正确的？（2016 年·卷三·68 题·多选）①

A.股东会会议召开 7 日前通知全体股东

B.公司解散需全体股东同意

C.董事表决权按所代表股东的出资比例行使

D.全体监事均由不担任董事的股东出任

## 四、公司资本

| 公司资本 | 公司资本是指由公司章程确定并载明的、全体股东的出资总额。 |
| --- | --- |
| 注册资本 | 注册资本是公司在设立时筹集的、由章程载明的、经公司登记机关登记的资本。 |
| 实缴资本 | 实缴资本（实收资本）是公司成立时实际收到的股东的出资总额。 |
| 出资禁止 | 股东不得以劳务、信用、自然人姓名、商誉、特许经营权或者设定担保的财产等作价出资。 |
| 资本三原则 | 资本确定、资本维持、资本不变。 |

---

① 【答案】AB。《公司法》第 41 条第 1 款规定："召开股东会会议，应当于会议召开十五日前通知全体股东；但是，公司章程另有规定或者全体股东另有约定的除外。"A 选项正确。《公司法》第 43 条第 2 款规定："股东会会议作出修改公司章程、增加或者减少注册资本的决议，以及公司合并、分立、解散或者变更公司形式的决议，必须经代表三分之二以上表决权的股东通过。"公司章程可以做出严于 2/3 的表决要求，B 项正确。《公司法》第 48 条规定："董事会的议事方式和表决程序，除本法有规定的外，由公司章程规定。董事会应当对所议事项的决定作成会议记录，出席会议的董事应当在会议记录上签名。董事会决议的表决，实行一人一票。"C 选项错误。《公司法》第 51 条第 2 款规定："监事会应当包括股东代表和适当比例的公司职工代表，其中职工代表的比例不得低于三分之一，具体比例由公司章程规定。监事会中的职工代表由公司职工通过职工代表大会、职工大会或者其他形式民主选举产生。"D 选项错误。【错误原因】本题考查有限公司章程可约定事项，要注意 B 选项，在 2/3 以上约定是有效的，符合立法本意。错误原因主要是相关法律制度理解不准确，对于"章定优先"事项掌握不到位。

## 总　结

1. 发起人法律责任

| 合同之债 | 公司因故未成立，债权人有权请求全体或者部分发起人对设立公司行为所产生的费用和债务承担连带清偿责任。 |
|---|---|
| 侵权之债 | 发起人因履行公司设立职责造成他人损害，公司未成立，受害人有权请求全体发起人承担连带赔偿责任。 |

2. 现行公司法取消法定最低注册资本制度；实行公司注册资本认缴制；取消货币出资比例限制；公司实收资本不再作为登记事项。

3. 公司无可供分配的利润，而通过决议把分配给股东的利润份额以借据的形式载明，这违反资本维持原则的强行规范而不能转化为合法的债权债务关系。

# 第三节　公司的股东

**知识体系图**

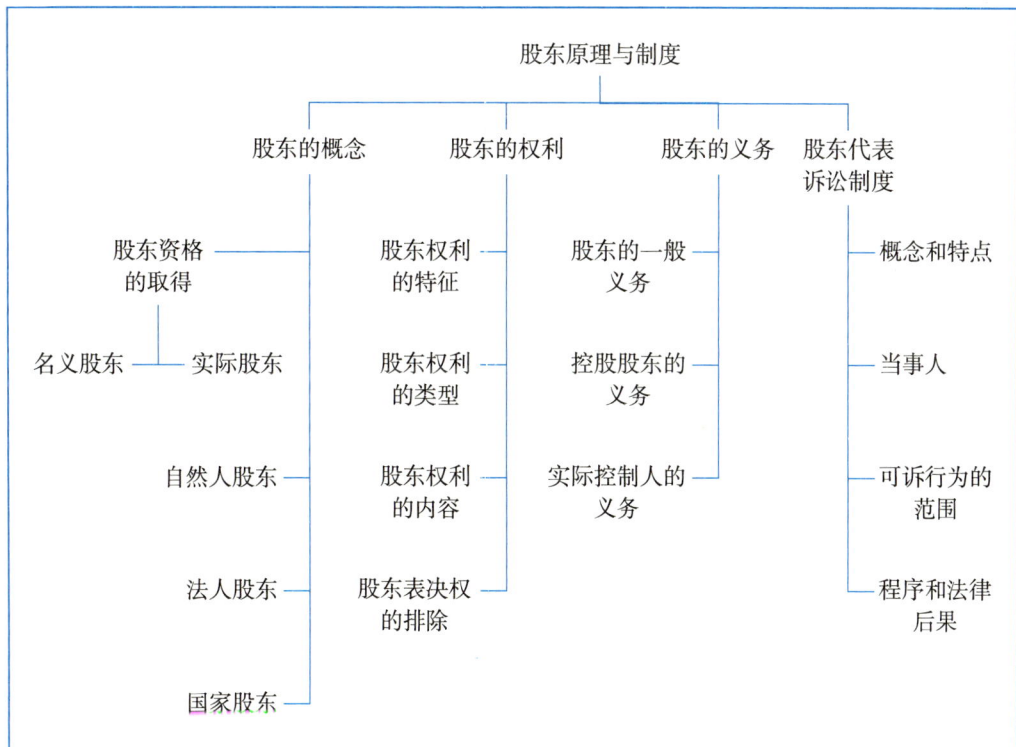

**命题点拨**

本节包括股东资格的取得与确认、股东权利、股东诉讼制度、股东义务等内容。其中股东资格的确认、名义股东、决议诉讼等是命题重点。有限责任公司股东资格的认定是公司理论和实务中的重要命题，也是历年主观题考试重点。

## 一、股东资格的取得与确认

| | |
|---|---|
| 股东资格的取得 | 1. 通过认缴出资或者认购股份而原始取得股东资格；<br>2. 通过转让、继承、公司合并等方式继受取得股东资格。 |
| 股东资格的确认 | 有限公司股东资格的确认：对内以股东名册为准，对外以工商登记为准。<br>1. 记载于股东名册的股东，可以依股东名册主张行使股东权利。<br>2. 公司应当将股东的姓名或者名称向公司登记机关登记；登记事项发生变更的，应当办理变更登记。未经登记或者变更登记的，不得对抗善意第三人。 |
| 股东的行为能力 | 股东可以是限制行为能力人或无行为能力人，由其法定代理人代理其行使股东权利。 |
| 名义股东 | 1. 有限责任公司的实际出资人与名义出资人订立合同，约定由实际出资人出资并享有投资权益，以名义出资人为名义股东，实际出资人与名义股东对该合同效力发生争议的：如无《民法典》第153、154等条规定的情形，人民法院应当认定该合同有效。<br>2. 实际出资人与名义股东因投资权益的归属发生争议的：<br>（1）实际出资人以其实际履行了出资义务为由向名义股东主张权利的，人民法院应予支持。<br>（2）名义股东以公司股东名册记载、公司登记机关登记为由否认实际出资人权利的，人民法院不予支持。<br>3. 实际出资人未经公司其他股东半数以上同意，请求公司变更股东、签发出资证明书、记载于股东名册、记载于公司章程并办理公司登记机关登记的：<br>人民法院不予支持。 |
| 冒名股东 | 1. 冒用他人名义出资并将该他人作为股东在公司登记机关登记的，冒名登记行为人应当承担相应责任；<br>公司、其他股东或者公司债权人以未履行出资义务为由，请求被冒名登记为股东的承担补足出资责任或者对公司债务不能清偿部分的赔偿责任的，人民法院不予支持。<br>2. 冒名者是公司的股东，被冒名者不是公司的股东。 |
| 解除股东资格 | 1. 有限责任公司的股东未履行出资义务或者抽逃全部出资，经公司催告缴纳或者返还，其在合理期间内仍未缴纳或者返还出资，公司以股东会决议解除该股东的股东资格，该股东请求确认该解除行为无效的，人民法院不予支持。<br>2. 公司应当及时办理法定减资程序或者由其他股东或第三人缴纳相应的出资。 |

**经典问答**：名义股东处分股权，是否属于无权处分行为？

名义股东具有股东资格，享有股东权，因此名义股东处分股权不属于无权处分行为，属于有权处分。

**经典问答**：影响股东资格认定的因素有哪些？

公司章程、出资行为、出资证明书、股东名册、工商登记、对股东权利的实际行使，均是影响股东资格认定的因素。

按照最高人民法院司法观点，出资行为作为实质要件，在涉及公司内部关系的股权归属认定中，具有决定性的证明效力。

**经典考题：** 关于有限责任公司股东名册制度，下列哪些表述是正确的？（2014 年·卷三·69 题，多选）[1]

A. 公司负有置备股东名册的法定义务

B. 股东名册须提交于公司登记机关

C. 股东可依据股东名册的记载，向公司主张行使股东权利

D. 就股东事项，股东名册记载与公司登记之间不一致时，以公司登记为准

## 二、股东权利

1. 依权利行使之目的为标准，可分为自益权与共益权。

2. 依权利主体之不同为标准，可分为普通股股东权和特别股股东权。

3. 依权利之性质为标准，可分为固有权和非固有权。

4. 依权利之行使方式，可分为单独股东权和少数股东权。

（1）发给股票或其他股权证明请求权。

（2）股份转让权。

（3）股息红利分配请求权。

（4）股东（大）会临时召集请求权或自行召集权。

（5）出席股东（大）会并行使表决权，即参与重大决策权和选择管理者的权利。

（6）知情权。

①有限公司：股东有权查阅、复制公司章程、股东会会议记录、董事会会议决议、监事会会议决议和财务会计报告。股东可以要求查阅公司会计账簿。书面请求，公司有权拒绝，股东可以起诉。

②股份公司：股东有权查阅公司章程、股东名册、公司债券存根、股东大会会议记录、董事会会议决议、监事会会议决议、财务会计报告，对公司的经营提出建议或者质询。

（7）优先认购新股权。

有限公司新增资本时，股东有权优先按照实缴的出资比例认缴出资。

（八）公司剩余财产分配权。

有限责任公司按照股东的出资比例分配，股份有限公司按照股东持有的股份比例分配。

（九）对公司经营的建议与质询权。

（十）公司重整申请权。

（十一）权利损害救济权和股东代表诉讼权。

---

① 【答案】AC。根据《公司法》第 32 条："有限责任公司应当置备股东名册，记载下列事项：（一）股东的姓名或者名称及住所；（二）股东的出资额；（三）出资证明书编号。记载于股东名册的股东，可以依股东名册主张行使股东权利。公司应当将股东的姓名或者名称向公司登记机关登记；登记事项发生变更的，应当办理变更登记。未经登记或者变更登记的，不得对抗第三人。"A 选项正确，公司负有置备股东名册的法定义务。B 选项错误，提交公司登记机关的是"股东的姓名或者名称"，而非整个股东名册。C 选项正确，记载于股东名册的股东，可以依股东名册主张行使股东权利。D 选项错误，名册与登记内容不一致的，对内名册为准，对外登记为准。【错误原因】本题考查股东名册，公司负有置备股东名册的法定义务，股东可依据股东名册的记载，向公司主张行使股东权利。错误原因主要是相关法律制度理解不准确，对于"内外有别"事项掌握不到位。

**经典问答：股东权有哪些特征？**

股东权内容具有综合性，股东权是股东通过出资所形成的权利，股东权是一种社员权。

## 三、股东诉讼制度

| | | | |
|---|---|---|---|
| 决议诉讼 | 无效之诉 | 公司股东会或者股东大会、董事会的决议内容违反法律、行政法规的无效。 | |
| | 可撤销之诉 | 股东会或者股东大会、董事会的会议召集程序、表决方式违反法律、行政法规或者公司章程，或者决议内容违反公司章程的，股东可以自决议作出之日起 60 日内，请求人民法院撤销。 | |
| 查账诉讼 | 主体要求 | 有限责任公司股东。 | 公司拒绝提供查阅的，股东可以请求人民法院要求公司提供查阅。 |
| | 适用情形 | 要求查阅公司会计账簿。 | |
| 回购诉讼 | 前提条件 | 对股东会该项决议投反对票。 | 自股东会会议决议通过之日起 60 日内，股东与公司不能达成股权收购协议的，股东可以自股东会会议决议通过之日起 90 日内向人民法院提起诉讼。 |
| | 主体要求 | 有限责任公司股东。 | |
| | 适用情形 | 1. 公司连续 5 年不向股东分配利润，而公司该 5 年连续盈利，并且符合本法规定的分配利润条件的；<br>2. 公司合并、分立、转让主要财产的；<br>3. 公司章程规定的营业期限届满或者章程规定的其他解散事由出现，股东会会议通过决议修改章程使公司存续的。 | |
| 代表诉讼（派生诉讼） | 前提条件 | 董事、监事、高级管理人员执行公司职务时违反法律、行政法规或者公司章程的规定，给公司造成损失。 | |
| | 主体要求 | 有限公司的股东（没有比例限制）； | |
| | | 股份公司连续 180 日以上单独或者合计持有公司 1% 以上股份的股东。 | |
| | 前置程序（交叉请求） | 1. 董事、高级管理人员给公司造成损失，可以书面请求监事会或者不设监事会的有限责任公司的监事向人民法院提起诉讼；<br>2. 监事给公司造成损失，可以书面请求董事会或者不设董事会的有限责任公司的执行董事向人民法院提起诉讼。 | |
| | 代表诉讼 | 1. 拒绝提起诉讼； | 为了公司的利益以自己的名义直接向人民法院提起诉讼。 |
| | | 2. 自收到请求之日起 30 日内未提起诉讼； | |
| | | 3. 情况紧急、不立即提起诉讼将会使公司利益受到难以弥补的损害。 | |
| 解散诉讼 | 主体要求 | 持有公司全部股东表决权 10% 以上的股东。 | 可以请求人民法院解散公司。 |
| | 适用情形 | 公司经营管理发生严重困难，继续存续会使股东利益受到重大损失，通过其他途径不能解决的。 | |
| 直接诉讼 | 适用情形 | 董事、高级管理人员违反法律、行政法规或者公司章程的规定，损害股东利益的。 | 股东可以向人民法院提起诉讼。 |

**经典问答：李建军诉上海佳动力环保科技有限公司公司决议撤销纠纷案（最高法指导案例第 10 号）的裁判观点是什么？**

裁判观点：人民法院在审理公司决议撤销纠纷案件中应当审查：会议召集程序、表决方式是否违反法律、行政法规或者公司章程，以及决议内容是否违反公司章程。在未违反上述规定的前提下，解聘总经理职务的决议所依据的事实是否属实，理由是否成立，不属于司法审查范围。

**经典考题：**张某是红叶有限公司的小股东，持股 5%；同时，张某还在枫林有限公司任董事，而红叶公司与枫林公司均从事保险经纪业务。红叶公司多年没有给张某分红，张某一直对其会计账簿存有疑惑。关于本案，下列哪一选项是正确的？（2016 年·卷三·26 题，单选）①

A. 张某可以用口头或书面形式提出查账请求

B. 张某可以提议召开临时股东会表决查账事宜

C. 红叶公司有权要求张某先向监事会提出查账请求

D. 红叶公司有权以张某的查账目的不具正当性为由拒绝其查账请求

## 四、股东义务

| | |
|---|---|
| **全体股东的共同义务** | 1. 出资义务；<br>2. 特定情形下的表决权禁行义务；<br>3. 参加股东会会议的义务；<br>4. 不得滥用股东权利的义务；<br>5. 不干涉公司正常经营的义务； |
| **出资义务** | 1. 股东未履行或者未全面履行出资义务，公司或者其他股东请求其向公司依法全面履行出资义务的，人民法院应予支持。<br>2. 公司债权人请求未履行或者未全面履行出资义务的股东在未出资本息范围内对公司债务不能清偿的部分承担补充赔偿责任的，人民法院应予支持。<br>3. 股东在公司设立时未履行或者未全面履行出资义务，依照前述 1、2 提起诉讼的原告，请求公司的发起人与被告股东承担连带责任的，人民法院应予支持。 |

---

① 【答案】D。《公司法》第 33 条第 2 款规定："股东可以要求查阅公司会计账簿。股东要求查阅公司会计账簿的，应当向公司提出书面请求，说明目的。公司有合理根据认为股东查阅会计账簿有不正当目的，可能损害公司合法利益的，可以拒绝提供查阅，并应当自股东提出书面请求之日起十五日内书面答复股东并说明理由。公司拒绝提供查阅的，股东可以请求人民法院要求公司提供查阅。"张某应当向公司提出书面请求，A 选项错误；公司拒绝提供查阅的，张某可以请求人民法院要求公司提供查阅，B、C 选项错误；张某同时是枫林公司的董事，两个公司均从事保险经纪业务，具有竞争关系，公司有权以张某的查账目的不具正当性为由拒绝其查账请求，D 选项正确。【错误原因】本题考查有限责任公司股东查账权规则，《公司法解释（四）》对此有进一步的规定，考生要高度重视该考点。错误原因主要是相关法律制度理解不准确，对于"查账"程序掌握不到位。

## 总 结

### 1. 股东资格确认与解除

| | |
|---|---|
| 确认 | 有限公司股东资格的确认：对内以股东名册为准，对外以工商登记为准。 |
| 解除 | 解除股东资格，公司应当及时办理法定减资程序或者由其他股东或者第三人缴纳相应的出资。 |

### 2. 名义股东与冒名股东

| | |
|---|---|
| 名义股东 | 名义股东将登记于其名下的股权处分，实际出资人以其对于股权享有实际权利为由，请求认定处分股权行为无效的，人民法院可以参照《民法典》第311条的规定处理。 |
| 冒名股东 | 冒名者是公司的股东，被冒名者不是公司的股东。 |

### 3. 决议诉讼、查账诉讼与回购诉讼

| | | | |
|---|---|---|---|
| 决议诉讼 | 无效之诉 | 内容违反法律、行政法规的无效。 | |
| | 可撤销之诉 | 程序违法，股东可以自决议作出之日起60日内，请求人民法院撤销。 | |
| 查账诉讼 | 主体要求 | 有限责任公司股东。 | 公司拒绝提供查阅的，股东可以请求人民法院要求公司提供查阅。 |
| | 适用情形 | 要求查阅公司会计账簿。 | |
| 回购诉讼 | 前提条件 | 对股东会该项决议投反对票。 | |
| | 除斥期间 | 自股东会会议决议通过之日起60日内，股东与公司不能达成股权收购协议的，股东可以自股东会会议决议通过之日起90日内向人民法院提起诉讼。 | |

### 4. 直接诉讼、代表诉讼与解散诉讼

| | | |
|---|---|---|
| 直接诉讼 | 前提条件 | 董事、高级管理人员违反法律、行政法规或者公司章程的规定，损害股东利益的，股东可以向人民法院提起诉讼。 |
| 代表诉讼 | 前提条件 | 董事、监事、高级管理人员执行公司职务时违反法律、行政法规或者公司章程的规定，给公司造成损失。 |
| 解散诉讼 | 主体要求 | 持有公司全部股东表决权10%以上的股东，可以请求人民法院解散公司。 |
| | 实质要件 | 公司经营管理发生严重困难。 |

5. 股权转让后尚未向公司登记机关办理变更登记，原股东将仍登记于其名下的股权转让、质押或者以其他方式处分，受让股东以其对于股权享有实际权利为由，请求认定处分股权行为无效的，人民法院可以《民法典》311条的规定处理。

6. 控股股东的特别义务：不得滥用控股股东的地位，损害公司和其他股东的利益；不得利用其关联关系损害公司利益；滥用股东权利的赔偿义务。

7. 名义股东将登记于其名下的股权转让、质押或者以其他方式处分，实际出资人以其对于股权享有实际权利为由，请求认定处分股权行为无效的，人民法院可以参照《民法典》第311条的规定处理。

8. 股权转让后尚未向公司登记机关办理变更登记，原股东将仍登记于其名下的股权转让、质押或者以其他方式处分，受让股东以其对于股权享有实际权利为由，请求认定处分股权行为无效的，人民法院可以参照《民法典》第311条的规定处理。

# 第四节 公司的董事、监事、高级管理人员

知识体系图

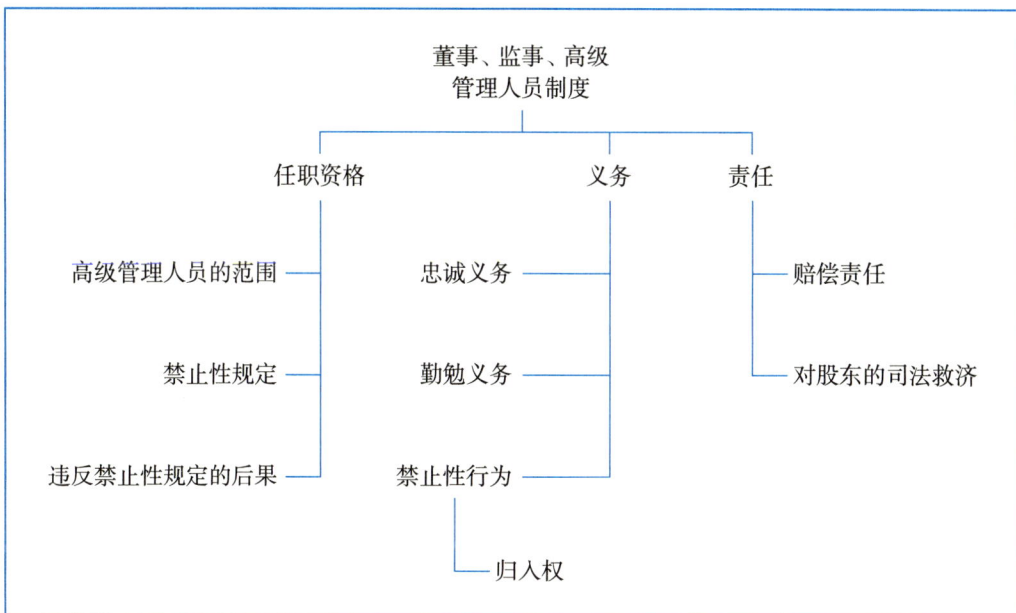

命题点拨

本节包括董监高消极任职资格、董监高义务与责任等内容。其中自我交易相对限制、归入权等是命题重点。自我交易合同的效力问题是难点。

## 一、董监高消极任职资格

| 有下列情形之一的，不得担任公司的董事、监事、高级管理人员： | |
|---|---|
| 1. 无民事行为能力或者限制民事行为能力； | |
| 2. 因贪污、贿赂、侵占财产、挪用财产或者破坏社会主义市场经济秩序，被判处刑罚，执行期满未逾5年，或者因犯罪被剥夺政治权利，执行期满未逾5年； | 下列情形之一的，不得担任商业银行的董事、高级管理人员： |
| | （一）因犯有贪污、贿赂、侵占财产、挪用财产罪或者破坏社会经济秩序罪，被判处刑罚，或者因犯罪被剥夺政治权利的（终身）； |
| 3. 担任破产清算的公司、企业的董事或者厂长、经理，对该公司、企业的破产负有个人责任的，自该公司、企业破产清算完结之日起未逾3年； | （二）担任因经营不善破产清算的公司、企业的董事或者厂长、经理，并对该公司、企业的破产负有个人责任的（终身）； |
| 4. 担任因违法被吊销营业执照、责令关闭的公司、企业的法定代表人，并负有个人责任的，自该公司、企业被吊销营业执照之日起未逾3年； | （三）担任因违法被吊销营业执照的公司、企业的法定代表人，并负有个人责任的（终身）； |
| 5. 个人所负数额较大的债务到期未清偿。 | （四）个人所负数额较大的债务到期未清偿的。 |

**经典问答**：什么是高级管理人员？

高级管理人员是指公司的经理、副经理、财务负责人，上市公司董事会秘书和公司章程规定的其他人员。

## 二、董监高义务和责任

董事、监事、高级管理人员应当遵守法律、行政法规和公司章程，对公司负有忠实义务和勤勉义务。

董事、高级管理人员不得有下列行为：

1. 挪用公司资金；

2. 将公司资金以其个人名义或者以其他个人名义开立账户存储；

3. 违反公司章程的规定，未经股东会、股东大会或者董事会同意，将公司资金借贷给他人或者以公司财产为他人提供担保；

4. 自我交易相对限制：

违反公司章程的规定或者未经股东会、股东大会同意，与本公司订立合同或者进行交易；

5. 同业竞争相对限制：

未经股东会或者股东大会同意，利用职务便利为自己或者他人谋取属于公司的商业机会，自营或者为他人经营与所任职公司同类的业务；

6. 接受他人与公司交易的佣金归为己有；

7. 擅自披露公司秘密；

8. 违反对公司忠实义务的其他行为。

归入权：董事、高级管理人员违反前款规定所得的收入应当归公司所有。

**经典考题**：烽源有限公司的章程规定，金额超过 10 万元的合同由董事会批准。蔡某是烽源公司的总经理。因公司业务需要车辆，蔡某便将自己的轿车租给烽源公司，并约定年租金 15 万元。后蔡某要求公司支付租金，股东们获知此事，一致认为租金太高，不同意支付。关于本案，下列哪一选项是正确的？（2016 年·卷三·28 题，单选）①

  A. 该租赁合同无效

  B. 股东会可以解聘蔡某

  C. 该章程规定对蔡某没有约束力

  D. 烽源公司有权拒绝支付租金

---

① 【答案】D。《公司法》第 148 条第 1 款第 4 项规定："董事、高级管理人员不得有下列行为：……（四）违反公司章程的规定或者未经股东会、股东大会同意，与本公司订立合同或者进行交易……"第 148 条第 2 款规定："董事、高级管理人员违反前款规定所得的收入应当归公司所有。"蔡某是高级管理人员，违反公司章程与本公司订立合同，其收入应当归公司所有，A 选项错误，D 选项正确。《公司法》第 49 条第 1 款规定，有限责任公司可以设经理，由董事会决定聘任或者解聘。应由董事会来决定蔡某经理职位是否解除，B 选项错误。《公司法》第 11 条规定："设立公司必须依法制定公司章程。公司章程对公司、股东、董事、监事、高级管理人员具有约束力。"蔡某作为经理应受公司章程的约束，C 选项错误。【错误原因】本题考查董高义务、自我交易规则，要注意本题中合同是有效的，公司拥有的是归入权。错误原因主要是相关法律制度理解不准确，对于"合同效力"等规则掌握不到位。

**总　结**

1. 自我交易与同业竞争

| 自我交易相对限制 | 不得违反公司章程的规定或者未经股东会、股东大会同意，与本公司订立合同或者进行交易。 |
|---|---|
| 同业竞争相对限制 | 不得未经股东会或者股东大会同意，利用职务便利为自己或者他人谋取属于公司的商业机会，自营或者为他人经营与所任职公司同类的业务。 |

2. 法律后果

| 已选无效 | 公司违反公司法规定选举、委派董事、监事或者聘任高级管理人员的，该选举、委派或者聘任无效。 |
|---|---|
| 期间解除 | 董事、监事、高级管理人员在任职期间出现消极任职资格情形的，公司应当解除其职务。 |

# 第五节　公司的财务与会计制度

## 知识体系图

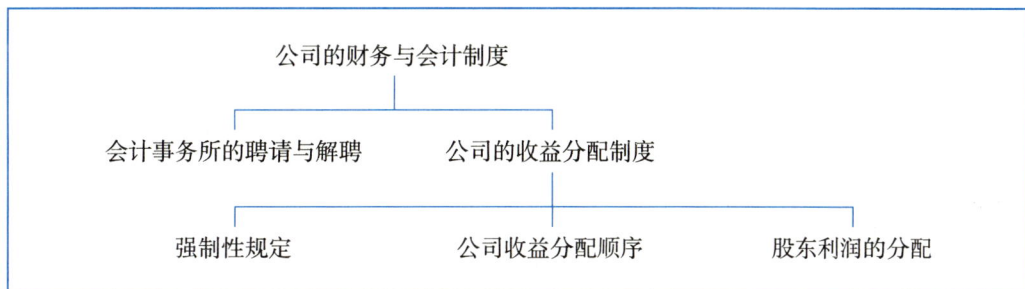

## 命题点拨

　　本专题包括公积金制度、公司增减资等内容。其中法定公积金、增资制度、减资程序等是命题重点。增资要注意优先认购权问题。

## 一、公积金制度

| 法定公积金 | 1. 公司分配当年税后利润时，应当提取利润的 10% 列入公司法定公积金。公司法定公积金累计额为公司注册资本的 50% 以上的，可以不再提取。 |
|---|---|
| | 2. 公司的法定公积金不足以弥补以前年度亏损的，在依照前款规定提取法定公积金之前，应当先用当年利润弥补亏损。 |
| | 3. 法定公积金转为资本时，所留存的该项公积金不得少于转增前公司注册资本的 25%。 |
| | 4. 可用于弥补亏损，扩大公司生产经营，增加资本。 |
| 任意公积金 | 公司从税后利润中提取法定公积金后，经股东会或者股东大会决议，还可以从税后利润中提取任意公积金。 |

续　表

| | |
|---|---|
| 分取<br>红利 | 1. 有限责任公司股东按照实缴的出资比例分取红利，全体股东约定不按照出资比例分取红利的除外。 |
| | 2. 股份有限公司按照股东持有的股份比例分配，但股份有限公司章程规定不按持股比例分配的除外。 |
| | 3. 股东会、股东大会或者董事会违反前款规定，在公司弥补亏损和提取法定公积金之前向股东分配利润的，股东必须将违反规定分配的利润退还公司。 |
| | 4. 公司持有的本公司股份不得分配利润。 |
| 资本公<br>积金 | 资本公积金不得用于弥补公司的亏损。 |

## 二、公司增减资

| | |
|---|---|
| 减资 | 我国《公司法》主要对公司资本的减少作出严格限制。 |
| | 1. 必须编制资产负债表及财产清单。 |
| | 2. 必须经股东大会作出特别决议（2/3 规则）。 |
| | 3. 公司应当自作出减少注册资本决议之日起 10 日内通知债权人，并于 30 日内在报纸上公告。 |
| | 4. 债权人自接到通知书之日起 30 日内，未接到通知书的自公告之日起 45 日内，有权要求公司清偿债务或者提供相应的担保。 |
| | 5. 须向公司登记机关办理变更登记。 |
| 增资 | 因为增资有利于增强公司信用，所以我国公司法对公司资本的增加未作出详细的规定，充分尊重当事人的意思自治原则。 |
| | 1. 有限公司增加注册资本分为：公积金转增资本；股东增加投资；吸收新股东。在用法定公积金转增资本时，所留存的该项公积金不得少于转增前公司注册资本的 25%。 |
| | 2. 股份有限公司增加注册资本主要采取发行新股。 |
| | 3. 股东对新增资本的优先权。公司新增资本时，股东有权优先按照实缴的出资比例认缴出资。但是，全体股东约定不按照出资比例优先认缴出资的除外。 |

**经典问答：减资时未依法履行通知已知债权人的义务，公司股东应承担何种责任？**

1. 公司减资时对已知或应知的债权人应履行通知义务，不能在未先行通知的情况下直接以登报公告形式代替通知义务。

2. 公司减资时未依法履行通知已知或应知的债权人的义务，公司股东不能证明其在减资过程中对怠于通知的行为无过错的，当公司减资后不能偿付减资前的债务时，公司股东应就该债务对债权人承担补充赔偿责任。

**经典问答：公司增资有哪些法定程序？**

1. 公司就增资事项通过代表 2/3 以上表决权或出席会议所持表决权 2/3 以上的股东会决议。

2. 向新股东出具出资证明书并修改公司股东名册。

3. 依法向公司登记机关办理变更登记。

**经典问答：增资扩股与股权转让有何区别？**

增资扩股不同于股权转让，两者最明显的区别在于公司注册资本是否发生变化。此外，资金的受让方和性质、表决程序采取的规则、对公司的影响等均存在不同之处。优先购买权作为一种排斥第三人竞争效力的权利，对其相对人权利影响重大，必须基于法律明确规定才能享有。有限责任公司新增资本时，部分股东欲将其认缴出资份额让与外来投资者，在我国《公司法》无明确规定其他股东有优先认购权的情况下，其他股东不能依据与增资扩股不同的股权转让制度行使《公司法》第71条所规定的股权转让过程中的优先购买权。

**经典考题：**泰昌有限公司共有6个股东，公司成立两年后，决定增加注册资本500万元。下列哪一表述是正确的？（2013年·卷三·26题，单选）①

　　A.股东会关于新增注册资本的决议，须经三分之二以上股东同意

　　B.股东认缴的新增出资额可分期缴纳

　　C.股东有权要求按照认缴出资比例来认缴新增注册资本的出资

　　D.一股东未履行其新增注册资本出资义务时，公司董事长须承担连带责任

## 总　结

1.公积金制度

| 法定公积金 | 公司分配当年税后利润时，应当提取利润的10%列入公司法定公积金。 |
|---|---|
| 任意公积金 | 公司从税后利润中提取法定公积金后，经股东会决议，还可以从税后利润中提取任意公积金。 |
| 资本公积金 | 资本公积金不得用于弥补公司的亏损。 |

---

① **【答案】**B。《公司法》第43条规定："股东会的议事方式和表决程序，除本法有规定的外，由公司章程规定。股东会会议作出修改公司章程、增加或者减少注册资本的决议，以及公司合并、分立、解散或者变更公司形式的决议，必须经代表三分之二以上表决权的股东通过。"据此，有限公司作出增资决议应当是经2/3以上有表决权的股东通过，而不是全体股东的2/3通过。A选项错误。《公司法》第178第1款规定："有限责任公司增加注册资本时，股东认缴新增资本的出资，依照本法设立有限责任公司缴纳出资的有关规定执行。"《公司法》第26条规定："有限责任公司的注册资本为在公司登记机关登记的全体股东认缴的出资额。法律、行政法规以及国务院决定对有限责任公司注册资本实缴、注册资本最低限额另有规定的，从其规定。"认缴意味着可分期缴纳，B选项正确。《公司法》第34条规定："股东按照实缴的出资比例分取红利；公司新增资本时，股东有权优先按照实缴的出资比例认缴出资。但是，全体股东约定不按照出资比例分取红利或者不按照出资比例优先认缴出资的除外。"据此，股东可以要求按照实缴出资的比例来认缴新增资本，而不是按照认缴出资比例。C选项错误。《公司法解释（三）》第13条第4款规定："股东在公司增资时未履行或者未全面履行出资义务，依照本条第一款或者第二款提起诉讼的原告，请求未尽公司法第一百四十七条第一款规定的义务而使出资未缴足的董事、高级管理人员承担相应责任的，人民法院应予支持；董事、高级管理人员承担责任后，可以向被告股东追偿。"据此股东未履行出资义务时，应当是由其他股东承担连带责任；董事只有在未履行忠实义务和勤勉义务的情况下，才承担责任，但仍可以向未履行出资义务的股东追偿。D选项错误。**【错误原因】**本题考查公司的资本。A选项具有迷惑性，股东会关于新增注册资本的决议，不是须经2/3以上股东同意，而是须经2/3以上有表决权的股东通过。要注意区分公司法中的"资本决"与"人头决"。错误原因主要是相关法律制度理解不准确，对于"区分思维"等商法思维运用不到位。

2. 公司增减资

| 减资 | 公司应当自作出减少注册资本决议之日起 10 日内通知债权人，并于 30 日内在报纸上公告。 |
|---|---|
| 增资 | 有限公司新增资本时，股东有权优先按照实缴的出资比例认缴出资。 |

3. 有限公司收益分配顺序：弥补亏损→法定公积金→（任意公积金）→向股东分红（章程约定优先→实缴出资比例）

4. 减资、增资以办理完毕工商登记为其生效要件。

5. 公司减资未履行通知已知债权人的义务时，公司股东应当在其减少出资的范围内，就公司债务不能清偿的部分对该类债权人承担补充赔偿责任。

# 第六节　公司的合并与分立

## 知识体系图

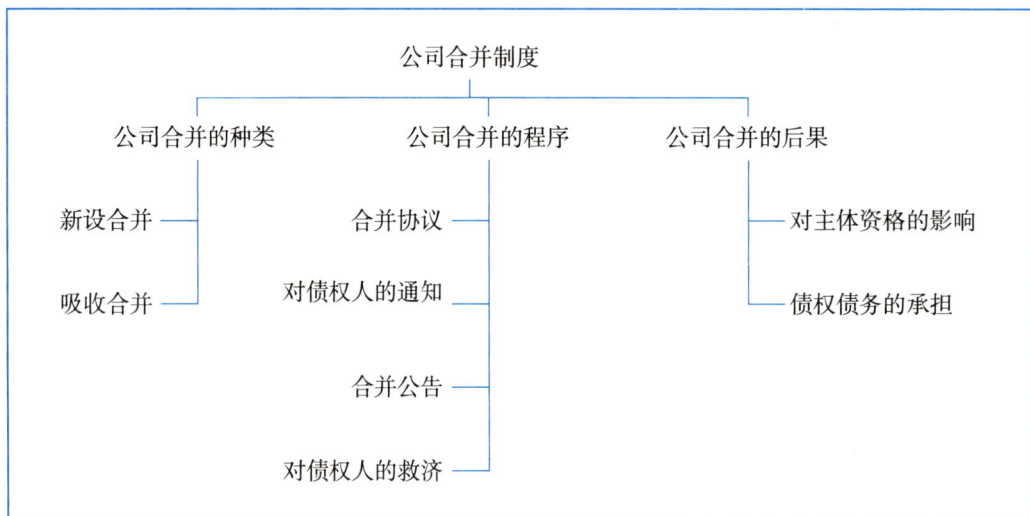

```
                        公司合并制度
        ┌───────────────────┼───────────────────┐
    公司合并的种类        公司合并的程序        公司合并的后果

   新设合并 ───          合并协议 ───          ─── 对主体资格的影响

   吸收合并 ───          对债权人的通知 ─        ─── 债权债务的承担

                        合并公告 ───

                        对债权人的救济 ─
```

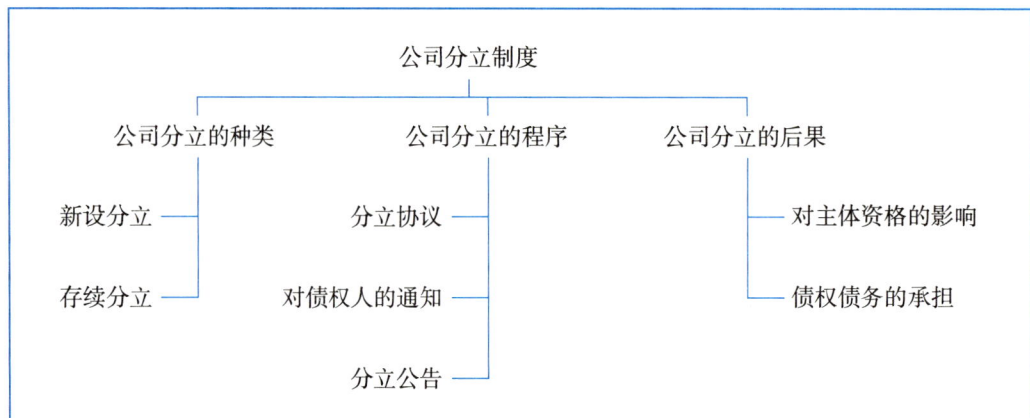

```
                        公司分立制度
        ┌───────────────────┼───────────────────┐
    公司分立的种类        公司分立的程序        公司分立的后果

   新设分立 ───          分立协议 ───          ─── 对主体资格的影响

   存续分立 ───          对债权人的通知 ─        ─── 债权债务的承担

                        分立公告 ───
```

命题点拨

本节内容包括公司合并、公司分立。其中合并程序、分立程序是命题重点。要能够区分合并与分立对债权人的不同保护制度。

# 一、公司合并

| 1.公司合并是指由两个或者两个以上的公司依照法定的程序和条件合并成一个公司，合并各方的债权、债务由合并后的公司完全承受。 | |
| --- | --- |
| 2.分为吸收合并与新设合并。 | 吸收合并：A+B=A |
| | 新设合并：A+B=C |
| 3.签协议编表单 →10 日通知 30 日公告 →30 日内 45 日内偿债担保。 | |
| 4.合并各方的债权、债务，应当由合并后存续的公司或者新设的公司承继。 | |
| 5.注意：与减资程序基本相同 | |

# 二、公司分立

| 1.公司分立指一个公司依照《公司法》有关规定，通过股东会决议分成两个以上的公司。 | |
| --- | --- |
| 2.分为派生分立与新设分立。 | 派生分立：A=A+B |
| | 新设分立：A=B+C |
| 3.编表单 →10 日通知 30 日公告 | |
| 4.公司分立前的债务由分立后的公司承担连带责任。另有约定的除外。 | |

**经典考题**：张某、李某为甲公司的股东，分别持股 65% 与 35%，张某为公司董事长。为谋求更大的市场空间，张某提出吸收合并乙公司的发展战略。关于甲公司的合并行为，下列哪些表述是正确的？（2015 年·卷三·69 题，多选）[①]

A. 只有取得李某的同意，甲公司内部的合并决议才能有效

---

[①]【答案】AD。根据《公司法》第 43 条第 2 款的规定："股东会会议作出修改公司章程、增加或者减少注册资本的决议，以及公司合并、分立、解散或者变更公司形式的决议，必须经代表三分之二以上表决权的股东通过。"张某持股 65%，没有达到 2/3 以上表决权，因此需取得李某的同意，A 选项正确。根据《公司法》第 173 条的规定："公司合并，应当由合并各方签订合并协议，并编制资产负债表及财产清单。公司应当自作出合并决议之日起十日内通知债权人，并于三十日内在报纸上公告。债权人自接到通知书之日起三十日内，未接到通知书的自公告之日起四十五日内，可以要求公司清偿债务或者提供相应的担保。"选项 B 错误，不符合"十日内"法定期限的规定；C 选项错误，债权人可以要求公司清偿债务或者提供相应的担保，但不享有异议权。根据《公司法》第 174 条的规定："公司合并时，合并各方的债权、债务，应当由合并后存续的公司或者新设的公司承继。"本题为吸收合并，甲公司为存续的公司，因此 D 选项正确。【错误原因】本题考查股东会特别表决权。考生最不应该犯的错误，是误以为 65% 已经达到 2/3 以上。错误原因主要是相关法律制度理解不准确，对于"特别决议"等规则运用不到位。

B. 在合并决议作出之日起 15 日内，甲公司须通知其债权人

C. 债权人自接到通知之日起 30 日内，有权对甲公司的合并行为提出异议

D. 合并乙公司后，甲公司须对原乙公司的债权人负责

## 总　结

1. 合并是公司主体变更的一种法律制度，由民法典、公司法共同调整公司合并中的债权、债务关系。

2. 由于公司分立前的债务由分立后的公司承担连带责任，对债权人并未造成风险，因此，在分立程序中没有"清偿债务或提供担保"的法定程序。

# 第七节　公司的解散与清算

知识体系图

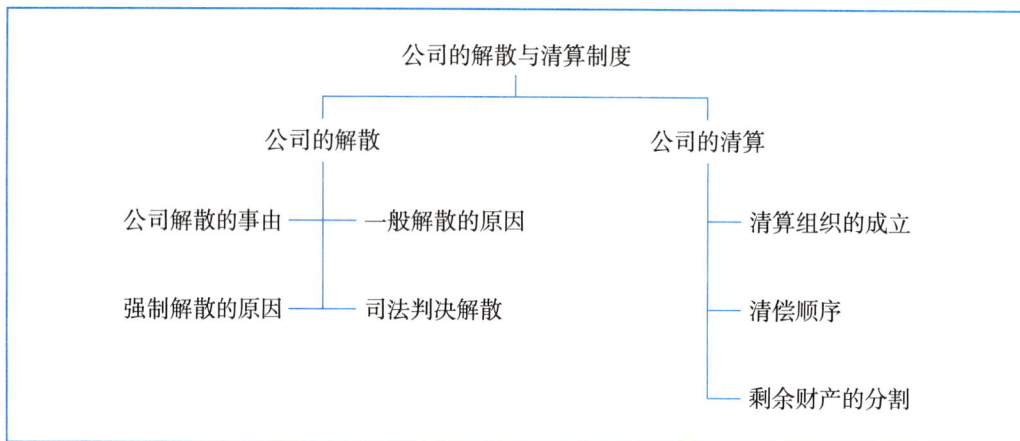

命题点拨

本节内容包括公司解散、公司清算。其中司法解散、清算程序是命题重点。要理解公司终止、解散、清算三者之间的相互关系。要注意公司僵局的判断标准。

## 一、公司解散

公司解散是指已成立的公司基于一定的合法事由而使公司人格消灭的法律行为。公司因下列原因解散：

1.（清算）公司章程规定的营业期限届满或者公司章程规定的其他解散事由出现；

2.（清算）股东会或者股东大会决议解散；

3.（无须清算）因公司合并或者分立需要解散；

4.（清算）依法被吊销营业执照、责令关闭或者被撤销；

5.（清算）人民法院予以解散。

续　表

| 注意1:【司法解散事由】 |
| :--- |
| （1）【2年无法开会】公司持续两年以上无法召开股东会或者股东大会，公司经营管理发生严重困难的； |
| （2）【2年无法决议】股东表决时无法达到法定或者规定的比例，持续两年以上不能作出有效的股东会或者股东大会决议，公司经营管理发生严重困难的； |
| （3）【董事冲突无解】公司董事长期冲突，且无法通过股东会或者股东大会解决，公司经营管理发生严重困难的； |
| （4）【股东利益重损】经营管理发生其他严重困难，公司继续存续会使股东利益受到重大损失的情形。 |
| 注意2:【不允许司法解散的事由】 |
| （1）股东知情权； |
| （2）利润分配请求权； |
| （3）公司亏损、财产不足以偿还全部债务； |
| （4）公司被吊销企业法人营业执照未进行清算。 |

**经典问答**: **最高法指导案例第8号的裁判结论是什么？**

林方清诉常熟市凯莱实业有限公司、戴小明公司解散纠纷案的裁判结论：公司法第182条将"公司经营管理发生严重困难"作为股东提起解散公司之诉的条件之一。判断"公司经营管理是否发生严重困难"，应从公司组织机构的运行状态进行综合分析。公司虽处于盈利状态，但其股东会机制长期失灵，内部管理有严重障碍，已陷入僵局状态，可以认定为公司经营管理发生严重困难。对于符合公司法及相关司法解释规定的其他条件的，人民法院可以依法判决公司解散。

## 二、公司清算

| 清算组 | 分类 | 1. 自行清算<br>解散后15日内：有限责任公司的清算组由**股东**组成，股份有限公司的清算组由**董事**或者股东大会确定的人员组成。 |
| :--- | :--- | :--- |
| | | 2. 指定清算<br>有下列情形之一，债权人、公司股东、董事或其他利害关系人申请人民法院指定清算组进行清算的，人民法院应予受理：<br>（1）公司解散逾期不成立清算组进行清算的；<br>（2）虽然成立清算组但故意拖延清算的；<br>（3）违法清算可能严重损害债权人或者股东利益的。 |
| | | 人民法院受理公司清算案件，应当及时指定有关人员组成清算组。<br>清算组成员可以从下列人员或者机构中产生：<br>（1）公司股东、董事、监事、高级管理人员；<br>（2）依法设立的律师事务所、会计师事务所、破产清算事务所等社会中介机构；<br>（3）依法设立的律师事务所、会计师事务所、破产清算事务所等社会中介机构中具备相关专业知识并取得执业资格的人员。 |

续　表

| | |
|---|---|
| 职权 | 清算组在清算期间行使下列职权：<br>（1）清理公司财产，分别编制资产负债表和财产清单；<br>（2）通知、公告债权人；<br>（3）处理与清算有关的公司未了结的业务；<br>（4）清缴所欠税款以及清算过程中产生的税款；<br>（5）清理债权、债务；<br>（6）处理公司清偿债务后的剩余财产；<br>（7）代表公司参与民事诉讼活动。 |
| 程序 | 1. 清算组应当自成立之日起 10 日内通知债权人，并于 60 日内在报纸上公告。<br>债权人应当自接到通知书之日起 30 日内，未接到通知书的自公告之日起 45 日内，向清算组申报其债权。 |
| | 2. 在申报债权期间，清算组不得对债权人进行清偿；清算期间，公司存续，但不得开展与清算无关的经营活动。 |
| | 3. 清算组在清理公司财产、编制资产负债表和财产清单后，发现公司财产不足清偿债务的，应当立即向人民法院申请宣告破产。公司经人民法院裁定宣告破产后，清算组应当将清算事务移交给人民法院。 |
| | 4. 公司财产在未清偿公司债务前，不得分配给股东。经公司登记机关核准注销登记，公司终止。 |

经典问答：**未经确认的清算方案，清算组是否可以执行？**

公司自行清算的，清算方案应当报股东会或者股东大会决议确认；人民法院组织清算的，清算方案应当报人民法院确认。未经确认的清算方案，清算组不得执行。

经典问答：**公司依法清算结束并办理注销登记前，有关公司的民事诉讼，应当以谁的名义进行？**

公司依法清算结束并办理注销登记前，有关公司的民事诉讼，应当以公司的名义进行。公司成立清算组的，由清算组负责人代表公司参加诉讼；尚未成立清算组的，由原法定代表人代表公司参加诉讼。

经典问答：**债权人在规定的期限内未申报债权，是否可以补充申报？**

债权人在规定的期限内未申报债权，在公司清算程序终结前补充申报的，清算组应予登记。

## 总　结

1. 清算制度

| | |
|---|---|
| 分类 | （1）自行清算。<br>解散后 15 日内：有限责任公司的清算组由股东组成，股份有限公司的清算组由董事或者股东大会确定的人员组成。 |
| | （2）指定清算。<br>有法定情形之一，债权人、公司股东、董事或其他利害关系人申请人民法院指定清算组进行清算的，人民法院应予受理。 |

| 方案 | 公司自行清算的，清算方案应当报股东会或者股东大会决议确认；人民法院组织清算的，清算方案应当报人民法院确认。未经确认的清算方案，清算组不得执行。 |
|------|------|

2. 公司除因合并或分立解散无须清算，以及因破产而解散的公司适用破产清算程序外，其他解散的公司，都应当按公司法的规定进行清算。

3. 有限责任公司的股东、董事和控股股东未在法定期限内成立清算组开始清算，导致公司财产贬值、流失、毁损或者灭失，债权人主张其在造成损失范围内对公司债务承担赔偿责任的，人民法院应依法予以支持。

4. 公司解散应当在依法清算完毕后，申请办理注销登记。公司未经清算即办理注销登记，导致公司无法进行清算，债权人主张有限责任公司的股东、股份有限公司的董事和控股股东，以及公司的实际控制人对公司债务承担清偿责任的，人民法院应依法予以支持。

5. 公司解散时，股东尚未缴纳的出资均应作为清算财产。股东尚未缴纳的出资，包括到期应缴未缴的出资，以及依照公司法的规定分期缴纳尚未届满缴纳期限的出资。

# 第八节　有限责任公司的出资

知识体系图

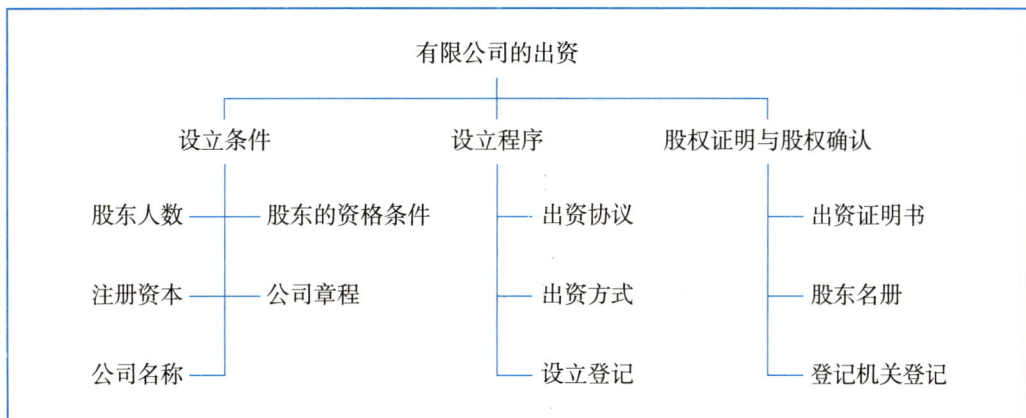

命题点拨

本节包括有限公司的出资方式、出资责任等内容。命题重点是非货币财产出资、出资责任等。要特别注意抽逃出资的各种方式。

## 一、有限公司的出资方式

| 注册资本 | 一般无最低限额 | 商业银行、证券公司、保险公司等有最低限额。 | |
|---|---|---|---|
| 出资方式 | 法定出资 | **1. 货币**<br>违反犯罪所得货币出资，拍卖或者变卖股权。 | |
| | | **2. 实物、知识产权、土地使用权等可以用货币估价并可以依法转让的非货币财产** | （1）已交付未过户：在法院指定的合理期间内过户，认定已履行出资义务，从交付时起享有股东权利。 |
| | | | （2）已过户未交付：不享有股东权利。 |
| | | | （3）出资后客观因素贬值：无责任。 |
| | | | （4）划拨土地使用权出资：限期办理土地变更手续。 ‖ 逾期：人民法院应认定未依法全面履行出资义务。 |
| | | | （5）设定权利负担土地使用权出资：限期解除权利负担。 |
| | | **3. 股权出资：**<br>合法＋无瑕疵＋手续＋评估 | 出资人以其他公司股权出资，符合下列条件的，人民法院应当认定出资人已履行出资义务：出资的股权由出资人合法持有并依法可以转让；出资的股权无权利瑕疵或者权利负担；出资人已履行关于股权转让的法定手续；出资的股权已依法进行了价值评估。 |
| | 禁止出资 | 股东不得以劳务、信用、自然人姓名、商誉、特许经营权或者设定担保的财产等作价出资。 | |
| | 无权处分 | 出资中的无权处分行为，可以适用**善意取得**制度。 | |

　　**经典考题**：2014 年 5 月，甲乙丙丁四人拟设立一家有限责任公司。关于该公司的注册资本与出资，下列哪些表述是正确的？（2014 年·卷 3·68 题·多选）①

---

① 【答案】ABD。根据《公司法》第 26 条："有限责任公司的注册资本为在公司登记机关登记的全体股东认缴的出资额。法律、行政法规以及国务院决定对有限责任公司注册资本实缴、注册资本最低限额另有规定的，从其规定。"有限责任公司的注册资本为在公司登记机关登记的全体股东认缴的出资额，因此 A 选项正确。根据《公司法》第 25 条第 1 款："有限责任公司章程应当载明下列事项：（一）公司名称和住所；（二）公司经营范围；（三）公司注册资本；（四）股东的姓名或者名称；（五）股东的出资方式、出资额和出资时间；（六）公司的机构及其产生办法、职权、议事规则；（七）公司法定代表人；（八）股东会会议认为需要规定的其他事项。股东应当在公司章程上签名、盖章。"因此 B 选项正确。根据《公司法》第 7 条第 2 款："公司营业执照应当载明公司的名称、住所、注册资本、经营范围、法定代表人姓名等事项。"因此 C 选项错误。原《公司法》第 29 条"股东缴纳出资后，必须经依法设立的验资机构验资并出具证明"已经被现行《公司法》整条删除，是否验资由公司章程来规定，因此该公司章程可以要求股东出资须经验资机构验资，选项 D 正确。【错误原因】本题考查公司注册资本问题，1 元钱办公司是当年的热点话题。错误原因主要是相关法律制度理解不准确，对于"注册资本"等规则运用不到位。

A. 公司注册资本可以登记为 1 元人民币

B. 公司章程应载明其注册资本

C. 公司营业执照不必载明其注册资本

D. 公司章程可以要求股东出资须经验资机构验资

## 二、有限公司的出资责任

| | | | |
|---|---|---|---|
| **出资责任** | 违反约定 | 股东不按照章程规定缴纳出资的，除应当向公司足额缴纳外，还应当向已按期足额缴纳出资的股东承担违约责任。 | 有限公司、股份公司均适用。 |
| | | 股东在公司设立时未履行或者未全面履行出资义务，提起诉讼的原告请求公司的发起人与被告股东承担连带责任的，人民法院应予支持；公司的发起人承担责任后，可以向被告股东追偿。 | |
| | 价额不实 | 公司成立后，发现作为设立公司出资的非货币财产的实际价额显著低于公司章程所定价额，应当由交付该出资的股东补足其差额，公司设立时的其他股东承担连带责任。 | |
| **出资期限** | 出资无期限 | 股东的出资义务不受诉讼时效限制。 | |
| **抽逃出资** | 3+N | 1. 制作虚假财务会计报表虚增利润进行分配； | |
| | | 2. 通过虚构债权债务关系将其出资转出； | |
| | | 3. 利用关联交易将出资转出； | |
| | | 4. 其他未经法定程序将出资抽回的行为。 | |

**案例分析：**（2016 年·卷四·第五题）

美森公司成立于 2009 年，主要经营煤炭。股东是大雅公司以及庄某、石某。章程规定公司的注册资本是 1000 万元，三个股东的持股比例是 5∶3∶2；各股东应当在公司成立时一次性缴清全部出资。大雅公司将之前归其所有的某公司的净资产经会计师事务所评估后作价 500 万元用于出资，这部分资产实际交付给美森公司使用；庄某和石某以货币出资，公司成立时庄某实际支付了 100 万元，石某实际支付了 50 万元。

【问题】应如何评价美森公司成立时三个股东的出资行为及其法律效果？

【答案】大雅公司以先前归其所有的某公司的净资产出资，净资产尽管没有在我国公司法中规定为出资形式，但公司实践中运用较多，并且案情中显示，一方面这些净资产本来归大雅公司，且经过了会计师事务所的评估作价，在出资程序方面与实物等非货币形式的出资相似，另一方面这些净资产已经由美林公司实际占有和使用，即完成了交付。《公司法解释（三）》第 9 条也有"非货币财产出资，未依法评估作价"的规定。所以，应当认为大雅公司履行了自己的出资义务。庄某按章程应当以现金 300 万出资，仅出资 100 万；石某按章程应当出资 200 万，仅出资 50 万，所以两位自然人股东没有完全履行自己的出资义务，应当承担继续履行出资义务及违约责任。

【考点】出资义务

【解析】股东可以用货币出资，也可以用实物、知识产权、土地使用权等可以用货币估价并可以依法转让的非货币财产作价出资；但是，法律、行政法规规定不得作为出资的财产除外。

对作为出资的非货币财产应当评估作价，核实财产，不得高估或者低估作价。本题的创新之处在于肯定了净资产出资。

## 总　结

1. 出资方式

| 法定出资 | 1. 货币 | 违法犯罪所得的货币出资后取得股权的，应当采取拍卖或者变卖的方式处置其股权。 |
| --- | --- | --- |
| | 2. 非货币财产 | 货币估价并可以依法转让的非货币财产。 |
| | | 股权出资：合法＋无瑕疵＋手续＋评估 |
| 禁止出资 | 股东不得以劳务、信用、自然人姓名、商誉、特许经营权或者设定担保的财产等作价出资。 | |
| 无权处分 | 出资人以不享有处分权的财产出资，当事人之间对于出资行为效力产生争议的，人民法院可以参照善意取得规定予以认定。 | |

2. 违反约定：补足＋违约＋发起人连带；价额估不实：补足＋发起人连带。

3. 在注册资本认缴制下，股东依法享有期限利益。债权人以公司不能清偿到期债务为由，请求未届出资期限的股东在未出资范围内对公司不能清偿的债务承担补充赔偿责任的，人民法院不予支持。

但是，下列情形除外：公司作为被执行人的案件，人民法院穷尽执行措施无财产可供执行，已具备破产原因，但不申请破产的；在公司债务产生后，公司股东（大）会决议或以其他方式延长股东出资期限的。

4. 股权出资：合法＋无瑕疵＋手续＋评估

# 第九节　有限责任公司的股权转让与回购

知识体系图

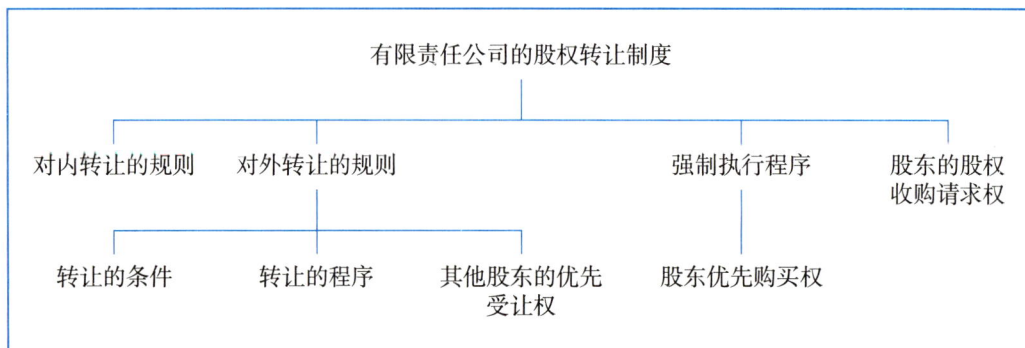

命题点拨

　　本节内容包括有限责任公司的股权转让、股权回购等。命题重点是对外转让程序、回购条件等。要理解对内转让的规则、对外转让的规则。要注意优先购买权行使问题。

## 一、有限责任公司的股权转让

| 对内转让 | 完全自由 | 有限责任公司的股东之间可以相互转让其全部或者部分股权。 |
|---|---|---|
| 对外转让 | 严格限制 | 1. 股东向股东以外的人转让股权，应当经其他股东过半数同意。 |
| | | 2. 视为同意。<br>（1）股东应就其股权转让事项书面通知其他股东征求同意，其他股东自接到书面通知之日起满 30 日未答复的，视为同意转让。<br>（2）其他股东半数以上不同意转让的，不同意的股东应当购买该转让的股权；不购买的，视为同意转让。 |
| | 优先购买 | 经股东同意转让的股权，在同等条件下，其他股东有优先购买权。<br>两个以上股东主张行使优先购买权的，协商确定各自的购买比例；协商不成的，按照转让时各自的出资比例行使优先购买权。 |
| | 章程优先 | 公司章程对股权转让另有规定的，从其规定。<br>例如，公司章程可以规定其他股东享有优先购买权的具体条件，可以规定其他股东行使优先购买权的程序等。 |
| 强制执行 | 优先购买 | 人民法院依照法律规定的强制执行程序转让股东的股权时，应当通知公司及全体股东，其他股东在同等条件下有优先购买权。<br>其他股东自人民法院通知之日起满 20 日不行使优先购买权的，视为放弃优先购买权。 |
| | 新股东 | 对于该通过强制执行程序购买股权的新股东，公司和其他股东不得否认其效力。<br>公司应当注销原股东的出资证明书，并向新股东签发出资证明书。修改公司章程和股东名册中有关股东及其出资额的记载，此项对于公司章程的修改不需再由股东会表决而直接发生效力。 |
| 资格继承 | 股东死亡 | 合法继承人可以继承股东资格。<br>但是，公司章程另有规定的除外。 |
| 股权让与担保 | | 《民担解》第 69 条<br>股东以将其股权转移至债权人名下的方式为债务履行提供担保，公司或者公司的债权人以股东未履行或者未全面履行出资义务、抽逃出资等为由，请求作为名义股东的债权人与股东承担连带责任的，人民法院不予支持。 |

　　**经典问答：汤长龙诉周士海股权转让纠纷案（最高法指导案例第 67 号）的裁判结论是什么？**

**裁判结论:** 有限责任公司的股权分期支付转让款中发生股权受让人延迟或者拒付等违约情形,股权转让人要求解除双方签订的股权转让合同的,不适用关于分期付款买卖中出卖人在买受人未支付到期价款的金额达到合同全部价款的五分之一时即可解除合同的规定。

**经典问答·股权转让合同与股权变动有何区别?**

1. 股权变动效力不等同于股权转让合同效力。

2. 股权转让合同本身属于权利变动的原因行为。

3. 股权合同生效时间不等同于股权变动时间,股权是否能够依约发生变动不影响转让合同的成立与生效。

**案例分析:**(2020年回忆版·主观卷·第五题)

甲有限公司,有股东4人,分别为郑一、关二、刘三、工会,持股比例分别为15%、26%、8%、51%。工会已登记为法人,代表甲公司全体职工持股。郑一担任董事长和法定代表人,关二任总经理。工会委派曹四、谢五任甲公司董事,与郑一、关二、刘三共同组成董事会。

职工股东曹四将其股权对外转让给赵七,未告知工会。工会知情后,召开全体职工会撤销曹四的董事职务。

**【问题】** 职工股东曹四将其股权对外转让给赵七的行为,效力如何?

**【答案提示】**

思路一:本案中,从外观主义角度,职工股东曹四并非公司法意义上的股东,因此曹四将其股权对外转让给赵七的行为,不适用股东转让股权的规则,该转让行为无效。

思路二:本案中,由于公司事实上承认了曹四的股东地位,本着实质重于形式的原则,可以承认曹四享有转让权,但应遵守公司法关于股东对外转让的相关规定,鉴于曹四没有履行告知义务,进而损害了其他股东的优先购买权,不宜认定为有效。

**【考点】** 股权转让

**【解析】** 本题答案开放,言之有理,均可得分。

**经典考题:** 汪某为兴荣有限责任公司的股东,持股34%。2017年5月,汪某因不能偿还永平公司的货款,永平公司向法院申请强制执行汪某在兴荣公司的股权。关于本案,下列哪一选项是正确的?(2017年·卷三·28题·单选)[①]

A. 永平公司在申请强制执行汪某的股权时,应通知兴荣公司的其他股东

B. 兴荣公司的其他股东自通知之日起1个月内,可主张行使优先购买权

C. 如汪某所持股权的50%在价值上即可清偿债务,则永平公司不得强制执行其全部股权

D. 如在股权强制拍卖中由丁某拍定,则丁某取得汪某股权的时间为变更登记办理完毕时

---

[①] 【答案】C。《公司法》第72条规定:"人民法院依照法律规定的强制执行程序转让股东的股权时,应当通知公司及全体股东,其他股东在同等条件下有优先购买权。其他股东自人民法院通知之日起满二十日不行使优先购买权的,视为放弃优先购买权。"A、B选项错误。C选项正确,有限公司股东具有人合性利益,如果汪某所持股权的50%在价值上即可清偿债务,则永平公司不得强制执行其全部股权,汪某依然可以是股东。D选项错误,丁某取得汪某股权的时间为记载于股东名册时。【错误原因】本题考查股权强制执行程序。错误原因主要是相关法律制度理解不准确,对于"告知义务"等规则运用不到位。

## 二、有限责任公司的股权回购

| 法定情形 | 1. 公司连续 5 年不向股东分配利润，而公司该 5 年连续盈利，并且符合本法规定的分配利润条件的； | 对股东会该项决议投反对票的股东可以请求公司按照合理的价格收购其股权。 |
| --- | --- | --- |
| | 2. 公司合并、分立、转让主要财产的； | |
| | 3. 公司章程规定的营业期限届满或者章程规定的其他解散事由出现，股东会会议通过决议修改章程使公司存续的。 | |
| 回购诉讼 | 自股东会会议决议通过之日起 60 日内，股东与公司不能达成股权收购协议的，股东可以自股东会会议决议通过之日起 90 日内向人民法院提起诉讼。 | |

**经典考题：**马丁等六人等份投资入股经营一家芯动有限公司，并在白云街租赁一商铺主要经营名贵包包等奢侈品买卖。由于奢侈品消费市场低迷，经营效益低下，在公司章程规定的三年经营期限到期之后，马丁不同意公司继续经营，但其他股东却一致通过公司继续经营的决议。关于本案，下列哪一项表述是正确的？（2019 年回忆版·卷三·单选）[①]

A. 其他股东一致通过的决议使得原处于自动解散状态的公司又自动恢复主体资格

B. 投反对票的马丁可以章程规定的经营期限届满为由向法院提起解散公司之诉

C. 因马丁反对公司继续经营，其有权要求芯动公司按市值收购自己的股权

D. 因马丁反对公司继续经营，其有权要求其他股东按市值收购自己的股权

## 总　结

### 1. 股权转让

| 对内转让 | 完全自由 | 有限责任公司的股东之间可以相互转让其全部或者部分股权。 |
| --- | --- | --- |
| 对外转让 | 同意权 | 应当经其他股东同意。 |
| | 优先购买权 | 其他股东有优先购买权。 |
| | 章程优先 | 公司章程对股权转让另有规定的，从其规定。 |

### 2. 强制执行与资格继承

| 强制执行 | 优先购买 | （1）人民法院应当通知公司及全体股东，其他股东在同等条件下有优先购买权。 |
| --- | --- | --- |
| | | （2）其他股东自人民法院通知之日起满 20 日不行使优先购买权的，视为放弃优先购买权。 |
| 资格继承 | 股东死亡 | 合法继承人可以继承股东资格。公司章程另有规定的除外。 |

---

[①] 【答案】C。根据《公司法》第 74 条第 1 款："有下列情形之一的，对股东会该项决议投反对票的股东可以请求公司按照合理的价格收购其股权：（一）公司连续五年不向股东分配利润，而公司该五年连续盈利，并且符合本法规定的分配利润条件的；（二）公司合并、分立、转让主要财产的；（三）公司章程规定的营业期限届满或者章程规定的其他解散事由出现，股东会会议通过决议修改章程使公司存续的。"C 选项正确。【错误原因】本题错误原因主要是相关法律制度理解不准确，对于"义务主体"等规则理解不到位。

3.有限责任公司的股东之间可以相互转让其全部或者部分股权。

4.股东向股东以外的人转让股权，应当经其他股东过半数同意。

5.经股东同意转让的股权，在同等条件下，其他股东有优先购买权。

# 第十节　有限责任公司的组织机构与特别规定

知识体系图

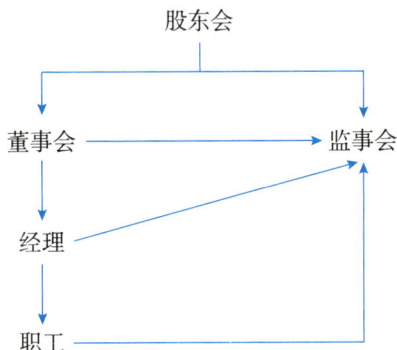

命题点拨

　　本节内容包括有限公司股东会、董事会、监事会、一人公司、国有独资公司等。命题重点是股东会的职权、董事会的职权、监事会的组成、一人公司制度等。要理解职权法定主义与章定其他的相互关系。

## 一、股东会

| 股东会的性质和组成 | 有限责任公司股东会由全体股东组成。股东会是公司的权力机构，依照本法行使职权。股东会是非常设机关，即它不是常设的公司机构，而仅以会议形式存在，只有在召开股东会会议时，股东会才作为公司机关存在。 |
|---|---|
| 股东会的职权 | 1.决定公司的经营方针和投资计划；<br>2.选举和更换非由职工代表担任的董事、监事，决定有关董事、监事的报酬事项；<br>3.审议批准董事会的报告；<br>4.审议批准监事会或者监事的报告；<br>5.审议批准公司的年度财务预算方案、决算方案；<br>6.审议批准公司的利润分配方案和弥补亏损方案；<br>7.对公司增加或者减少注册资本作出决议；<br>8.对发行公司债券作出决议；<br>9.对公司合并、分立、解散、清算或者变更公司形式作出决议；<br>10.修改公司章程；<br>11.公司章程规定的其他职权。 |

续 表

| | |
|---|---|
| | 上述所列事项股东以书面形式一致表示同意的，可以不召开股东会会议，直接作出决定，并由全体股东在决定文件上签名、盖章。 |
| **股东会的召开** | 1. 首次股东会会议由出资最多的股东召集和主持，依照本法规定行使职权。 |
| | 2. 股东会会议分为定期会议和临时会议。 |
| | 3. 定期会议应当依照公司章程的规定按时召开。 |
| | 4. 代表 1/10 以上表决权的股东，1/3 以上的董事，监事会或者不设监事会的公司的监事提议召开临时会议的，应当召开临时会议。 |

| | | |
|---|---|---|
| **股东会的召集和主持** | 1. 有限责任公司设立董事会的，股东会会议由董事会召集，董事长主持；董事长不能履行职务或者不履行职务的，由副董事长主持；副董事长不能履行职务或者不履行职务的，由半数以上董事共同推举一名董事主持。 | 召集顺序：董事会→监事会→代表 1/10 以上表决权的股东 |
| | 2. 有限责任公司不设董事会的，股东会会议由执行董事召集和主持。 | |
| | 3. 董事会或者执行董事不能履行或者不履行召集股东会会议职责的，由监事会或者不设监事会的公司的监事召集和主持；监事会或者监事不召集和主持的，代表 1/10 以上表决权的股东可以自行召集和主持。 | |

| | |
|---|---|
| **表决权** | 1. 股东会会议由股东按照出资比例行使表决权；但是，公司章程另有规定的除外。 |
| | 2. 股东会会议作出修改公司章程、增加或者减少注册资本的决议，以及公司合并、分立、解散或者变更公司形式的决议，必须经代表 2/3 以上表决权的股东通过。 |

**经典问答：如何理解股东会的性质？**

有限责任公司股东会由全体股东组成。股东会是公司的权力机构，依照本法行使职权。股东会是非常设机关，即它不是常设的公司机构，而仅以会议形式存在，只有在召开股东会会议时，股东会才作为公司机关存在。

**经典问答：根据《民法典》第 134 条，决议行为如何成立？**

法人、非法人组织依照法律或者章程规定的议事方式和表决程序作出决议的，该决议行为成立。

## 二、董事会

| | |
|---|---|
| **董事会的性质及其组成** | 1. 业务执行机关，常设机关。股东人数较少或公司规模较小的有限责任公司可以不设董事会。 |
| | 2. 董事会由董事组成，其成员为 3 至 13 人。董事的任期由公司章程规定，每届任期不得超过 3 年。董事长、副董事长的产生办法由公司章程规定。董事任期届满时，连选可以连任，并无任职届数的限制。 |
| | 3. 两个以上的国有企业或者两个以上的其他国有投资主体投资设立的有限责任公司，其董事会成员中应当有公司职工代表。 |

续　表

| | |
|---|---|
| **董事会的职权** | 董事会对股东会负责，行使下列职权：<br>1. 召集股东会会议，并向股东会报告工作；<br>2. 执行股东会的决议；<br>3. 决定公司的经营计划和投资方案；<br>4. 制订公司的年度财务预算方案、决算方案；<br>5. 制订公司的利润分配方案和弥补亏损方案；<br>6. 制订公司增加或者减少注册资本以及发行公司债券的方案；<br>7. 制订公司合并、分立、解散或者变更公司形式的方案；<br>8. 决定公司内部管理机构的设置；<br>9. 决定聘任或者解聘公司经理及其报酬事项，并根据经理的提名决定聘任或者解聘公司副经理、财务负责人及其报酬事项；<br>10. 制定公司的基本管理制度；<br>11. 公司章程规定的其他职权。 |
| | 董事任期及善后义务：<br>1. 董事任期由公司章程规定，但每届任期不得超过3年。董事任期届满，连选可以连任。<br>2. 董事任期届满未及时改选，或者董事在任期内辞职导致董事会成员低于法定人数的，在改选出的董事就任前，原董事仍应当依照法律、行政法规和公司章程的规定，履行董事职务。 |
| **董事会的召开** | 1. 董事会会议由董事长召集和主持。董事长不能履行职务或者不履行职务的，由副董事长召集和主持；副董事长不能履行职务或者不履行职务的，由半数以上董事共同推举一名董事召集和主持。 |
| | 2. 董事会决议的表决，实行一人一票。 |
| **经理** | 有限公司的经理是负责公司日常经营管理工作的高级管理人员。有限公司可以设经理，由董事会聘任或者解聘，经理对董事会负责。有限公司经理负责公司的日常经营管理工作。公司章程如果对经理职权有规定的，依其规定。经理列席董事会会议。 |

**经典考题：**荣吉有限公司是一家商贸公司，刘壮任董事长，马姝任公司总经理。关于马姝所担任的总经理职位，下列哪一选项是正确的？（2015年·卷三·26题·单选）①

---

① **【答案】**C。根据《公司法》第46条的规定："董事会对股东会负责，行使下列职权：……（九）决定聘任或者解聘公司经理及其报酬事项，并根据经理的提名决定聘任或者解聘公司副经理、财务负责人及其报酬事项……"因此AD选项错误。根据《公司法》第13条的规定："公司法定代表人依照公司章程的规定，由董事长、执行董事或者经理担任，并依法登记。公司法定代表人变更，应当办理变更登记。"因此B选项错误。根据《公司法》第49条的规定："有限责任公司可以设经理，由董事会决定聘任或者解聘。经理对董事会负责，行使下列职权：……（五）制定公司的具体规章……"因此C选项正确。**【错误原因】**本题考查董事会职权、经理职权。要注意题目中的"总经理"相当于《公司法》中的"经理"。本题错误原因主要是相关法律制度理解不准确，对于"区分思维"等商法思维运用不到位。

A. 担任公司总经理须经刘壮的聘任

B. 享有以公司名义对外签订合同的法定代理权

C. 有权制定公司的劳动纪律制度

D. 有权聘任公司的财务经理

## 三、监事会

| | | |
|---|---|---|
| 监事会的组成 | 1. 有限责任公司设监事会，其成员不得少于3人。股东人数较少或者规模较小的有限责任公司，可以设1至2名监事，不设监事会。 | |
| | 2. 监事会应当包括股东代表和适当比例的公司职工代表，其中职工代表的比例不得低于1/3，具体比例由公司章程规定。 | 监事会中的职工代表由公司职工通过职工代表大会、职工大会或者其他形式民主选举产生。 |
| | 3. 监事会设主席一人，由全体监事过半数选举产生。监事会主席召集和主持监事会会议；监事会主席不能履行职务或者不履行职务的，由半数以上监事共同推举一名监事召集和主持监事会会议。 | |
| | 4. 董事、高级管理人员不得兼任监事。 | |
| 监事会的职权 | 1. 检查公司财务； | 监事会、不设监事会的公司的监事行使职权所必需的费用，由公司承担。 |
| | 2. 对董事、高级管理人员执行公司职务的行为进行监督，对违反法律、行政法规、公司章程或者股东会决议的董事、高级管理人员提出罢免的建议； | |
| | 3. 当董事、高级管理人员的行为损害公司的利益时，要求董事、高级管理人员予以纠正； | |
| | 4. 提议召开临时股东会会议，在董事会不履行本法规定的召集和主持股东会会议职责时召集和主持股东会会议； | |
| | 5. 向股东会会议提出提案； | |
| | 6. 依照《公司法》第151条的规定，对董事、高级管理人员提起诉讼； | |
| | 7. 公司章程规定的其他职权。 | |
| 会议与表决 | 监事会每年度至少召开一次会议；监事会决议应当经半数以上监事通过。 | |
| 监事的任期 | 监事的任期每届为3年。监事任期届满，连选可以连任。 | |

**经典问答：什么是监事的善后义务？**

监事任期届满未及时改选，或者监事在任期内辞职导致监事会成员低于法定人数的，在改选出的监事就任前，原监事仍应当依照法律、行政法规和公司章程的规定，履行监事职务。

**案例分析：**（2017年·卷四·第五题）

昌顺有限公司成立于2012年4月，注册资本5000万元，股东为刘昌、钱顺、潘平与程舵，持股比例依次为40%、28%、26%与6%。章程规定设立时各股东须缴纳30%

的出资，其余在两年内缴足；公司不设董事会与监事会，刘昌担任董事长，钱顺担任总经理并兼任监事。

【问题】昌顺公司的治理结构，是否存在不规范的地方？为什么？

【答案】存在。（1）昌顺公司股东人数较少不设董事会的做法符合《公司法》第50条规定，但此时刘昌的职位不应是董事长，而应是执行董事。（2）昌顺公司股东人数较少不设监事会符合《公司法》第51条第1款规定。但是按该条第4款规定，董事、高级管理人员不得兼任监事，而钱顺不得兼任监事。

【考点】公司治理

【解析】《公司法》第50条规定："股东人数较少或者规模较小的有限责任公司，可以设一名执行董事，不设董事会。执行董事可以兼任公司经理。执行董事的职权由公司章程规定。"第51条第1款规定："有限责任公司设立监事会，其成员不得少于三人。股东人数较少或者规模较小的有限责任公司，可以设一至二名监事，不设监事会。"第51条第4款规定："董事、高级管理人员不得兼任监事。"上述法条为本题解题主要依据。

经典考题：紫云有限公司设有股东会、董事会和监事会。近期公司的几次投标均失败，董事会对此的解释是市场竞争激烈，对手强大。但监事会认为是因为董事狄某将紫云公司的标底暗中透露给其好友的公司。对此，监事会有权采取下列哪些处理措施？（2016年·卷三·69题·多选）[①]

A. 提议召开董事会

B. 提议召开股东会

C. 提议罢免狄某

D. 聘请律师协助调查

---

[①] 【答案】BCD。《公司法》第53条规定："监事会、不设监事会的公司的监事行使下列职权：（一）检查公司财务；（二）对董事、高级管理人员执行公司职务的行为进行监督，对违反法律、行政法规、公司章程或者股东会决议的董事、高级管理人员提出罢免的建议；（三）当董事、高级管理人员的行为损害公司的利益时，要求董事、高级管理人员予以纠正；（四）提议召开临时股东会会议，在董事会不履行本法规定的召集和主持股东会会议职责时召集和主持股东会会议；（五）向股东会会议提出提案；（六）依照本法第一百五十一条的规定，对董事、高级管理人员提起诉讼；（七）公司章程规定的其他职权。"监事会无权提议召开董事会，可以提议召开股东会，A选项错误，B选项正确；根据上述第2项的规定，监事会对董事狄某可以提出罢免的建议，C选项正确。《公司法》第54条规定："监事可以列席董事会会议，并对董事会决议事项提出质询或者建议。监事会、不设监事会的公司的监事发现公司经营情况异常，可以进行调查；必要时，可以聘请会计师事务所等协助其工作，费用由公司承担。"监事会可以聘请律师协助调查，D选项正确。【错误原因】本题考查有限公司监事会职权，要注意有限公司监事会没有提议召开董事会的法定职权。本题错误原因主要是相关法律制度理解不准确，对于"区分思维"等商法思维运用不到位，不能区分有限公司与股份公司在法律制度上的差异。

## 四、一人有限公司的特别规定

| 概念 | 一人有限责任公司是指只有一个自然人股东或者一个法人股东的有限责任公司。 | |
|---|---|---|
| 组织 | 一人公司由于只有一个出资人，所以不设股东会，公司法关于由股东会行使的职权在一人公司系由股东独自一人行使。至于一人公司是否设立董事会、监事会，则由公司章程规定，可以设立，也可以不设立。 | |
| 规制 | 1.投资限制：一个自然人只能投资设立一个一人有限责任公司；由一个自然人投资设立的一人有限责任公司不能作为股东投资设立一人有限责任公司。 | 此一限制仅适用于自然人，不适用于法人。 |
| | 2.连带责任：一人有限责任公司的股东不能证明公司财产独立于股东自己的财产的，应当对公司债务承担连带责任。 | |
| | 3.强制审计：一人有限责任公司应当在每一会计年度终了时编制财务会计报告并经会计师事务所审计。 | |

## 五、国有独资公司的特别规定

| 国有独资公司的概念和特征 | 国有独资公司是指国家单独出资、由国务院或者地方人民政府授权本级人民政府国有资产监督管理机构履行出资人职责的有限责任公司。 | |
|---|---|---|
| | 国有独资公司的主要特征有：<br>1.国有独资公司为有限责任公司；<br>2.国有独资公司股东的唯一性；<br>3.国有独资公司股东的法定性。 | |
| 国有独资公司的组织机构 | 1.不设股东会。 | 设董事会，为公司的执行机关。董事会成员中应当有公司职工代表。董事会的任期每届任期为3年。 |
| | 2.董事会的职权比一般有限责任公司董事会的职权要多。 | 但下列事项必须由国有资产监督管理机构决定：（1）公司的合并或分立；（2）公司的解散；（3）公司增加或减少注册资本；（4）发行公司债券。其中，重要的国有独资公司的合并、分立、解散、申请破产的，应当由国有资产监督管理机构审核后报本级人民政府批准。 |
| | 3.设经理。 | 经国有资产监督管理机构同意，董事会成员可以兼任经理。 |
| | 4.董事长、副董事长、董事、高级管理人员兼职受限。 | 未经国有资产监督管理机构同意，不得在其他有限责任公司、股份有限公司或者其他经济组织兼职。 |
| | 5.设监事会，监事会的成员不得少于5人，其中职工代表的比例不得少于1/3。 | 监事列席董事会会议。董事、高级管理人员及财务负责人不得兼任监事。 |

## 总　结

### 1. 股东会

| 召开 | 代表 1/10 以上表决权的股东，1/3 以上的董事，监事会或者不设监事会的公司的监事提议召开临时会议的，应当召开临时会议。 | |
|------|------|------|
| 召集 | 召集顺序：董事会→监事会→代表 1/10 以上表决权的股东。 | |
| 表决权 | 1. 股东会会议由股东按照出资比例行使表决权；但是，公司章程另有规定的除外。 | 一般决议 |
| | 2. 股东会会议作出修改公司章程、增加或者减少注册资本的决议，以及公司合并、分立、解散或者变更公司形式的决议，必须经代表 2/3 以上表决权的股东通过。 | 特别决议 |

### 2. 董事会

| 重要职权 | 决定聘任或者解聘公司经理及其报酬事项，并根据经理的提名决定聘任或者解聘公司副经理、财务负责人及其报酬事项。 |
|------|------|
| 召开 | 1. 董事会会议由董事长召集和主持。<br>2. 董事会决议的表决，实行一人一票。 |

### 3. 监事会

| 组成 | 1. 监事会应当包括股东代表和适当比例的公司职工代表。<br>2. 董事、高级管理人员不得兼任监事。 | |
|------|------|------|
| 重要职权 | 1. 检查公司财务；<br>2. 罢免建议权；<br>3. 提议召开临时股东会会议，在董事会不履行本法规定的召集和主持股东会会议职责时召集和主持股东会会议。 | 行使职权所必需的费用，由公司承担。 |

4. 有限责任公司设董事会，其成员为 3 人至 13 人。

5. 两个以上的国有企业或者两个以上的其他国有投资主体投资设立的有限责任公司，其董事会成员中应当有公司职工代表。

6. 董事会设董事长一人，可以设副董事长。董事长、副董事长的产生办法由公司章程规定。

7. 董事会会议由董事长召集和主持。

# 第十一节　股份有限公司制度

**知识体系图**

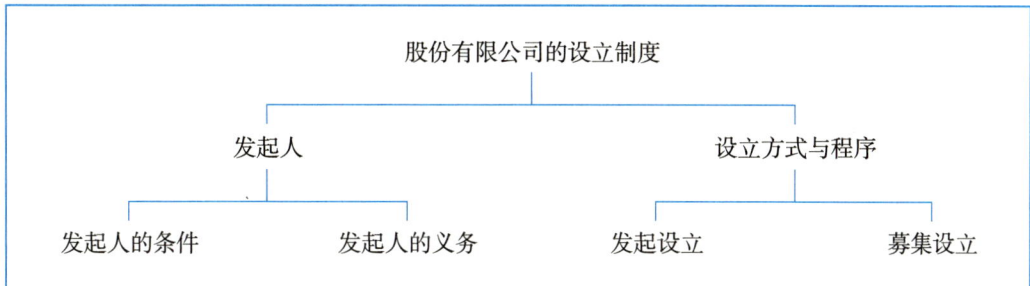

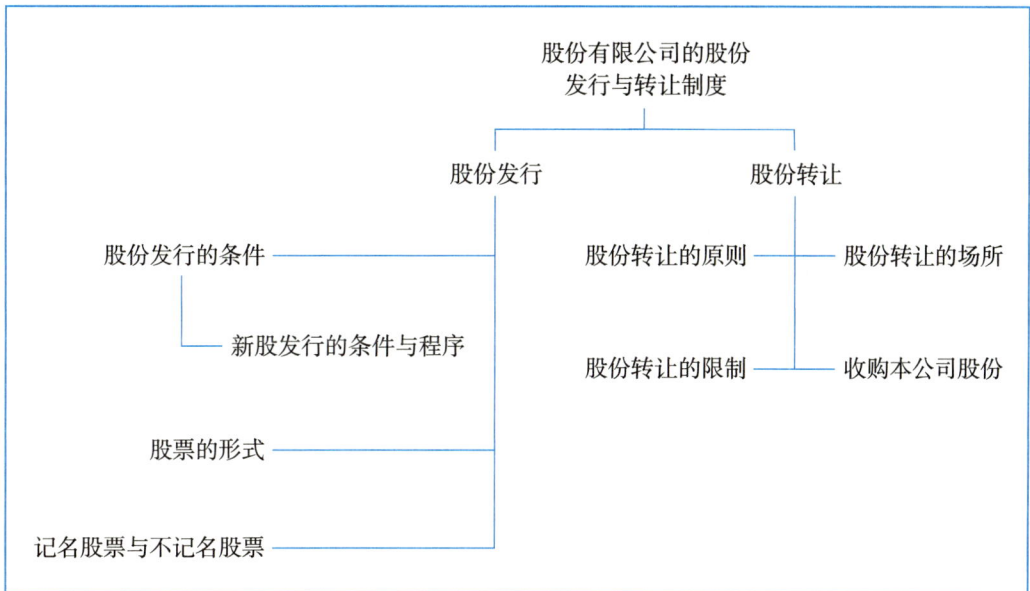

**命题点拨**

　　本节内容包括股份有限公司设立、股份转让、组织机构等内容。命题重点是募集设立、股份回购、临时股东大会等。要理解股份转让的原则、股份转让的限制，要能够区分股份回购的各种法定情形。

## 一、股份有限公司设立

| 设立条件 | 1. 发起人符合法定人数 | 发起人的人数，2人以上200人以下，其中须有半数以上的发起人在中国境内有住所； |
| --- | --- | --- |
| | 2. 有符合公司章程规定的全体发起人认购的股本总额或者募集的实收股本总额； | |
| | 3. 股份发行、筹办事项符合法律规定； | |
| | 4. 发起人制订公司章程，采取募集方式设立的经创立大会通过； | |
| | 5. 有公司名称，建立符合股份有限公司要求的组织机构； | |
| | 6. 有公司住所。 | |
| 设立程序 | 1. 发起设立：是指由发起人认购公司应发行的全部股份，不向发起人之外的任何人募集而设立公司。 | |
| | 2. 募集设立：募集设立，是指由发起人认购公司应发行股份的一部分，其余股份向社会公开募集或者向特定对象募集而设立公司。 | |
| | 3. 公开募集设立的程序：<br>签订发起人协议→公司名称预先核准→发起人制订公司章程→发起人认购股份（不得少于公司应发行股份总数的35%）→制作招股说明书→签订承销协议（证券公司）和代收股款协议（银行）→申请批准募股→公开募股→验资机构验资并出具验资证明→30日内召开创立大会（通过公司章程、选举董事会、监事会成员等）→30日内董事会申请设立登记→公司登记机关发给公司营业执照→公司成立。 | |
| 股本抽回 | 发起人、认股人缴纳股款或者交付抵作股款的出资后：<br>除未按期募足股份、发起人未按期召开创立大会或者创立大会决议不设立公司的情形外，不得抽回其股本。 | |
| 认股人赔偿责任 | 认股人延期缴纳股款给公司造成损失，公司请求该认股人承担赔偿责任的，人民法院应予支持。 | |
| 创立大会制度 | 1. 创立大会应有代表股份总数过半数的发起人、认股人出席，方可举行。<br>2. 创立大会行使下列职权：<br>（1）审议发起人关于公司筹办情况的报告；<br>（2）通过公司章程；<br>（3）选举董事会成员；<br>（4）选举监事会成员；<br>（5）对公司的设立费用进行审核；<br>（6）对发起人用于抵作股款的财产的作价进行审核；<br>（7）发生不可抗力或者经营条件发生重大变化直接影响公司设立的，可以作出不设立公司的决议。<br>2. 创立大会对前款所列事项作出决议，必须经出席会议的认股人所持表决权过半数通过。 | |

经典考题：甲、乙、丙等拟以募集方式设立厚亿股份公司。经过较长时间的筹备，公司设立的各项事务逐渐完成，现大股东甲准备组织召开公司创立大会。下列哪些表述

是正确的？（2016 年·卷三·70 题·多选）[1]

A. 厚亿公司的章程应在创立大会上通过

B. 甲、乙、丙等出资的验资证明应由创立大会审核

C. 厚亿公司的经营方针应在创立大会上决定

D. 设立厚亿公司的各种费用应由创立大会审核

**经典问答：什么是股份有限公司？**

股份有限公司，简称股份公司，是指其全部资本分为等额股份，股东以其所持股份为限对公司承担责任，公司以其全部资产对公司的债务承担责任的企业法人。

## 二、股份发行与转让

| | |
|---|---|
| **股份的特征** | 股份是股份有限公司特有的概念，它是股份有限公司资本最基本的构成单位。股份具有以下特征：<br>1. 股份所代表的金额相等；<br>2. 股份表示股东享有权益的范围；<br>3. 股份通过股票这种证券形式表现出来。 |
| **股票的特征** | 股票是股份有限公司股份证券化的形式，是股份有限公司签发的证明股东所持股份的凭证。股份有限公司的股份采取股票的形式。股票具有以下特征：<br>1. 股票是一种要式证券；<br>2. 股票是一种非设权证券，股票仅仅是把已经存在着的股东权表现为证券形式，而不是创设股东权，股东遗失股票，并不因此丧失股权和股东资格；<br>3. 股票是一种有价证券。 |
| **股票的发行** | 1. 同次发行的股份，每股的发行条件和价格应当相同。股票发行价格可以按票面金额，也可以超过票面金额，但不得低于票面金额。 / 2. 以超过票面金额发行股票所得溢价款，应列入公司资本公积金。 |

[1]【答案】AD。《公司法》第 90 条第 2 款规定："创立大会行使下列职权：（一）审议发起人关于公司筹办情况的报告；（二）通过公司章程；（三）选举董事会成员；（四）选举监事会成员；（五）对公司的设立费用进行审核；（六）对发起人用于抵作股款的财产的作价进行审核；（七）发生不可抗力或者经营条件发生重大变化直接影响公司设立的，可以作出不设立公司的决议。"A 选项符合职权（二），D 选项符合职权（五），A、D 选项正确。创立大会的职权不包括审核出资的验资证明，B 选项错误。《公司法》第 37 条第 1 款第 1 项规定："股东会行使下列职权：（一）决定公司的经营方针和投资计划……"《公司法》第 99 条规定："本法第三十七条第一款关于有限责任公司股东会职权的规定，适用于股份有限公司股东大会。"决定公司的经营方针应当是股东大会的职权，创立大会无权决定，C 选项错误。【错误原因】本题考查股份公司创立大会职权、股东大会职权，要注意两者的区别。本题错误原因主要是相关法律制度理解不准确，对于"区分思维"等商法思维运用不到位，不能区分大会职权与股东大会在职权上的差异。

续　表

| | | 公司向发起人、法人发行的股票，应当为记名股票，并应当记载该发起人、法人的名称或者姓名，不得另立户名或者以代表人姓名记名。 |
|---|---|---|
| | 2. 公司发行的股票，可以为记名股票，也可以为无记名股票。 | |
| **股份的转让** | 股份转让实行自由转让的原则。股东持有的股份可以依法转让。但公司不得接受本公司的股票作为质押权的标的。 | 股东转让其股份，应当在依法设立的证券交易场所进行或者按照国务院规定的其他方式进行。 |
| **股份转让限制** | 1. 发起人持有的本公司股份，自公司成立之日起1年内不得转让。 | 公司公开发行股份前已发行的股份，自公司股票在证券交易所上市交易之日起1年内不得转让。 |
| | 2. 公司董事、监事、高级管理人员应当向公司申报所持有的本公司的股份及其变动情况，在任职期间每年转让的股份不得超过其所持有本公司股份总数的25%；所持本公司股份自公司股票上市交易之日起1年内不得转让。 | 上述人员离职后半年内，不得转让其所有的本公司股份。公司章程可以对公司董事、监事、高级管理人员转让其所持有的本公司股份作出其他限制性规定。 |

## 三、股份回购

| 公司不得收购本公司股份。但是，有下列情形之一的除外：<br>1. 减少公司注册资本；<br>2. 与持有本公司股份的其他公司合并；<br>3. 将股份用于员工持股计划或者股权激励；<br>4. 股东因对股东大会作出的公司合并、分立决议持异议，要求公司收购其股份；<br>5. 将股份用于转换上市公司发行的可转换为股票的公司债券；<br>6. 上市公司为维护公司价值及股东权益所必需。 | 公司因第1项、第2项规定的情形收购本公司股份的，应当经股东大会决议；公司因前款第3项、第5项、第6项规定的情形收购本公司股份的，可以依照公司章程的规定或者股东大会的授权，经2/3以上董事出席的董事会会议决议。 |
|---|---|
| | 公司依照规定收购本公司股份后，属于第1项情形的，应当自收购之日起10日内注销；属于第2项、第4项情形的，应当在6个月内转让或者注销；属于第3项、第5项、第6项情形的，公司合计持有的本公司股份数不得超过本公司已发行股份总额的10%，并应当在3年内转让或者注销。 |

**经典考题**：唐宁是沃运股份有限公司的发起人和董事之一，持有公司 15% 的股份。因公司未能上市，唐宁对沃运公司的发展前景担忧，欲将所持股份转让。关于此事，下列哪一说法是正确的？（2016 年·卷三·29 题·单选）①

　　A. 唐宁可要求沃运公司收购其股权

　　B. 唐宁可以不经其他股东同意对外转让其股份

　　C. 若章程禁止发起人转让股份，则唐宁的股份不得转让

　　D. 若唐宁出让其股份，其他发起人可依法主张优先购买权

## 四、股东大会

| | |
|---|---|
| **股东大会的召开** | 每年召开一次年会。<br>有下列情形之一的，应当在两个月内召开临时股东大会：<br>1. 董事人数不足本法规定人数或者公司章程所定人数的 2/3 时；<br>2. 公司未弥补的亏损达实收股本总额 1/3 时；<br>3. 单独或者合计持有公司 10% 以上股份的股东请求时；<br>4. 董事会认为必要时；<br>5. 监事会提议召开时；<br>6. 公司章程规定的其他情形。 |
| **股东大会的召集** | 股东大会的召集顺序：董事会 → 监事会 → 连续 90 日以上单独或者合计持有公司 10% 以上股份的股东 |
| **股东大会的通知** | 1. 召开股东大会会议，应当将会议召开的时间、地点和审议的事项于会议召开 20 日前通知各股东。 |
| | 2. 临时股东大会应当于会议召开 15 日前通知各股东；发行无记名股票的，应当于会议召开 30 日前公告会议召开的时间、地点和审议事项。 |
| | 3. 临时提案：单独或者合计持有 3% 以上股份的股东；10 日前；书面提交董事会。 |

---

① **【答案】**B。根据《公司法》第 142 条第 1 款规定："公司不得收购本公司股份。但是，有下列情形之一的除外：（一）减少公司注册资本；（二）与持有本公司股份的其他公司合并；（三）将股份用于员工持股计划或者股权激励；（四）股东因对股东大会作出的公司合并、分立决议持异议，要求公司收购其股份；（五）将股份用于转换上市公司发行的可转换为股票的公司债券；（六）上市公司为维护公司价值及股东权益所必需。"唐宁只是对公司的前景堪忧，不能要求公司收购其股份，A 选项错误。《公司法》第 137 条规定："股东持有的股份可以依法转让。"沃运公司是股份有限公司，唐宁转让股份无须征得其他股东的同意，B 选项正确；唐宁出让其股份，其他发起人没有优先购买权，D 选项错误。《公司法》第 141 条第 1 款规定："发起人持有的本公司股份，自公司成立之日起一年内不得转让。公司公开发行股份前已发行的股份，自公司股票在证券交易所上市交易之日起一年内不得转让。"发起人股份有锁定期，但章程不得禁止转让，转让权是股东基本权利，C 选项错误。**【错误原因】**本题考查股份公司股份转让规则。本题 C 选项有理论意义，加入商主体自由，退出商主体也同样自由，禁止发起人转让股份的章程条款是无效的。本题错误原因主要是相关法律制度理解不准确，对于"股份转让"等规则理解不到位，并且不能区分有限公司与股份公司在股权转让规则上的差异。

续　表

| | |
|---|---|
| 股东大会的决议 | 1. 股东出席股东大会会议，所持每一股份有一表决权。但是，公司持有的本公司股份没有表决权。 |
| | 2. 股东大会作出决议，必须经出席会议的股东所持表决权过半数通过。 |
| | 3. 股东大会作出修改公司章程、增加或者减少注册资本的决议，以及公司合并、分立、解散或者变更公司形式的决议，必须经出席会议的股东所持表决权的 2/3 以上通过。 |
| | 4. 股东大会对所议事项的决定应当作成会议记录，主持人、出席会议的董事应当在会议记录上签名。 |
| 累积投票权 | 股东大会选举董事、监事，可以依照公司章程的规定或者股东大会的决议，实行累积投票制，即股东大会选举董事、监事时，每一股份拥有与应选董事或者监事人数相同的表决权，股东拥有的表决权可以集中使用。 |
| | 累积投票权是任意性的，而非强制性的。 |

**经典问答：股东大会的职权主要有哪两类？**

股东大会的职权主要有两类：其一，审议批准事项。其二，决定、决议事项。有限责任公司股东会职权的规定，适用于股份有限公司股东大会。

# 五、董事会

| | |
|---|---|
| 董事会组成 | 董事会由全体董事组成。股份有限公司董事会成员为 5 人至 19 人。董事长和副董事长由董事会以全体董事的过半数选举产生。 |
| 董事会的职权 | 同有限责任公司。 |
| 董事会会议的召开 | 1. 董事会每年度至少召开两次会议，每次会议应当于会议召开 10 日前通知全体董事和监事。 |
| | 2. 代表 1/10 以上表决权的股东、1/3 以上董事或者监事会，可以提议召开董事会临时会议。 / 董事长应当自接到提议后 10 日内，召集和主持董事会会议。董事会召开临时会议，可以另定召集董事会的通知方式和通知时限。 |
| | 3. 董事会会议应有过半数的董事出席方可举行。董事会作出决议，必须经全体董事的过半数通过。 |
| | 4. 董事会决议的表决，实行一人一票。董事会会议，应由董事本人出席；董事因故不能出席，可以书面委托其他董事代为出席，委托书中应载明授权范围。 |
| 经理 | 必须设经理。由董事会决定聘任或者解聘。公司董事会可以决定由董事会成员兼任经理。 |

**经典考题**：茂森股份公司效益一直不错，为提升公司治理现代化，增强市场竞争力并顺利上市，公司决定重金聘请知名职业经理人王某担任总经理。对此，下列哪些选项是正确的？（2017 年·卷三·71 题·多选）①

A. 对王某的聘任以及具体的薪酬，由茂森公司董事会决定

B. 王某受聘总经理后，就其职权范围的事项，有权以茂森公司名义对外签订合同

C. 王某受聘总经理后，有权决定聘请其好友田某担任茂森公司的财务总监

D. 王某受聘总经理后，公司一旦发现其不称职，可通过股东会决议将其解聘

**经典问答**：董事会会议的议事规则有哪些？

1. 股份有限公司董事会议事规则由法律规定：（1）过半数董事出席；（2）全体董事过半数通过；（3）一人一票。

2. 有限责任公司董事会的议事方式和表决程序由章程规定。

**经典问答**：董事如何免除责任？

董事应当对董事会的决议承担责任。董事会的决议违反法律、行政法规或者公司章程、股东大会决议，致使公司遭受严重损失的，参与决议的董事对公司负赔偿责任。但经证明在表决时曾表明异议并记载于会议记录的，该董事可以免除责任。

## 六、监事会

| 监事会主席 | 监事会主席、副主席由全体监事过半数选举产生。 | |
| --- | --- | --- |
| 监事会的职权 | 同有限公司。 | |
| 监事会组成 | 监事会应当包括股东代表和适当比例的公司职工代表，其中职工代表的比例不得低于 1/3，具体比例由公司章程规定。 | 监事会决议应当经半数以上监事通过。 |

## 七、上市公司组织机构的特别规定

| 特别表决 | 上市公司在 1 年内购买、出售重大资产或者担保金额超过公司资产总额 30% 的，应当由股东大会作出决议，并经出席会议的股东所持表决权的 2/3 以上通过。 |
| --- | --- |
| 独立董事 | 上市公司设立独立董事。 |
| | 不在公司担任除董事外其他职务，不存在可能妨碍客观判断的关系。 |
| | 至少包括 1/3 独立董事。至少包括一名会计专业人士。 |

---

① 【答案】AB。《公司法》第 46 条第 9 项规定："……（九）决定聘任或者解聘公司经理及其报酬事项，并根据经理的提名决定聘任或者解聘公司副经理、财务负责人及其报酬事项；……"《公司法》第 108 条第 4 款规定："本法第四十六条关于有限责任公司董事会职权的规定，适用于股份有限公司董事会。"A 选项正确，C、D 选项错误。经理就其职权范围的事项，有权以公司名义对外签订合同，B 选项正确。【错误原因】本题 B 选项具有理论意义，就职权范围的事项，总经理有权以公司名义对外签订合同。本题错误原因主要是相关法律制度理解不准确，对于"职务代理"等规则理解不到位，并且不能区分董事会与经理在职权上的差异。

续　表

| 董事会秘书 | 上市公司设董事会秘书。 | |
|---|---|---|
| 表决回避 | 上市公司董事与董事会会议决议事项所涉及的企业有关联关系的，不得对该项决议行使表决权，也不得代理其他董事行使表决权。 | 该董事会会议由过半数的无关联关系董事出席即可举行，董事会会议所作决议须经无关联关系董事过半数通过。 |
| | | 出席董事会的无关联关系董事人数不足3人的，应将该事项提交上市公司股东大会审议。 |

## 总　结

1. 股份回购重要情形

| （1）将股份用于员工持股计划或者股权激励；<br>（2）将股份用于转换上市公司发行的可转换为股票的公司债券；<br>（3）上市公司为维护公司价值及股东权益所必需。 | 可以依照公司章程的规定或者股东大会的授权，经2/3以上董事出席的董事会会议决议。 |
|---|---|
| | 股份数不得超过本公司已发行股份总额的10%，并应当在3年内转让或者注销。 |

2. 发起人向社会公开募集股份，应当由依法设立的证券公司承销，签订承销协议。

3. 发起人向社会公开募集股份，应当同银行签订代收股款协议。

4. 上市公司为维护公司价值及股东权益所必需而收购本公司股份的，可以依照公司章程的规定或者股东大会的授权，经2/3以上董事出席的董事会会议决议。

5. 股份公司董事会每年度至少召开两次会议，每次会议应当于会议召开10日前通知全体董事和监事。

6. 董事会会议应有过半数的董事出席方可举行，董事会作出决议，必须经全体董事的过半数通过。

7. 董事会设董事长一人，可以设副董事长。董事长和副董事长由董事会以全体董事的过半数选举产生。

# 第十二节　公司法司法解释（四）（五）
# 与九民纪要公司法部分

## 一、最高人民法院关于适用《中华人民共和国公司法》若干问题的规定（四）

### （一）公司决议效力

| 1. 公司股东、董事、监事等请求确认股东会或者股东大会、董事会决议无效或者不成立的，人民法院应当依法予以受理。 | 应当列公司为被告。对决议涉及的其他利害关系人，可以依法列为第三人。 | 一审法庭辩论终结前，其他有原告资格的人以相同的诉讼请求申请参加前款规定诉讼的，可以列为共同原告。 |
|---|---|---|
| 2. 请求撤销股东会或者股东大会、董事会决议的原告，应当在起诉时具有公司股东资格。 | | |

3. 会议召集程序或者表决方式仅有轻微瑕疵，且对决议未产生实质影响的，人民法院不予支持撤销请求。

4. 股东会或者股东大会、董事会决议存在下列情形之一，当事人主张决议不成立的，人民法院应当予以支持：

（1）公司未召开会议的，但依据公司法或者公司章程规定可以不召开股东会或者股东大会而直接作出决定，并由全体股东在决定文件上签名、盖章的除外；

（2）会议未对决议事项进行表决的；

（3）出席会议的人数或者股东所持表决权不符合公司法或者公司章程规定的；

（4）会议的表决结果未达到公司法或者公司章程规定的通过比例的；

（5）导致决议不成立的其他情形。

5. 股东会或者股东大会、董事会决议被人民法院判决确认无效或者撤销的，公司依据该决议与善意相对人形成的民事法律关系不受影响。

**经典考题：** 2018 年 5 月，甲有限公司成立，张某持有公司 80% 的股权，并担任公司董事长；李某持有公司 7% 的股权。公司章程规定，公司召开股东会应当提前十天以书面形式通知全体股东。为了扩大公司规模，张某认为甲公司应当与乙公司合并，遂提议召开公司股东会会议，但因准备匆忙，在会议召开前五天才通知李某。股东会会议中持有公司 90% 表决权的股东同意合并，3% 表决权的股东反对，最终通过了与乙公司合并的决议，李某拒绝在决议上签字。关于本案，下列哪一说法是正确的？ （2018 年回忆版·卷二·单选）[①]

　　A. 该次股东会会议的召集程序违反法律规定，李某可以主张该决议无效

　　B. 李某有权要求公司以合理价款回购其所持有的甲公司股权

　　C. 该次股东会会议的召集程序违反法律规定，李某可以要求撤销该决议

　　D. 如果李某针对股东会决议效力提起相关诉讼，应当以公司为被告，其他股东列为第三人

## （二）股东知情权

1. 股东依据《公司法》第 33 条、第 97 条或者公司章程的规定，起诉请求查阅或者复制公司特定文件材料的，人民法院应当依法予以受理。

公司有证据证明前款规定的原告在起诉时不具有公司股东资格的，人民法院应当驳回起诉。

但原告有初步证据证明在持股期间其合法权益受到损害，请求依法查阅或者复制其持股期间的公司特定文件材料的除外。

---

[①] 【答案】D。根据《公司法》第 22 条第 2 款，股东会召集程序违反法律、行政法规或者公司章程，股东可以自决议作出之日起 60 日内，请求人民法院撤销，A 项错误。根据《公司法》第 74 条第 1 款规定，对股东会合并决议投反对票的股东可以请求公司按照合理的价格收购其股权，但本案中李某并未对该决议投反对票，B 项错误。根据《公司法解释（四）》第 4 条，股东请求撤销股东会决议，但会议召集程序仅有轻微瑕疵，且对决议未产生实质影响的，人民法院不予支持，C 项错误。根据《公司法解释（四）》第 3 条，原告请求撤销股东会决议的案件，应当列公司为被告。对决议涉及的其他利害关系人，可以依法列为第三人，D 项正确。【错误原因】本题考查撤销决议问题。本题错误原因主要是相关法律制度理解不准确，对于"撤销权例外"等规则理解不到位。

续　表

2.有限责任公司有证据证明股东存在下列情形之一的,人民法院应当认定股东有《公司法》第33条第2款规定的"不正当目的":

(1)股东自营或者为他人经营与公司主营业务有实质性竞争关系业务的,但公司章程另有规定或者全体股东另有约定的除外;

(2)股东为了向他人通报有关信息查阅公司会计账簿,可能损害公司合法利益的;

(3)股东在向公司提出查阅请求之日前的3年内,曾通过查阅公司会计账簿,向他人通报有关信息损害公司合法利益的;

(4)股东有不正当目的的其他情形。

3.公司章程、股东之间的协议等**实质性剥夺**股东查阅或者复制公司文件材料的权利,公司以此为由拒绝股东查阅或者复制的,人民法院不予支持。

4.对原告诉讼请求予以支持的,应当在判决中明确查阅或者复制公司特定文件材料的时间、地点和特定文件材料的名录。

在该股东在场的情况下,可以由会计师、律师等依法或者依据执业行为规范负有保密义务的中介机构执业人员辅助进行。

股东行使知情权后泄露公司商业秘密导致公司合法利益受到损害,公司请求该股东赔偿相关损失的,人民法院应当予以支持。

辅助股东查阅公司文件材料的会计师、律师等泄露公司商业秘密导致公司合法利益受到损害,公司请求其赔偿相关损失的,人民法院应当予以支持。

5.公司董事、高级管理人员等未依法履行职责,导致公司未依法制作或者保存《公司法》第33条、第97条规定的公司文件材料,给股东造成损失,股东依法请求负有相应责任的公司董事、高级管理人员承担民事赔偿责任的,人民法院应当予以支持。

**经典考题**:甲、乙、丙、丁、戊五人是联信有限公司股东,其中甲持有公司股权比例为1%,乙持有公司股权比例为2%,丙持有公司股权比例为17%,赵某与丙签订了股权代持协议,约定由赵某实际出资,享受投资收益;丁持有公司股权比例为30%,戊持有公司股权比例为50%,且担任公司董事长。公司章程规定,持股比例低于5%的股东不得查阅公司会计账簿。关于本案,下列哪一说法是正确的?（2018年回忆版·卷二·单选）[①]

A.甲无权查阅公司会计账簿

B.丙无权查阅公司会计账簿

C.赵某无权查阅公司会计账簿

D.丁有权查阅并复制公司会计账簿

---

[①] 【答案】C。根据《公司法解释(四)》第9条,公司章程实质性剥夺股东查阅或者复制公司文件材料的权利,公司以此为由拒绝股东查阅或者复制的,人民法院不予支持,A、B项错误,股东甲、丙有权查阅公司会计账簿。赵某作为实际出资人,并不是公司的股东,不享有查账权,C项正确。根据《公司法》第33条第2款,股东可以要求查阅公司会计账簿,D项错误。【错误原因】本题考查查账权问题。本题错误原因主要是相关法律制度理解不准确,对于"查账主体"、"查账对象"等规则理解不到位。

### （三）利润分配权

1. 股东请求公司分配利润案件，应当列公司为被告。

一审法庭辩论终结前，其他股东基于同一分配方案请求分配利润并申请参加诉讼的，应当列为共同原告。

2. 股东提交载明具体分配方案的股东会或者股东大会的有效决议，请求公司分配利润，公司拒绝分配利润且其关于无法执行决议的抗辩理由不成立的，人民法院应当判决公司按照决议载明的具体分配方案向股东分配利润。

3. 股东未提交载明具体分配方案的股东会或者股东大会决议，请求公司分配利润的，人民法院应当驳回其诉讼请求；

但违反法律规定滥用股东权利导致公司不分配利润，给其他股东造成损失的除外。

### （四）优先购买权

1. 有限责任公司的自然人股东因继承发生变化时，其他股东主张行使优先购买权的，人民法院不予支持；

但公司章程另有规定或者全体股东另有约定的除外。

2. 股东向股东以外的人转让股权，应就其股权转让事项以书面或者其他能够确认收悉的合理方式通知其他股东征求同意。

其他股东半数以上不同意转让，不同意的股东不购买的，人民法院应当认定视为同意转让。

经股东同意转让的股权，其他股东主张转让股东应当向其以书面或者其他能够确认收悉的合理方式通知转让股权的同等条件的，人民法院应当予以支持。

同等条件应当考虑转让股权的数量、价格、支付方式及期限等因素。

3. 经股东同意转让的股权，在同等条件下，转让股东以外的其他股东主张优先购买的，人民法院应当予以支持；

但转让股东放弃转让的除外。

4. 股东主张优先购买转让股权的，应当在收到通知后，在公司章程规定的行使期间内提出购买请求。

公司章程没有规定行使期间或者规定不明确的，以通知确定的期间为准，通知确定的期间短于30日或者未明确行使期间的，行使期间为30日。

5. 在其他股东主张优先购买后又不同意转让股权的，对其他股东优先购买的主张，人民法院不予支持；

但公司章程另有规定或者全体股东另有约定的除外。

其他股东主张转让股东赔偿其损失合理的，人民法院应当予以支持。

6. 股东向股东以外的人转让股权，未就其股权转让事项征求其他股东意见，或者以欺诈、恶意串通等手段，损害其他股东优先购买权，其他股东主张按照同等条件购买该转让股权的，人民法院应当予以支持；

但其他股东自知道或者应当知道行使优先购买权的同等条件之日起30日内没有主张，或者自股权变更登记之日起超过1年的除外。

其他股东仅提出确认股权转让合同及股权变动效力等请求，未同时主张按照同等条件购买转让股权的，人民法院不予支持；

但其他股东非因自身原因导致无法行使优先购买权，请求损害赔偿的除外。

续　表

7. 股东以外的股权受让人，因股东行使优先购买权而不能实现合同目的的，可以依法请求转让股东承担**相应民事责任**。

股权转让合同如无其他影响合同效力的事由，应当**认定有效**。其他股东行使优先购买权的，不影响依约请求转让股东承担相应的**违约责任**。

8. 通过拍卖向股东以外的人转让有限责任公司股权的，适用"书面通知""通知""同等条件"时，根据相关法律、司法解释确定。

9. 在依法设立的产权交易场所转让有限责任公司国有股权的，适用"书面通知""通知""同等条件"时，可以参照产权交易场所的交易规则。

**经典考题：** 甲、乙是某有限责任公司股东，甲、乙分别持有公司 51% 和 49% 的股权，2018 年 10 月甲想把持有的公司 51% 的股权转让给外部的第三人丙，但乙不同意，于是，甲提出只转让 0.1% 的股权给丙，乙便同意了甲的请求。在丙成为公司的股东后，甲于 2018 年 12 月把自己持有的剩下 50.9% 的公司股权也转给了丙，并且办理了股权登记证明，这时候乙出来反对，但未主张优先购买。关于两次股权转让是否有效，下列说法正确的是：（2018 年回忆版·卷二·多选）①

  A. 甲的第一次股权转让有效

  B. 甲的第一次股权转让无效

  C. 甲的第二次股权转让有效

  D. 甲的第二次股权转让无效

## （五）股东代表诉讼

1. 监事会或者不设监事会的有限责任公司的监事依据《公司法》第 151 条第 1 款规定对董事、高级管理人员提起诉讼的，应当列公司为原告；

依法由监事会主席或者不设监事会的有限责任公司的监事代表公司进行诉讼。

2. 董事会或者不设董事会的有限责任公司的执行董事依据《公司法》第 151 条第 1 款规定对监事提起诉讼的，或者依据《公司法》第 151 条第 3 款规定对他人提起诉讼的，应当列公司为原告；

依法由董事长或者执行董事代表公司进行诉讼。

3. 股东依据《公司法》第 151 条第 2 款、第 3 款规定，直接对董事、监事、高级管理人员或者他人提起诉讼的，应当列公司为**第三人**参加诉讼。

一审法庭辩论终结前，符合规定条件的其他股东，以相同的诉讼请求申请参加诉讼的，应当列为共同原告。

---

① 【答案】AC。本题考查股权变动效力与优先购买权问题。根据《公司法解释（四）》第 21 条，有限责任公司的股东向股东以外的人转让股权，以欺诈、恶意串通等手段，损害其他股东优先购买权，其他股东主张按照同等条件购买该转让股权的，人民法院应当予以支持，但其他股东仅提出确认股权转让合同及股权变动效力等请求，未同时主张按照同等条件购买转让股权的，人民法院不予支持。A、C 项正确，B、D 项错误。【错误原因】本题考查股权变动效力与优先购买权问题。本题错误原因主要是对相关法律制度理解不准确，对于"股权变动效力"等规则理解不到位。

4. 股东依据《公司法》第 151 条第 2 款、第 3 款规定直接提起诉讼的案件，胜诉利益归属于公司。股东请求被告直接向其承担民事责任的，人民法院不予支持。

诉讼请求部分或者全部得到人民法院支持的，公司应当承担股东因参加诉讼支付的合理费用。

## 二、最高人民法院关于适用《中华人民共和国公司法》若干问题的规定（五）

| | |
|---|---|
| 关联交易 | 关联交易损害公司利益，原告公司依据《公司法》第 21 条规定请求控股股东、实际控制人、董事、监事、高级管理人员赔偿所造成的损失，被告仅以该交易已经履行了信息披露、经股东会或者股东大会同意等法律、行政法规或者公司章程规定的程序为由抗辩的，人民法院不予支持。 |
| | 公司没有提起诉讼的，符合《公司法》第 151 条第 1 款规定条件的股东，可以依据《公司法》第 151 条第 2 款、第 3 款规定向人民法院提起诉讼。 |
| | 关联交易合同存在无效或者可撤销情形，公司没有起诉合同相对方的，符合《公司法》第 151 条第 1 款规定条件的股东，可以依据《公司法》第 151 条第 2 款、第 3 款规定向人民法院提起诉讼。 |
| 无因解除 | 董事任期届满前被股东会或者股东大会有效决议解除职务，其主张解除不发生法律效力的，人民法院不予支持。 |
| | 董事职务被解除后，因补偿与公司发生纠纷提起诉讼的，人民法院应当依据法律、行政法规、公司章程的规定或者合同的约定，综合考虑解除的原因、剩余任期、董事薪酬等因素，确定是否补偿以及补偿的合理数额。 |
| 分配期限 | 分配利润的股东会或者股东大会决议作出后，公司应当在决议载明的时间内完成利润分配。决议没有载明时间的，以公司章程规定的为准。决议、章程中均未规定时间或者时间超过一年的，公司应当自决议作出之日起一年内完成利润分配。 |
| | 决议中载明的利润分配完成时间超过公司章程规定时间的，股东可以依据《公司法》第 22 条第 2 款规定请求人民法院撤销决议中关于该时间的规定。 |
| 解决分歧 | 人民法院审理涉及有限责任公司股东重大分歧案件时，应当注重调解。当事人协商一致以下列方式解决分歧，且不违反法律、行政法规的强制性规定的，人民法院应予支持：<br>（1）公司回购部分股东股份；<br>（2）其他股东受让部分股东股份；<br>（3）他人受让部分股东股份；<br>（4）公司减资；<br>（5）公司分立；<br>（6）其他能够解决分歧，恢复公司正常经营，避免公司解散的方式。 |

## 三、《全国法院民商事审判工作会议纪要》（九民纪要）公司法相关内容

1.【与目标公司"对赌"】投资方与目标公司订立的"对赌协议"在不存在法定无效事由的情况下，目标公司仅以存在股权回购或者金钱补偿约定为由，主张"对赌协议"

无效的，人民法院不予支持，但投资方主张实际履行的，人民法院应当审查是否符合公司法关于"股东不得抽逃出资"及股份回购的强制性规定，判决是否支持其诉讼请求。

2.【股东出资应否加速到期】在注册资本认缴制下，股东依法享有期限利益。债权人以公司不能清偿到期债务为由，请求未届出资期限的股东在未出资范围内对公司不能清偿的债务承担补充赔偿责任的，人民法院不予支持。但是，下列情形除外：

（1）公司作为被执行人的案件，人民法院穷尽执行措施无财产可供执行，已具备破产原因，但不申请破产的；

（2）在公司债务产生后，公司股东（大）会决议或以其他方式延长股东出资期限的。

3.【表决权能否受限】股东认缴的出资未届履行期限，对未缴纳部分的出资是否享有以及如何行使表决权等问题，应当根据公司章程来确定。公司章程没有规定的，应当按照认缴出资的比例确定。如果股东（大）会作出不按认缴出资比例而按实际出资比例或者其他标准确定表决权的决议，股东请求确认决议无效的，人民法院应当审查该决议是否符合修改公司章程所要求的表决程序，即必须经代表 2/3 以上表决权的股东通过。符合的，人民法院不予支持；反之，则依法予以支持。

4.【有限责任公司的股权变动】当事人之间转让有限责任公司股权，受让人以其姓名或者名称已记载于股东名册为由主张其已经取得股权的，人民法院依法予以支持，但法律、行政法规规定应当办理批准手续生效的股权转让除外。未向公司登记机关办理股权变更登记的，不得对抗善意相对人。

5.【侵犯优先购买权的股权转让合同的效力】审判实践中，部分人民法院对《公司法解释（四）》第 21 条规定的理解存在偏差，往往以保护其他股东的优先购买权为由认定股权转让合同无效。准确理解该条规定，既要注意保护其他股东的优先购买权，也要注意保护股东以外的股权受让人的合法权益，正确认定有限责任公司的股东与股东以外的股权受让人订立的股权转让合同的效力。一方面，其他股东依法享有优先购买权，在其主张按照股权转让合同约定的同等条件购买股权的情况下，应当支持其诉讼请求，除非出现该条第 1 款规定的情形。另一方面，为保护股东以外的股权受让人的合法权益，股权转让合同如无其他影响合同效力的事由，应当认定有效。其他股东行使优先购买权的，虽然股东以外的股权受让人关于继续履行股权转让合同的请求不能得到支持，但不影响其依约请求转让股东承担相应的违约责任。

6.【人格混同】认定公司人格与股东人格是否存在混同，最根本的判断标准是公司是否具有独立意思和独立财产，最主要的表现是公司的财产与股东的财产是否混同且无法区分。在认定是否构成人格混同时，应当综合考虑以下因素：

（1）股东无偿使用公司资金或者财产，不作财务记载的；

（2）股东用公司的资金偿还股东的债务，或者将公司的资金供关联公司无偿使用，不作财务记载的；

（3）公司账簿与股东账簿不分，致使公司财产与股东财产无法区分的；

（4）股东自身收益与公司盈利不加区分，致使双方利益不清的；

（5）公司的财产记载于股东名下，由股东占有、使用的；

（6）人格混同的其他情形。

7.【过度支配与控制】公司控制股东对公司过度支配与控制，操纵公司的决策过程，使公司完全丧失独立性，沦为控制股东的工具或躯壳，严重损害公司债权人利益，应当否认公司人格，由滥用控制权的股东对公司债务承担连带责任。实践中常见的情形包括：

（1）母子公司之间或者子公司之间进行利益输送的；

（2）母子公司或者子公司之间进行交易，收益归一方，损失却由另一方承担的；

（3）先从原公司抽走资金，然后再成立经营目的相同或者类似的公司，逃避原公司债务的；

（4）先解散公司，再以原公司场所、设备、人员及相同或者相似的经营目的另设公司，逃避原公司债务的；

（5）过度支配与控制的其他情形。

控制股东或实际控制人控制多个子公司或者关联公司，滥用控制权使多个子公司或者关联公司财产边界不清、财务混同，利益相互输送，丧失人格独立性，沦为控制股东逃避债务、非法经营，甚至违法犯罪工具的，可以综合案件事实，否认子公司或者关联公司法人人格，判令承担连带责任。

8.【资本显著不足】资本显著不足指的是，公司设立后在经营过程中，股东实际投入公司的资本数额与公司经营所隐含的风险相比明显不匹配。股东利用较少资本从事力所不及的经营，表明其没有从事公司经营的诚意，实质是恶意利用公司独立人格和股东有限责任把投资风险转嫁给债权人。由于资本显著不足的判断标准有很大的模糊性，特别是要与公司采取"以小博大"的正常经营方式相区分，因此在适用时要十分谨慎，应当与其他因素结合起来综合判断。

9.【诉讼地位】人民法院在审理公司人格否认纠纷案件时，应当根据不同情形确定当事人的诉讼地位：

（1）债权人对债务人公司享有的债权已经由生效裁判确认，其另行提起公司人格否认诉讼，请求股东对公司债务承担连带责任的，列股东为被告，公司为第三人；

（2）债权人对债务人公司享有的债权提起诉讼的同时，一并提起公司人格否认诉讼，请求股东对公司债务承担连带责任的，列公司和股东为共同被告；

（3）债权人对债务人公司享有的债权尚未经生效裁判确认，直接提起公司人格否认诉讼，请求公司股东对公司债务承担连带责任的，人民法院应当向债权人释明，告知其追加公司为共同被告。债权人拒绝追加的，人民法院应当裁定驳回起诉。

10.【怠于履行清算义务的认定】《公司法解释（二）》第18条第2款规定的"怠于履行义务"，是指有限责任公司的股东在法定清算事由出现后，在能够履行清算义务的情况下，故意拖延、拒绝履行清算义务，或者因过失导致无法进行清算的消极行为。股东举证证明其已经为履行清算义务采取了积极措施，或者小股东举证证明其既不是公司董事会或者监事会成员，也没有选派人员担任该机关成员，且从未参与公司经营管理，以不构成"怠于履行义务"为由，主张其不应当对公司债务承担连带清偿责任的，人民法院依法予以支持。

11.【因果关系抗辩】有限责任公司的股东举证证明其"怠于履行义务"的消极不作为与"公司主要财产、账册、重要文件等灭失，无法进行清算"的结果之间没有因果关系，主张其不应对公司债务承担连带清偿责任的，人民法院依法予以支持。

12.【诉讼时效期间】公司债权人请求股东对公司债务承担连带清偿责任，股东以公司债权人对公司的债权已经超过诉讼时效期间为由抗辩，经查证属实的，人民法院依法予以支持。

公司债权人以《公司法解释（二）》第18条第2款为依据，请求有限责任公司的股东对公司债务承担连带清偿责任的，诉讼时效期间自公司债权人知道或者应当知道公司无法进行清算之日起计算。

13.【违反《公司法》第16条构成越权代表】为防止法定代表人随意代表公司为他人提供担保给公司造成损失，损害中小股东利益，《公司法》第16条对法定代表人的代表权进行了限制。根据该条规定，担保行为不是法定代表人所能单独决定的事项，而必须以公司股东（大）会、董事会等公司机关的决议作为授权的基础和来源。法定代表人未经授权擅自为他人提供担保的，构成越权代表，人民法院应当根据《民法典》第504条关于法定代表人越权代表的规定，区分订立合同时债权人是否善意分别认定合同效力：债权人善意的，合同有效；反之，合同无效。

14.【善意的认定】前条所称的善意，是指债权人不知道或者不应当知道法定代表人超越权限订立担保合同。债权人对公司机关决议内容的审查一般限于形式审查，只要求尽到必要的注意义务即可，标准不宜太过严苛。公司以机关决议系法定代表人伪造或者变造、决议程序违法、签章（名）不实、担保金额超过法定限额等事由抗辩债权人非善意的，人民法院一般不予支持。但是，公司有证据证明债权人明知决议系伪造或者变造的除外。

15.【无须机关决议的例外情况】存在下列情形的，即便债权人知道或者应当知道没有公司机关决议，也应当认定担保合同符合公司的真实意思表示，合同有效：

（1）公司是以为他人提供担保为主营业务的担保公司，或者是开展保函业务的银行或者非银行金融机构；

（2）公司为其直接或者间接控制的公司开展经营活动向债权人提供担保；

（3）公司与主债务人之间存在相互担保等商业合作关系；

（4）担保合同系由单独或者共同持有公司2/3以上有表决权的股东签字同意。

16.【越权担保的民事责任】依据前述3条规定，担保合同有效，债权人请求公司承担担保责任的，人民法院依法予以支持；担保合同无效，债权人请求公司承担担保责任的，人民法院不予支持，但可以按照担保法及有关司法解释关于担保无效的规定处理。公司举证证明债权人明知法定代表人超越权限或者机关决议系伪造或者变造，债权人请求公司承担合同无效后的民事责任的，人民法院不予支持。

17.【权利救济】法定代表人的越权担保行为给公司造成损失，公司请求法定代表人承担赔偿责任的，人民法院依法予以支持。公司没有提起诉讼，股东依据《公司法》第151条的规定请求法定代表人承担赔偿责任的，人民法院依法予以支持。

18.【上市公司为他人提供担保】债权人根据上市公司公开披露的关于担保事项已经董事会或者股东大会决议通过的信息订立的担保合同，人民法院应当认定有效。

19.【债务加入准用担保规则】法定代表人以公司名义与债务人约定加入债务并通知债权人或者向债权人表示愿意加入债务，该约定的效力问题，参照本纪要关于公司为他人提供担保的有关规则处理。

20.【何时成为股东不影响起诉】股东提起股东代表诉讼，被告以行为发生时原告尚未成为公司股东为由抗辩该股东不是适格原告的，人民法院不予支持。

21.【正确适用前置程序】根据《公司法》第151条的规定，股东提起代表诉讼的前置程序之一是，股东必须先书面请求公司有关机关向人民法院提起诉讼。一般情况下，股东没有履行该前置程序的，应当驳回起诉。但是，该项前置程序针对的是公司治理的一般情况，即在股东向公司有关机关提出书面申请之时，存在公司有关机关提起诉讼的可能性。如果查明的相关事实表明，根本不存在该种可能性的，人民法院不应当以原告未履行前置程序为由驳回起诉。

22.【股东代表诉讼的反诉】股东依据《公司法》第151条第3款的规定提起股东代表诉讼后，被告以原告股东恶意起诉侵犯其合法权益为由提起反诉的，人民法院应予受理。被告以公司在案涉纠纷中应当承担侵权或者违约等责任为由对公司提出的反诉，因不符合反诉的要件，人民法院应当裁定不予受理；已经受理的，裁定驳回起诉。

23.【股东代表诉讼的调解】公司是股东代表诉讼的最终受益人，为避免因原告股东与被告通过调解损害公司利益，人民法院应当审查调解协议是否为公司的意思。只有在调解协议经公司股东（大）会、董事会决议通过后，人民法院才能出具调解书予以确认。至于具体决议机关，取决于公司章程的规定。公司章程没有规定的，人民法院应当认定公司股东（大）会为决议机关。

24.【实际出资人显名的条件】实际出资人能够提供证据证明有限责任公司过半数的其他股东知道其实际出资的事实，且对其实际行使股东权利未曾提出异议的，对实际出资人提出的登记为公司股东的请求，人民法院依法予以支持。公司以实际出资人的请求不符合《公司法解释（三）》第24条的规定为由抗辩的，人民法院不予支持。

25.【请求召开股东（大）会不可诉】公司召开股东（大）会本质上属于公司内部治理范围。股东请求判令公司召开股东（大）会的，人民法院应当告知其按照《公司法》第40条或者第101条规定的程序自行召开。股东坚持起诉的，人民法院应当裁定不予受理；已经受理的，裁定驳回起诉。

## 总　结

### 1. 公司决议效力

| 撤销权例外 | 会议召集程序或者表决方式仅有轻微瑕疵，且对决议未产生实质影响的，人民法院不予支持。 |
|---|---|
| 内外有别 | 股东会或者股东大会、董事会决议被人民法院判决确认无效或者撤销的，公司依据该决议与善意相对人形成的民事法律关系不受影响。 |

### 2. 股东知情权

| 不正当目的的认定 | （1）股东同业竞争；<br>（2）股东商业间谍；<br>（3）股东商业间谍前科；<br>（4）股东有不正当目的的其他情形。 |
|---|---|

续　表

| 固有权 | 公司章程、股东之间的协议等实质性剥夺股东查阅或者复制公司文件材料的权利，公司以此为由拒绝股东查阅或者复制的，人民法院不予支持。 |
|---|---|

### 3. 优先购买权

| | |
|---|---|
| （1）经股东同意转让的股权，在同等条件下，转让股东以外的其他股东主张优先购买的，人民法院应当予以支持； | 但转让股东放弃转让的除外。 |
| （2）损害其他股东优先购买权，其他股东主张按照同等条件购买该转让股权的，人民法院应当予以支持； | 其他股东仅提出确认股权转让合同及股权变动效力等请求，未同时主张按照同等条件购买转让股权的，人民法院不予支持。 |

### 4. 股东代表诉讼

| | |
|---|---|
| （1）应当列公司为第三人参加诉讼。 | 其他股东，以相同的诉讼请求申请参加诉讼的，应当列为共同原告。 |
| （2）胜诉利益归属于公司。 | 诉讼请求部分或者全部得到人民法院支持的，公司应当承担股东因参加诉讼支付的合理费用。 |

5. 有限责任公司的自然人股东因继承发生变化时，其他股东主张优先购买权的，人民法院不予支持，但公司章程另有规定或者全体股东另有约定的除外。

6. 股东主张优先购买转让股权的，应当在收到通知后，在公司章程规定的行使期间内提出购买请求。

7. 损害其他股东优先购买权，其他股东主张按照同等条件购买该转让股权的，人民法院应当予以支持；但其他股东自知道或者应当知道行使优先购买权的同等条件之日起30日内没有主张，或者自股权变更登记之日起超过一年的除外。

# 专题二　合伙企业法

## 知识体系图

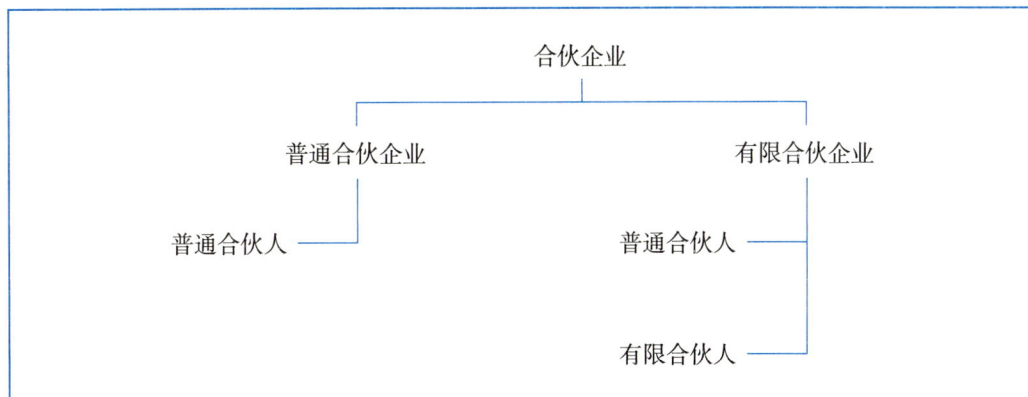

## 命题点拨

本专题包括普通合伙企业、有限合伙企业等内容。命题重点是财产份额转让、财产份额执行、有限合伙人四大自由等。要理解合伙企业设立条件、财产性质、业务执行、入伙退伙等制度之间的内在联系。要精准掌握对内转让与对外转让的不同规定。

# 第一节　普通合伙企业

## 一、设立条件

| 有二个以上合伙人。 | 合伙人为自然人的，应当具有完全民事行为能力；<br>关于合伙人的职业禁止，具体包括国家公务员、法官、检察官及警察。 | |
|---|---|---|
| 有书面合伙协议。 | 合伙协议经全体合伙人签名、盖章后生效。修改或者补充合伙协议，应当经全体合伙人一致同意；但是，合伙协议另有约定的除外。 | |
| 有合伙人认缴或者实际缴付的出资。 | 合伙人可以用货币、实物、知识产权、土地使用权或者其他财产权利出资，也可以用劳务出资。 | 1. 合伙人以实物、知识产权、土地使用权或者其他财产权利出资，需要评估作价的，可以由全体合伙人协商确定，也可以由全体合伙人委托法定评估机构评估。<br>定价：协商/评估 |
| | | 2. 合伙人以劳务出资的，其评估办法由全体合伙人协商确定，并在合伙协议中载明。<br>定价：协商 |

续　表

| 有合伙企业的名称和生产经营场所。 | 合伙企业名称中应当标明"普通合伙"字样。 |
|---|---|
| 法律、行政法规规定的其他条件。 | 设立合伙企业，应由全体合伙人指定的代表或者共同委托的代理人向企业登记机关申请设立登记。登记机关为市场监督管理部门。 |

## 二、企业财产

| 合伙财产的范围 | 出资＋积累 | 合伙人的出资、以合伙企业名义取得的收益和依法取得的其他财产，均为合伙企业的财产。 | |
|---|---|---|---|
| 合伙财产的性质 | 1.出资财产：以所有权出资的归全体合伙人共有。以使用权出资的归合伙人单独所有。 | | |
| | 2.积累财产：全体合伙人共有。共有是按份共有。 | | |
| 合伙企业财产的管理与使用 | 合伙企业财产依法由全体合伙人共同管理和使用。 | | |
| | 1.财产份额转让 | （1）对外转让：除合伙协议另有约定外，合伙人向合伙人以外的人转让其在合伙企业中的全部或者部分财产份额时，须经其他合伙人一致同意。 | |
| | | （2）对内转让：合伙人之间转让在合伙企业中的全部或者部分财产份额时，应当通知其他合伙人。 | |
| | | （3）优先购买：合伙人向合伙人以外的人转让其在合伙企业中的财产份额的，在同等条件下，其他合伙人有优先购买权；但是，合伙协议另有约定的除外。 | |
| | 2.财产份额出质 | （1）合伙人以其在合伙企业中的财产份额出质的，须经其他合伙人一致同意。 | |
| | | （2）未经其他合伙人一致同意，其行为无效，由此给善意第三人造成损失的，由行为人依法承担赔偿责任。 | |
| | 3.分割 | （1）合伙人在合伙企业清算前，不得请求分割合伙企业的财产；但是，本法另有规定的除外。 | |
| | | （2）合伙人在合伙企业清算前私自转移或者处分合伙企业财产的，合伙企业不得以此对抗善意第三人。 | |

## 三、合伙事务的决议

| 一般事务 | 1.合伙协议约定优先 | 合伙人对合伙企业有关事项作出决议，按照合伙协议约定的表决办法办理。合伙协议未约定或者约定不明确的，实行合伙人一人一票并经全体合伙人过半数通过的表决办法。 |
|---|---|---|
| | 2.一人一票＋人数过半 | |
| 特别事务 | 1.合伙协议约定优先；<br>2.一致同意。 | |
| | 除合伙协议另有约定外，合伙企业的下列事项应当经全体合伙人一致同意：<br>1.改变合伙企业的名称；<br>2.改变合伙企业的经营范围、主要经营场所的地点；<br>3.处分合伙企业的不动产；<br>4.转让或者处分合伙企业的知识产权和其他财产权利；<br>5.以合伙企业名义为他人提供担保；<br>6.聘任合伙人以外的人担任合伙企业的经营管理人员；<br>7.补充和修改合伙协议；<br>8.新合伙人入伙；<br>9.合伙人变性（有伙变普伙、普伙变有伙）；<br>10.合意解散；<br>11.普通合伙人资格继承；<br>12.普通合伙人份额对外转让；<br>13.除名退伙（其他合伙人一致同意）；<br>14.其他。 | |

## 四、合伙事务的执行

| 合伙人的同等权利 | | 合伙人对执行合伙事务享有同等的权利。 | |
|---|---|---|---|
| | | 合伙人的同等权利并不意味着每一个合伙人都必须同样地执行合伙事务。事实上，合伙事务的执行可以采取灵活的方式，只要全体合伙人同意即可。 | |
| 合伙事务的执行方式 | | 1.全体合伙人共同执行。 | |
| | | 2.各合伙人分别单独执行。 | |
| | | 3.按照合伙协议的约定或者经全体合伙人决定，可以委托一个或者数个合伙人对外代表合伙企业，执行合伙事务。 | |
| 执行人权利义务 | 权利 | 1.执行合伙事务，对外代表合伙企业。 | |
| | | 2.收益归属合伙企业，费用和亏损由合伙企业承担。 | |
| | | 3.异议权：合伙人分别执行合伙事务的，执行事务合伙人可以对其他合伙人执行的事务提出异议。提出异议时，应当暂停该项事务的执行。 | 如果发生争议，则进行决议。 |
| | | | 异议权只存在于执行人之间。 |
| | 义务 | 1.定期报告事务执行情况。 | |
| | | 2.定期报告经营和财务状况。 | |

续　表

| 非执行人权利义务 | 权利 | 1. 监督权：有权监督执行事务合伙人执行合伙事务的情况。 |
| | | 2. 查阅权：为了解合伙企业的经营状况和财务状况，有权查阅合伙企业会计账簿等财务资料。 |
| | | 3. 撤销权：可以决定撤销委托。 |
| | 义务 | 不再执行合伙事务。 |

**经典问答：什么是合伙事务的执行？**

合伙事务的执行是指为实现合伙目的而进行的业务活动。执行合伙事务是合伙人的权利，每一个合伙人，不管出资额多少，对合伙事务享有同等的权利。

## 五、利润分配、亏损承担

| 利润分配和亏损负担顺序 | | 1. 按合伙协议分配。 |
| | | 2. 合伙协议未约定或约定不明确，按协商分配。 |
| | | 3. 协商不成，按照实缴出资比例分配。 |
| | | 4. 无法确定出资比例，由合伙人平均分配。 |
| 禁止事项对比 | 普通合伙企业（同甘共苦） | 有限合伙企业（必需共苦，可不同甘） |
| | 1. 不得约定将全部利润分配给部分合伙人。 | 1. 可以约定将全部利润分配给部分合伙人。 |
| | 2. 不得约定由部分合伙人承担全部亏损。 | 2. 不得约定由部分合伙人承担全部亏损。 |

## 六、合伙企业与善意第三人的关系

| 合伙企业对合伙人执行合伙事务、对外代表合伙企业权利的限制。 | 不得对抗善意第三人。 |
| 合伙人无权处分合伙财产。 | 不得对抗善意第三人。 |
| 合伙人财产份额擅自出质。 | 绝对无效，可以对抗善意第三人。 |

## 七、合伙企业与债权人的关系

| 合伙企业优先清偿 | 1. 优先以全部合伙财产进行清偿。 |
| | 2. 优先清偿责任。 |
| 合伙人对外连带清偿 | 1. 合伙企业不能清偿的，合伙人承担无限连带责任。 |
| | 2. 补充清偿责任。 |
| 合伙人对内追偿分担 | 1. 部分合伙人承担清偿责任后，可向其他合伙人追偿。 |
| | 2. 超出自己承担比例部分追偿。 |

**经典问答：如何理解合伙企业债务承担的两个层次？**

合伙企业债务的承担分为两个层次：第一顺序的债务承担人是合伙企业，第二顺序的债务承担人是全体合伙人。

《合伙企业法》第 39 条所谓的"连带责任"，是指合伙人在第二顺序的责任承担中相互之间所负的连带责任，而非合伙人与合伙企业之间的连带责任。

**经典考题：**甲企业是由自然人安琚与乙企业（个人独资）各出资 50% 设立的普通合伙企业，欠丙企业货款 50 万元，由于经营不善，甲企业全部资产仅剩 20 万元。现所欠货款到期，相关各方因货款清偿发生纠纷。对此，下列哪一表述是正确的？（2016 年·卷三·2 题·单选）①

A. 丙企业只能要求安琚与乙企业各自承担 15 万元的清偿责任

B. 丙企业只能要求甲企业承担清偿责任

C. 欠款应先以甲企业的财产偿还，不足部分由安琚与乙企业承担无限连带责任

D. 就乙企业对丙企业的应偿债务，乙企业投资人不承担责任

## 八、合伙人个人债务清偿规则

| 两大禁止 | 1. 抵销权禁止 | 不得以对合伙人个人的债权，主张抵销对合伙企业的债务。 |
|---|---|---|
| | 2. 代位权禁止 | 不得代位行使合伙人在合伙企业中的合伙权利。 |
| 两大途径 | 1. 收益清偿 | 合伙人自有财产清偿不足清偿自身债务时，合伙收益可用于清偿。 |
| | 2. 强制执行 | 债权人可依法请求法院强制执行合伙财产份额。<br>（1）法院执行合伙份额，应通知其他合伙人行使优先购买权。<br>（2）其他合伙人不行使又不同意将份额转让给他人，应办理退伙结算（全部份额）或削减该合伙人份额结算（部分份额）。 |

**经典考题：**甲、乙、丙共同成立了普通合伙企业，2017 年甲向丁借款 100 万元，到期无法清偿。甲拟以其持有的合伙企业份额对丁进行清偿，其他合伙人均不同意。下列哪一选项说法是正确的？（2018 年回忆版·卷二·单选）②

A. 可以合伙企业盈利对丁进行清偿

B. 若丁向法院申请强制执行甲的合伙份额，应经其他合伙人一致同意

C. 为了避免债权人强制执行甲的合伙份额，其他合伙人协商代为清偿

---

① 【答案】C。根据《合伙企业法》第 38 条规定："合伙企业对其债务，应先以其全部财产进行清偿。"第 39 条规定："合伙企业不能偿还到期债务，合伙人承担无限连带责任。"C 选项正确，A、B 选项错误。乙企业是个人独资企业，就乙企业对丙企业的应偿债务，乙企业投资人承担无限责任。D 选项错误。【错误原因】本题考查普通合伙企业债务清偿顺序。本题的亮点是对多层架构的考核。本题错误原因主要是对相关法律制度理解不准确，对于"企业债务清偿"等规则理解不到位。

② 【答案】C。本题考查普通合伙人个人债务清偿规则。根据《合伙企业法》第 42 条第 1 款，合伙人的自有财产不足清偿其与合伙企业无关的债务的，该合伙人可以以其从合伙企业中分取的收益用于清偿，A 项错误。根据《合伙企业法》第 42 条第 2 款，人民法院强制执行合伙人的财产份额时，应当通知全体合伙人，其他合伙人有优先购买权，B 项错误。法律并未限制其他合伙人协商代为清偿，C 选项正确。根据《合伙企业法》第 42 条第 2 款，其他合伙人未购买，又不同意将该财产份额转让给他人的，应当依法办理退伙结算或削减其相应的财产份额，D 项错误。【错误原因】本题考查普通合伙人个人债务清偿规则。本题错误原因主要是对相关法律制度理解不准确，对于"合伙人债务清偿"等规则理解不到位。

D. 若丁向法院申请强制执行甲的合伙份额，其他合伙人不行使优先购买权，也不同意对外转让份额的，则视为其他合伙人同意对外转让

## 九、入伙与退伙

### （一）入伙

| 入伙的程序 | 1. 新合伙人入伙，除合伙协议另有约定外，应当经全体合伙人一致同意，并依法订立书面入伙协议。 |
| --- | --- |
| | 2. 订立入伙协议时，原合伙人应当向新合伙人如实告知原合伙企业的经营状况和财务状况。 |
| 入伙的后果 | 1. 入伙的新合伙人与原合伙人享有同等权利，承担同等责任。入伙协议另有约定的，从其约定。 |
| | 2. 新合伙人对入伙前合伙企业的债务承担无限连带责任。 |

### （二）退伙

| 约定经营期限退伙 | 当合伙协议约定了合伙的经营期限的，在合伙企业存续期间，有下列情形之一时，合伙人可以退伙：<br>1. 合伙协议约定的退伙事由出现；<br>2. 经全体合伙人同意退伙；<br>3. 发生合伙人难以继续参加合伙企业的事由；<br>4. 其他合伙人严重违反合伙协议约定的义务。 |
| --- | --- |
| 未约定经营期限退伙 | 合伙协议未约定合伙期限的，在不给合伙事务执行造成不利影响的前提下，合伙人可以不经其他合伙人同意而退伙，但应当提前30日通知其他合伙人。 |
| 当然退伙 | 1. 合伙人有下列情形之一的，当然退伙：<br>（1）作为合伙人的自然人死亡或者被依法宣告死亡；<br>（2）个人丧失偿债能力；<br>（3）作为合伙人的法人或者其他组织依法被吊销营业执照、责令关闭、撤销，或者被宣告破产；<br>（4）法律规定或者合伙协议约定合伙人必须具有相关资格而丧失该资格；<br>（5）合伙人在合伙企业中的全部财产份额被人民法院强制执行。 |
| | 2. 合伙人被依法认定为无限人，一致同意，转为有限合伙人，普通合伙企业依法转为有限合伙企业。其他合伙人未能一致同意的，退伙。退伙事由实际发生之日为退伙生效日。 |
| 除名退伙 | 1. 合伙人有下列情形之一的，经其他合伙人一致同意，可以决议将其除名：<br>（1）未履行出资义务；<br>（2）因故意或者重大过失给合伙企业造成损失；<br>（3）执行合伙事务时有不正当行为；<br>（4）发生合伙协议约定的事由。 |
| | 2. 对合伙人的除名决议应当书面通知被除名人。被除名人接到除名通知之日，除名生效，被除名人退伙。 |
| | 3. 被除名人对除名决议有异议的，可以自接到除名通知之日起30日内，向人民法院起诉。 |
| 退伙的效力 | 退伙人对基于其退伙前的原因发生的合伙企业债务，承担无限连带责任。 |

**经典考题**：2010 年 5 月，贾某以一套房屋作为投资，与几位朋友设立一家普通合伙企业，从事软件开发。2014 年 6 月，贾某举家移民海外，故打算自合伙企业中退出。对此，下列哪一选项是正确的？（2014 年·卷三·30 题·单选）①

　　A. 在合伙协议未约定合伙期限时，贾某向其他合伙人发出退伙通知后，即发生退伙效力

　　B. 因贾某的退伙，合伙企业须进行清算

　　C. 退伙后贾某可向合伙企业要求返还该房屋

　　D. 贾某对退伙前合伙企业的债务仍须承担无限连带责任

## 十、合伙份额的继承

| 继承 | 合伙人死亡或者被依法宣告死亡的，对该合伙人在合伙企业中的财产份额享有合法继承权的继承人，按照合伙协议的约定或者经全体合伙人一致同意，从继承开始之日起，取得该合伙企业的合伙人资格。 |
| --- | --- |
| 退还 | 有下列情形之一的，合伙企业应当向合伙人的继承人退还被继承合伙人的财产份额：<br>1. 继承人不愿意成为合伙人；<br>2. 法律规定或者合伙协议约定合伙人必须具有相关资格，而该继承人未取得该资格；<br>3. 合伙协议约定不能成为合伙人的其他情形。 |
| 转换 | 1. 合伙人的继承人为无民事行为能力人或者限制民事行为能力人的，经全体合伙人一致同意，可以依法成为有限合伙人，普通合伙企业依法转为有限合伙企业。<br>2. 全体合伙人未能一致同意的，合伙企业应当将被继承合伙人的财产份额退还该继承人。 |

## 十一、特殊的普通合伙企业

| 适用范围 | 以专业知识和专门技能为客户提供有偿服务的专业服务机构，可以设立为特殊的普通合伙企业。 |
| --- | --- |
|  | 例如律师事务所、会计师事务所、医师事务所、设计师事务所等。 |
| 公示要求 | 特殊的普通合伙企业名称中应当标明"特殊普通合伙"字样。 |

---

① 【答案】D。本题考查普通合伙人退伙。合伙协议未约定合伙期限的，合伙人退伙应当提前 30 日通知其他合伙人。退伙人对基于其退伙前的原因发生的合伙企业债务，承担无限连带责任。根据《合伙企业法》第 46 条："合伙协议未约定合伙期限的，合伙人在不给合伙企业事务执行造成不利影响的情况下，可以退伙，但应当提前三十日通知其他合伙人。"因此 A 选项错误。根据《合伙企业法》第 51 条："合伙人退伙，其他合伙人应当与该退伙人按照退伙时的合伙企业财产状况进行结算，退还退伙人的财产份额。退伙人对给合伙企业造成的损失负有赔偿责任的，相应扣减其应当赔偿的数额。退伙时有未了结的合伙企业事务的，待该事务了结后进行结算。"贾某退伙，应当结算而不是清算，因此 B 选项错误。根据《合伙企业法》第 52 条："退伙人在合伙企业中财产份额的退还办法，由合伙协议约定或者由全体合伙人决定，可以退还货币，也可以退还实物。"因此 C 选项错误。根据《合伙企业法》第 53 条："退伙人对基于其退伙前的原因发生的合伙企业债务，承担无限连带责任。"因此 D 选项正确。

续　表

| 责任形式 | 1. 一个合伙人或者数个合伙人在执业活动中因故意或者重大过失造成合伙企业债务的，应当承担无限责任或者无限连带责任，其他合伙人以其在合伙企业中的财产份额为限承担责任。<br>2. 合伙人在执业活动中非因故意或者重大过失造成的合伙企业债务以及合伙企业的其他债务，由全体合伙人承担无限连带责任。 |
|---|---|
| 清偿顺序 | 特殊的普通合伙企业的合伙人在因故意或者重大过失而造成合伙企业债务时，首先以合伙企业的财产承担对外清偿责任，不足时由有过错的合伙人承担无限责任或者无限连带责任，没有过错的合伙人不再承担责任。当以合伙企业的财产承担对外责任后，有过错的合伙人应当按照合伙协议的约定对给合伙企业造成的损失承担赔偿责任。 |
| 债权人的保护 | 特殊的普通合伙企业应当建立执业风险基金、办理职业保险。 |

　　**经典考题**：君平昌成律师事务所是一家采取特殊普通合伙形式设立的律师事务所，曾君、郭昌是其中的两名合伙人。在一次由曾君主办、郭昌辅办的诉讼代理业务中，因二人的重大过失而泄露客户商业秘密，导致该所对客户应承担巨额赔偿责任。关于该客户的求偿，下列哪些说法是正确的？（2015年·卷三·72题·多选）[①]

　　A. 向该所主张全部赔偿责任

　　B. 向曾君主张无限连带赔偿责任

　　C. 向郭昌主张补充赔偿责任

　　D. 向该所其他合伙人主张连带赔偿责任

## 总　结

　　1. 对外转让与份额出质

| 财产份额转让 | （1）对外转让：除合伙协议另有约定外，合伙人向合伙人以外的人转让其在合伙企业中的全部或者部分财产份额时，须经其他合伙人一致同意。<br>（2）优先购买：合伙人向合伙人以外的人转让其在合伙企业中的财产份额的，在同等条件下，其他合伙人有优先购买权；但是，合伙协议另有约定的除外。 |
|---|---|
| 财产份额出质 | （1）合伙人以其在合伙企业中的财产份额出质的，须经其他合伙人一致同意。<br>（2）未经其他合伙人一致同意，其行为无效，由此给善意第三人造成损失的，由行为人依法承担赔偿责任。 |

---

① 【答案】AB。根据《合伙企业法》第38条的规定："合伙企业对其债务，应先以其全部财产进行清偿。"因此A选项正确。根据《合伙企业法》第57条第1款的规定："一个合伙人或者数个合伙人在执业活动中因故意或者重大过失造成合伙企业债务的，应当承担无限责任或者无限连带责任，其他合伙人以其在合伙企业中的财产份额为限承担责任。"曾君、郭昌有重大过失，承担无限连带责任，因此B选项正确，C选项错误；其他合伙人不承担无限连带责任，D选项错误。【错误原因】本题考查特殊普通合伙企业债务清偿规则，因故意或者重大过失造成合伙企业债务的合伙人，承担无限责任或者无限连带责任。本题错误原因主要是对相关法律制度理解不准确，对于"责任与顺位"等规则理解不到位。

2. 财产权利出资定价：协商 / 评估；劳务出资定价：协商。

3. 利润分配和亏损负担顺序：约定→协商→实缴→平均。

4. 退伙人丧失合伙人身份，脱离原合伙协议约定的权利义务关系；导致合伙财产的清理与结算；退伙并不必然导致合伙的解散。

# 第二节 有限合伙企业

## 一、有限合伙企业制度

| 概念 | 有限合伙企业是指由一个以上的普通合伙人和一个以上的有限合伙人共同设立的合伙企业。 | |
|---|---|---|
| 设立 | 1. 有限合伙企业由 2 个以上 50 个以下合伙人设立，但法律另有规定的除外。有限合伙企业至少应当有一个普通合伙人。 | 对比：普通合伙企业没有人数上限。 |
| | 2. 有限合伙企业的名称中应当标明"有限合伙"字样。 | 对比：普通合伙企业应当标明"普通合伙"字样。 |
| | 3. 有限合伙人可以货币、实物、知识产权、土地使用权或者其他财产权利作价出资。 | 但不得以劳务出资。 |
| 企业转换 | 1. 当有限合伙企业仅剩普通合伙人时，有限合伙企业转为普通合伙企业，并应当进行相应的变更登记。 | |
| | 2. 当有限合伙企业仅剩有限合伙人时，则该企业不再是合伙企业，故应解散。 | |
| 身份变更 | 1. 除合伙协议另有约定外，身份变更，须经全体合伙人一致同意。 | |
| | 2. 无限连带责任：身份变更，需对原债务承担无限连带责任。<br>（1）有限变普通—任有限合伙人期间的债务承担无限连带责任；<br>（2）普通变有限—任普通合伙人期间的债务承担无限连带责任。 | |
| | 3. 普通合伙中的合伙人因无行为能力、限制行为能力人，而经全体合伙人同意，可转为有限合伙人。 | |
| 表见普通合伙 | 1. 第三人有理由相信有限合伙人为普通合伙人并与其交易的，该有限合伙人对该笔交易承担与普通合伙人同样的责任。 | |
| | 2. 有限合伙人仅以其认缴的出资额为限对合伙企业债务承担责任。但是，如果有限合伙人的行为足以使得第三人合理信赖其为普通合伙人时，则有限合伙人得承担普通合伙人的责任，即承担无限连带责任。<br>表见普通合伙仅适用于该笔特定的情形，而非从合伙人地位上完全否认有限合伙人的身份，对其他不构成表见普通合伙的情形，有限合伙人仍旧承担有限责任。 | |
| 未授权对外交易 | 有限合伙人未经授权以有限合伙企业名义与他人进行交易，给有限合伙企业或者其他合伙人造成损失的，该有限合伙人应当承担赔偿责任。 | |

续　表

| 有伙的入伙与退伙 | 入伙效果 | 对入伙前债务，以其认缴的出资额为限承担责任。 |
|---|---|---|
| | 退伙效果 | 对退伙前企业债务，以其退伙时从企业中取回的财产承担责任。 |

## 二、有限合伙人自由、权利、禁止

| | |
|---|---|
| **自我交易自由** | 有限合伙人可以同本有限合伙企业进行交易。<br>但是，合伙协议另有约定的除外。 |
| **同业竞争自由** | 有限合伙人可以自营或者同他人合作经营与本有限合伙企业相竞争的业务。<br>但是，合伙协议另有约定的除外。 |
| **份额出质自由** | 有限合伙人可以将其在有限合伙企业中的财产份额出质。<br>但是，合伙协议另有约定的除外。 |
| **对外转让自由** | 有限合伙人可以按照合伙协议的约定向合伙人以外的人转让其在有限合伙企业中的财产份额。<br>但是，应当提前30日通知其他合伙人。 |
| **有限责任权利** | 有限合伙人仅以其认缴的出资额为限对合伙企业的债务承担责任。 |
| **行为能力权利** | 作为有限合伙人的自然人在合伙企业存续期间丧失民事行为能力的，其他合伙人不得因此要求其退伙。 |
| **份额继承权利** | 作为有限合伙人的自然人死亡、被依法宣告死亡或者作为有限合伙人的法人及其他组织终止时，其继承人或者权利承受人可以依法取得该有限合伙人在有限合伙人企业中的资格。 |
| **利润约定权利** | 合伙协议可以约定将全部利润分配给部分合伙人。 |
| **事务执行禁止** | 1. 有限合伙人不执行合伙事务，不得对外代表有限合伙企业。 |
| | 2. 有限合伙人的下列行为，不视为执行合伙事务：<br>（1）参与决定普通合伙人入伙、退伙；<br>（2）对企业的经营管理提出建议；<br>（3）参与选择承办有限合伙企业审计业务的会计师事务所；<br>（4）获取经审计的有限合伙企业财务会计报告；<br>（5）对涉及自身利益的情况，查阅有限合伙企业财务会计账簿等财务资料；<br>（6）在有限合伙企业中的利益受到侵害时，向有责任的合伙人主张权利或者提起诉讼；<br>（7）执行事务合伙人怠于行使权利时，督促其行使权利或者为了本企业的利益以自己的名义提起诉讼；<br>（8）依法为本企业提供担保。 |

## 三、两种企业类型对比

合伙企业是指由自然人、法人和其他组织设立的组织体,包括普通合伙企业和有限合伙企业两种类型。

| 类别 | 第一类: 普通合伙 | 第二类: 有限合伙 |
|---|---|---|
| 组成 | 普通合伙人组成 | 普通合伙人 + 有限合伙人组成 |
| 责任 | 负无限连带责任 | 普伙: 无限连带责任<br>有伙: 按认缴出资额负有限责任 |
| 合伙人数 | 2 人以上 | 2~50 人以下<br>至少一名普通合伙人 |
| 合伙成员 | 可由自然人、法人或其他组织组成 | |
| 合伙成员如为自然人 | 1. 普通合伙人负无限责任,责任较重,因此必须具备完全民事行为能力。<br>2. 有限合伙人与公司股东一样,负有限责任,因此可以是无行为能力人或限制行为能力人。 | |
| 普通合伙人禁令 | 国有独资公司、国有企业、上市公司以及公益性的事业单位、社会团体不得成为普通合伙人。 | |
| 合伙协议 | 由全体合伙人签章后生效,以书面形式订立。 | |

**经典考题**: 崔凰投资是有限合伙企业,从事私募股权投资活动。2017 年 3 月,三江有限公司决定入伙崔凰投资,成为其有限合伙人。对此,下列哪些选项是错误的? (2017年·卷三·72 题·多选)①

A. 如合伙协议无特别约定,则须经全体普通合伙人一致同意,三江公司才可成为新的有限合伙人

B. 对入伙前崔凰投资的对外负债,三江公司仅以实缴出资额为限承担责任

C. 三江公司入伙后,有权查阅崔凰投资的财务会计账簿

D. 如合伙协议无特别约定,则三江公司入伙后,原则上不得自营与崔凰投资相竞争的业务

---

① 【答案】ABCD。《合伙企业法》第 43 条第 1 款规定:"新合伙人入伙,除合伙协议另有约定外,应当经全体合伙人一致同意,并依法订立书面入伙协议。"第 60 条规定:"有限合伙企业及其合伙人适用本章规定;本章未作规定的,适用本法第二章第一节至第五节关于普通合伙企业及其合伙人的规定。"A 选项错误,如合伙协议无特别约定,则须经全体合伙人一致同意,三江公司才可成为新的有限合伙人。《合伙企业法》第 77 条规定:"新入伙的有限合伙人对入伙前有限合伙企业的债务,以其认缴的出资额为限承担责任。"B 选项错误,是"认缴"不是"实缴"。《合伙企业法》第 68 条第 5 项规定:"有限合伙人不执行合伙事务,不得对外代表有限合伙企业。有限合伙人的下列行为,不视为执行合伙事务:……(五)对涉及自身利益的情况,查阅有限合伙企业财务会计账簿等财务资料……"C 选项错误,没有"对涉及自身利益的情况"这一前提条件。《合伙企业法》第 71 条规定:"有限合伙人可以自营或者同他人合作经营与本有限合伙企业相竞争的业务;但是,合伙协议另有约定的除外。"D 选项错误,有限合伙人同业竞争自由,除非约定排除。【错误原因】本题考查有限合伙人的权利与义务。有限合伙人同业竞争自由,除非约定排除。本题错误原因主要是对相关法律制度理解不准确,对于"自由与例外"等规则理解不到位。

## 总　结

1. 有限合伙人四大自由

| 自我交易自由 | 有限合伙人可以同本有限合伙企业进行交易。 | 但是，合伙协议另有约定的除外。 |
|---|---|---|
| 同业竞争自由 | 有限合伙人可以自营或者同他人合作经营与本有限合伙企业相竞争的业务。 | |
| 份额出质自由 | 有限合伙人可以将其在有限合伙企业中的财产份额出质。 | |
| 对外转让自由 | 有限合伙人可以按照合伙协议的约定向合伙人以外的人转让其在有限合伙企业中的财产份额。 | 但是，应当提前30日通知其他合伙人。 |

2. 有限合伙人可以用货币、实物、知识产权、土地使用权或者其他财产权利作价出资。

3. 有限合伙人不得以劳务出资。

4. 普通合伙人可以用劳务出资。

5. 有限合伙人四大自由，其中前三大自由可以约定排除。

# 第三节　合伙的解散与清算

| 合伙企业的解散 | 合伙企业有下列情形之一的，应当解散：<br>1. 合伙期限届满，合伙人决定不再经营；<br>2. 合伙协议约定的解散事由出现；<br>3. 全体合伙人决定解散；<br>4. 合伙人已不具备法定人数满30天；<br>5. 合伙协议约定的合伙目的已经实现或者无法实现；<br>6. 依法被吊销营业执照、责令关闭或者被撤销；<br>7. 法律、行政法规规定的其他原因。 |
|---|---|
| 合伙企业的清算 | 1. 清算人的确定。<br>（1）合伙企业解散，应当由清算人进行清算。<br>（2）清算人由全体合伙人担任；经全体合伙人过半数同意，可以自合伙企业解散事由出现后15日内指定一个或者数个合伙人，或者委托第三人，担任清算人。<br>（3）自合伙企业解散事由出现之日起15日内未确定清算人的，合伙人或者其他利害关系人可以申请人民法院指定清算人。<br>2. 清算人的职责。<br>清算人在清算期间执行下列事务：<br>（1）清理合伙企业财产，分别编制资产负债表和财产清单；<br>（2）处理与清算有关的合伙企业未了结事务；<br>（3）清缴所欠税款；<br>（4）清理债权、债务；<br>（5）处理合伙企业清偿债务后的剩余财产；<br>（6）代表合伙企业参加诉讼或者仲裁活动。 |

续 表

| |
|---|
| 3. 清算程序。<br>（1）通知债权人并公告；<br>（2）债权人申报债权；<br>（3）实施清算；<br>（4）办理注销登记。 |
| 4. 清偿的顺序。<br>合伙企业财产在支付清算费用后，应按下列顺序清偿：<br>（1）合伙企业所欠职工工资和劳动保险费；<br>（2）合伙企业所欠税款；<br>（3）合伙企业的债务；<br>（4）退还合伙人的出资。 |
| 5 合伙企业注销后的债务承担。<br>合伙企业注销后，原普通合伙人对合伙企业存续期间的债务仍应承担连带责任，债权人仍然可以向普通合伙人进行追偿。 |
| 6. 合伙企业的破产与债务清偿。<br>合伙企业不能清偿到期债务的，债权人可以依法向人民法院提出破产清算申请，也可以要求普通合伙人清偿。 |

总 结

合伙企业依法被宣告破产的，普通合伙人对合伙企业债务仍应承担无限连带责任。

# 专题三 个人独资企业法

## 知识体系图

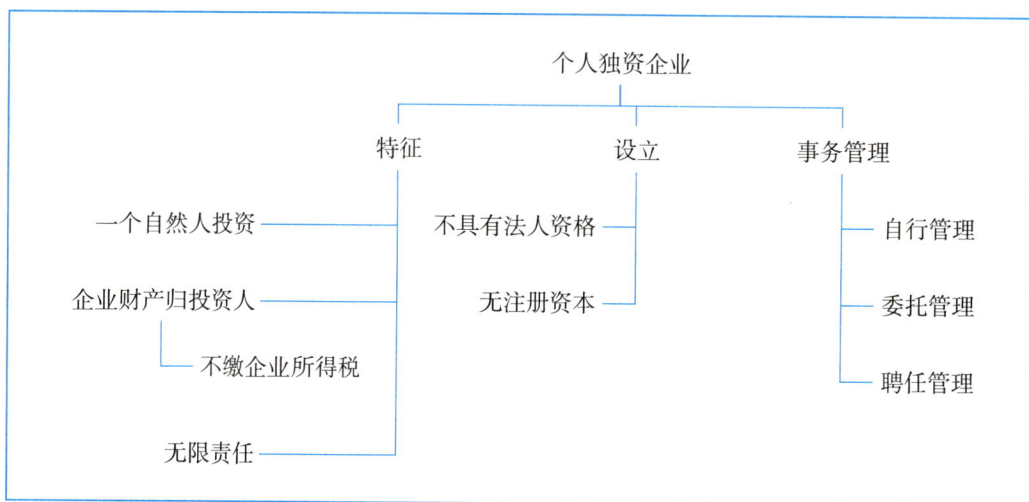

## 命题点拨

本专题内容包括个人独资企业的特征、管理、解散与清算等。命题重点是责任承担、禁止行为等。要理解个人独资企业的设立条件，投资人的权利，个人独资企业与其他企业形态的区别。要注意职权的限制，不得对抗善意第三人。

# 第一节 个人独资企业的特征

| 概念 | 1. 本法所称个人独资企业，是指依照本法在中国境内设立，由一个自然人投资，财产为投资人个人所有，投资人以其个人财产对企业债务承担无限责任的经营实体。 |
|---|---|
| | 2. 不是法人。 |
| | 3. 外商独资企业不适用本法。 |
| 投资人 | 仅由一个自然人投资。 |
| 财产 | 1. 企业财产为投资人个人所有。 |
| | 2. 不缴企业所得税。 |
| 责任承担 | 1. 投资人以其个人财产对企业债务承担无限责任。个人独资企业在申请企业设立登记时明确以其家庭共有财产作为个人出资的，应当依法以家庭共有财产对企业债务承担无限责任。 |

续　表

| | |
|---|---|
| | 2. 个人独资企业解散后，原投资人对个人独资企业存续期间的债务仍应承担偿还责任，但债权人在 5 年内未向债务人提出偿债请求的，该责任消灭。 |
| 转让继承 | 个人独资企业投资人对本企业的财产依法享有所有权，其有关权利可以依法进行转让或继承。 |

### 总　结

1. 个人独资企业不具有法人资格。无注册资本，无章程。
2. 投资主体：仅由一个自然人投资设立。
3. 企业财产：全部财产为投资人个人所有。
4. 责任承担：投资人以其个人财产对企业债务承担无限责任。

# 第二节　个人独资企业的管理

| | | |
|---|---|---|
| 管理形式 | 1. 投资人有权自主选择企业事务的管理形式。 | |
| | 2. 个人独资企业事务管理主要有三种模式：自行管理，委托管理，聘任管理。 | |
| 禁止行为 | 投资人委托或者聘用的管理个人独资企业事务的人员不得有下列行为： | |
| | 1. 利用职务上的便利，索取或者收受贿赂； | |
| | 2. 利用职务或者工作上的便利侵占企业财产； | |
| | 3. 挪用企业的资金归个人使用或者借贷给他人； | |
| | 4. 擅自将企业资金以个人名义或者以他人名义开立帐户储存； | |
| | 5. 擅自以企业财产提供担保； | |
| | 6. 未经投资人同意 | 从事与本企业相竞争的业务； |
| | 7. 未经投资人同意 | 同本企业订立合同或者进行交易； |
| | 8. 未经投资人同意 | 擅自将企业商标或者其他知识产权转让给他人使用； |
| | 9. 泄露本企业的商业秘密； | |
| | 10. 法律、行政法规禁止的其他行为。 | |
| 善意第三人保护 | 投资人对受托人或者被聘用的人员职权的限制，不得对抗善意第三人。 | |

### 总　结

受托人或者被聘用的人员应当履行诚信、勤勉义务，按照与投资人签订的合同负责个人独资企业的事务管理。投资人对受托人或者被聘用的人员职权的限制，不得对抗善意第三人。

# 第三节　个人独资企业的解散与清算

| 解散 | 个人独资企业有下列情形之一时，应当解散：<br>1. 投资人决定解散；<br>2. 投资人死亡或者被宣告死亡，无继承人或者继承人决定放弃继承；<br>3. 被依法吊销营业执照；<br>4. 法律、行政法规规定的其他情形。 |
|---|---|
| 清算 | 1. 个人独资企业解散，由投资人自行清算或者由债权人申请人民法院指定清算人进行清算。 |
| | 2. 投资人自行清算的，应当在清算前 15 日内书面通知债权人，无法通知的，应当予以公告。 |
| | 3. 债权人应当在接到通知之日起 30 日内，未接到通知的应当在公告之日起 60 日内，向投资人申报其债权。 |

　　**经典考题**：2016 年 7 月，张某单独出资 100 万元，成立星源有限公司，2017 年 8 月，张某又出资设立个人独资企业星海制衣厂，2018 年 6 月，星源有限公司欠刘某货款 80 万元，关于本案，下列哪一选项是正确的？（2018 年回忆版·卷二·单选）①

　　A 星源公司可以和星海制衣厂共同出资设立一家有限责任公司

　　B 刘某可以张某为星源公司唯一股东为由，要求张某承担连带责任

　　C 张某在设立星源公司后可以再投资设立一人公司

　　D 张某在设立星源公司后不得再投资设立星海制衣厂

## 总　结

　　1. 个人独资企业法重点

| 财产 | 1. 企业财产为投资人个人所有。<br>2. 不缴企业所得税。 |
|---|---|
| 责任承担 | 投资人以其个人财产对企业债务承担无限责任。 |
| | 个人独资企业解散后，债权人在 5 年内未向债务人提出偿债请求的，该责任消灭。 |
| | 个人独资企业在申请企业设立登记时明确以其家庭共有财产作为个人出资的，应当依法以家庭共有财产对企业债务承担无限责任。 |

　　2. 个人独资企业法解散，由投资人自行清算或者由债权人申请人民法院指定清算人进行清算。

---

① 【答案】A。有限责任公司与个人独资企业作为股东，共同出资设立新的有限公司，法律并未限制，A 项正确。根据《公司法》第 63 条，一人有限责任公司的股东不能证明公司财产独立于股东自己的财产的，应当对公司债务承担连带责任，B 项错误。根据《公司法》第 58 条，一个自然人只能投资设立一个一人有限责任公司。该一人有限责任公司不能投资设立新的一人有限责任公司，C 项错误。法律并未限制自然人在设立一人公司后，再投资设立个人独资企业，D 项错误。【错误原因】本题错误原因主要是对相关法律制度理解不准确，对于"区分思维"等商法思维运用不到位，不能区分个人独资企业与一人公司。

# 专题四　外商投资法

## 知识体系图

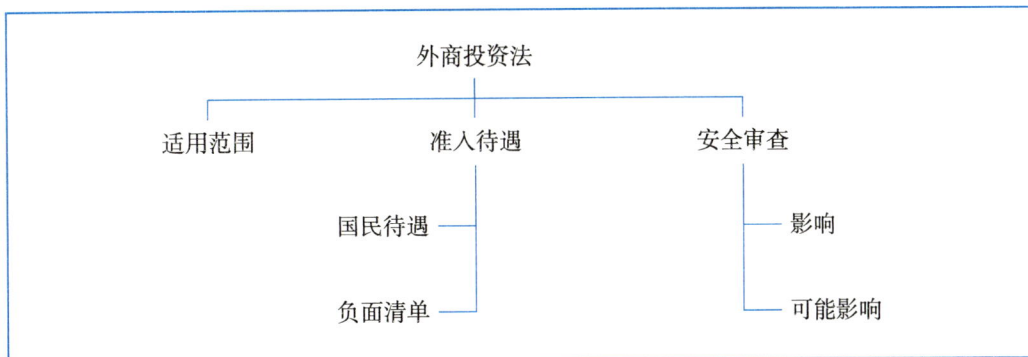

## 命题点拨

　　本专题内容包括适用范围、负面清单、安全审查等，均为命题重点。投资合同的效力认定是难点。

# 第一节　外商投资法适用范围与准入待遇

| | |
|---|---|
| **适用范围** | 在中华人民共和国境内（以下简称中国境内）的外商投资，适用本法。 |
| | 本法所称外商投资，是指外国的自然人、企业或者其他组织（以下称外国投资者）直接或者间接在中国境内进行的投资活动，包括下列情形：<br>（1）外国投资者单独或者与其他投资者共同在中国境内设立外商投资企业；<br>（2）外国投资者取得中国境内企业的股份、股权、财产份额或者其他类似权益；<br>（3）外国投资者单独或者与其他投资者共同在中国境内投资新建项目；<br>（4）法律、行政法规或者国务院规定的其他方式的投资。 |
| **准入待遇** | 国家对外商投资实行准入前国民待遇加负面清单管理制度。 |
| | 负面清单由国务院发布或者批准发布。 |
| | 中华人民共和国缔结或者参加的国际条约、协定对外国投资者准入待遇有更优惠规定的，可以按照相关规定执行。 |

　　**经典问答：什么是外商投资企业？**

　　外商投资企业，是指全部或者部分由外国投资者投资，依照中国法律在中国境内经登记注册设立的企业。

**总　结**

1. 准入前国民待遇，是指在投资准入阶段给予外国投资者及其投资不低于本国投资者及其投资的待遇。

2. 负面清单，是指国家规定在特定领域对外商投资实施的准入特别管理措施。国家对负面清单之外的外商投资，给予国民待遇。

# 第二节　外商投资法重要制度

| | |
|---|---|
| 征收补偿 | 国家对外国投资者的投资不实行征收。 |
| | 在特殊情况下，国家为了公共利益的需要，可以依照法律规定对外国投资者的投资实行征收或者征用。 |
| 政策承诺 | 地方各级人民政府及其有关部门应当履行向外国投资者、外商投资企业依法作出的政策承诺以及依法订立的各类合同。 |
| | 因国家利益、社会公共利益需要改变政策承诺、合同约定的，应当依照法定权限和程序进行，并依法对外国投资者、外商投资企业因此受到的损失予以补偿。 |
| 负面清单 | 外商投资准入负面清单规定禁止投资的领域，外国投资者不得投资。 |
| | 外商投资准入负面清单规定限制投资的领域，外国投资者进行投资应当符合负面清单规定的条件。 |
| | 外商投资准入负面清单以外的领域，按照内外资一致的原则实施管理。 |
| 安全审查 | 国家建立外商投资安全审查制度，对影响或者可能影响国家安全的外商投资进行安全审查。 |

**总　结**

1. 征收、征用应当依照法定程序进行，并及时给予公平、合理的补偿。
2. 禁止投资，不得投资；限制投资，符合条件。
3. 依法作出的安全审查决定为最终决定。

# 第三节　中华人民共和国外商投资法实施条例

| | |
|---|---|
| 中国自然人 | 外商投资法所称其他投资者，包括中国的自然人在内。 |
| 优惠待遇 | 外国投资者、外商投资企业可以依照法律、行政法规或者国务院的规定，享受财政、税收、金融、用地等方面的优惠待遇。 |
| 平等适用 | 国家制定的强制性标准对外商投资企业和内资企业平等适用，不得专门针对外商投资企业适用高于强制性标准的技术要求。 |

续　表

| | |
|---|---|
| **征收补偿** | 国家对外国投资者的投资不实行征收。 |
| | 在特殊情况下，国家为了公共利益的需要依照法律规定对外国投资者的投资实行征收的，应当依照法定程序、以非歧视性的方式进行，并按照被征收投资的市场价值及时给予补偿。 |
| | 外国投资者对征收决定不服的，可以依法申请行政复议或者提起行政诉讼。 |
| **平等保护** | 国家加大对知识产权侵权行为的惩处力度，持续强化知识产权执法，推动建立知识产权快速协同保护机制，健全知识产权纠纷多元化解决机制，平等保护外国投资者和外商投资企业的知识产权。 |
| | 标准制定中涉及外国投资者和外商投资企业专利的，应当按照标准涉及专利的有关管理规定办理。 |
| **转让技术** | 行政机关（包括法律、法规授权的具有管理公共事务职能的组织）及其工作人员不得利用实施行政许可、行政检查、行政处罚、行政强制以及其他行政手段，强制或者变相强制外国投资者、外商投资企业转让技术。 |
| **一并审查** | 外国投资者、外商投资企业认为行政行为所依据的国务院部门和地方人民政府及其部门制定的规范性文件不合法，在依法对行政行为申请行政复议或者提起行政诉讼时，可以一并请求对该规范性文件进行审查。 |
| **政策承诺** | 政策承诺，是指地方各级人民政府及其有关部门在法定权限内，就外国投资者、外商投资企业在本地区投资所适用的支持政策、享受的优惠待遇和便利条件等作出的书面承诺。政策承诺的内容应当符合法律、法规规定。 |
| | 因国家利益、社会公共利益需要改变政策承诺、合同约定的，应当依照法定权限和程序进行，并依法对外国投资者、外商投资企业因此受到的损失及时予以公平、合理的补偿。 |
| **商会协会** | 外商投资企业可以依法成立商会、协会。除法律、法规另有规定外，外商投资企业有权自主决定参加或者退出商会、协会，任何单位和个人不得干预。 |
| **负面清单** | 负面清单规定禁止投资的领域，外国投资者不得投资。 |
| **注册资本** | 外商投资企业的注册资本可以用人民币表示，也可以用可自由兑换货币表示。 |
| **安全审查** | 国家建立外商投资安全审查制度，对影响或者可能影响国家安全的外商投资进行安全审查。 |
| **5年过渡** | 外商投资法施行前设立的外商投资企业，在外商投资法施行后5年内，可以依照《中华人民共和国公司法》《中华人民共和国合伙企业法》等法律的规定调整其组织形式、组织机构等，并依法办理变更登记，也可以继续保留原企业组织形式、组织机构等。 |

## 总　结

1.负面清单规定限制投资的领域，外国投资者进行投资应当符合负面清单规定的股权要求、高级管理人员要求等限制性准入特别管理措施。

2. 外国投资者以其在中国境内的投资收益在中国境内扩大投资的，依法享受相应的优惠待遇。

# 第四节　最高人民法院关于适用
# 《中华人民共和国外商投资法》若干问题的解释

| | |
|---|---|
| 投资合同 | 本解释所称投资合同，是指外国投资者即外国的自然人、企业或者其他组织因直接或者间接在中国境内进行投资而形成的相关协议，包括设立外商投资企业合同、股份转让合同、股权转让合同、财产份额或者其他类似权益转让合同、新建项目合同等协议。 |
| 效力认定 | 外商投资准入负面清单之外的领域形成的投资合同，当事人以合同未经有关行政主管部门批准、登记为由主张合同无效或者未生效的，人民法院不予支持。 |
| | 外国投资者投资外商投资准入负面清单规定禁止投资的领域，当事人主张投资合同无效的，人民法院应予支持。 |
| | 外国投资者投资外商投资准入负面清单规定限制投资的领域，当事人以违反限制性准入特别管理措施为由，主张投资合同无效的，人民法院应予支持。<br>人民法院作出生效裁判前，当事人采取必要措施满足准入特别管理措施的要求，当事人主张前款规定的投资合同有效的，应予支持。 |
| | 在生效裁判作出前，因外商投资准入负面清单调整，外国投资者投资不再属于禁止或者限制投资的领域，当事人主张投资合同有效的，人民法院应予支持。 |

## 总　结

外国投资者因赠与、财产分割、企业合并、企业分立等方式取得相应权益所产生的合同纠纷，适用本解释。

# 专题五　企业破产法

知识体系图

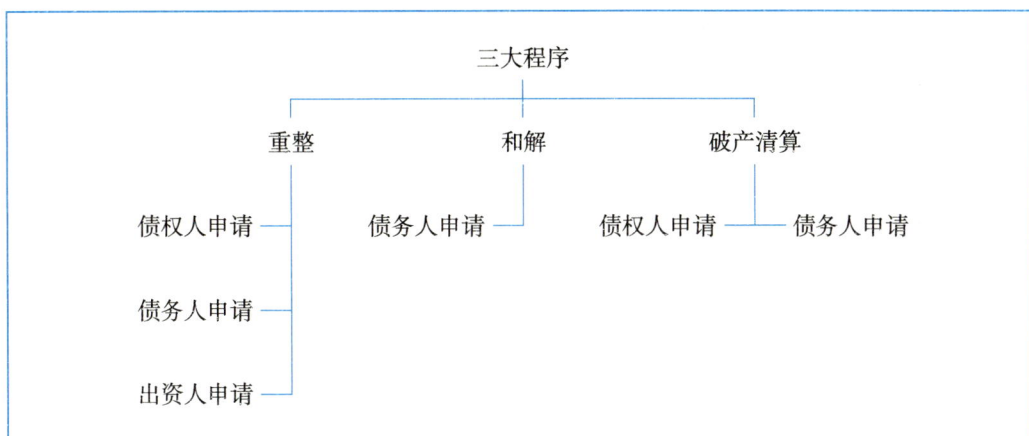

## 命题点拨

　　本专题重点内容包括破产原因、破产受理、破产程序等。命题重点是重整制度、破产法解释三等。要理解破产法的立法目的和原则，破产申请和受理，债务人财产，管理人，债权申报，债权人会议，重整、和解和破产清算三大程序的主要规则。

# 第一节　破产申请和受理

知识体系图

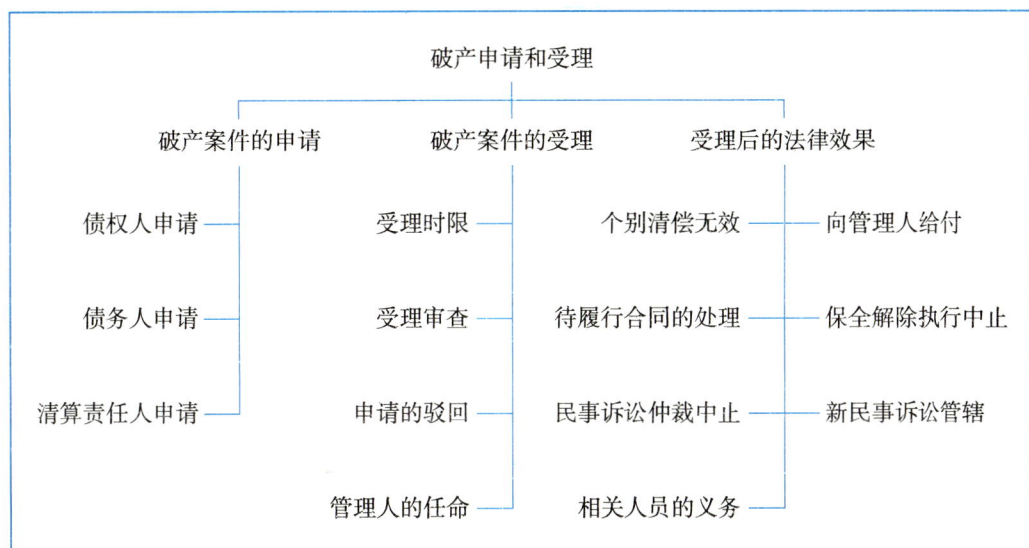

## 一、破产原因

| 破产原因 | 1. 债务人不能清偿到期债务，并且资产不足以清偿全部债务；<br>2. 债务人不能清偿到期债务，并且明显缺乏清偿能力。 |
| --- | --- |
| 债务人不能清偿到期债务的认定 | 1. 下列情形同时存在的，人民法院应当认定债务人不能清偿到期债务：<br>（1）债权债务关系依法成立；<br>（2）债务履行期限已经届满；<br>（3）债务人未完全清偿债务。<br>2. 必须三种法定情形同时存在，才能应当认定债务人不能清偿到期债务。 |
| 明显缺乏清偿能力的认定 | 明显缺乏清偿能力的认定。<br>1. 债务人账面资产虽大于负债，但存在下列情形之一的，人民法院应当认定其明显缺乏清偿能力：<br>（1）因资金严重不足或者财产不能变现等原因，无法清偿债务；<br>（2）法定代表人下落不明且无其他人员负责管理财产，无法清偿债务；<br>（3）经人民法院强制执行，无法清偿债务；<br>（4）长期亏损且经营扭亏困难，无法清偿债务；<br>（5）导致债务人丧失清偿能力的其他情形。<br>2. 存在上述情形之一，即可认定其明显缺乏清偿能力。 |

## 二、破产案件的申请

| 债权人申请 | 1. 债务人不能清偿到期债务，债权人可以向法院申请重整、破产清算。<br>2. 提出破产申请的债权人的请求权必须具有以下条件：<br>（1）须为具有给付内容的请求权；<br>（2）须为法律上可强制执行的请求权；<br>（3）须为已到期的请求权。 |
| --- | --- |
| 债务人申请 | 债务人具备破产原因的，可以向法院申请破产清算、重整、和解。 |
| 清算责任人申请 | 企业法人已解散但未清算或者未清算完毕，资产不足以清偿债务的，依法负有清算责任的人应当向人民法院申请破产清算。 |

## 三、破产案件的受理

| 法律意义 | 1. 受理是破产程序开始的标志。<br>2. 不予受理的裁定可以上诉。<br>3. 裁定受理的同时指定管理人。 |
| --- | --- |
| 法律效果 | 1. 债务人对个别债权人的债务清偿无效。<br>2. 债务人的债务人或者财产持有人应当向管理人清偿债务或者交付财产。 |

续　表

| | |
|---|---|
| | 3. 待履行合同处理：<br>（1）管理人对破产申请受理前成立而债务人和对方当事人均未履行完毕的合同有权决定解除或者继续履行，并通知对方当事人。<br>（2）管理人自破产申请受理之日起2个月内未通知对方当事人，或者自收到对方当事人催告之日起30日内未答复的，视为解除合同。<br>（3）管理人决定继续履行合同的，对方当事人应当履行；但是，对方当事人有权要求管理人提供担保。管理人不提供担保的，视为解除合同。 |
| | 4. 保全解除和执行中止。 |
| | 5. 已经开始而尚未终结的有关债务人的民事诉讼或者仲裁应当中止；在管理人接管债务人的财产后，该诉讼或者仲裁继续进行。 |
| | 6. 人民法院受理破产申请后，有关债务人的民事诉讼，只能向受理破产申请的人民法院提起。 |
| | 7. 债务人的相关人员的义务：协助义务，信息提供义务，人身自由受一定限制，不新任董监高。 |

## 四、管理人

知识体系图

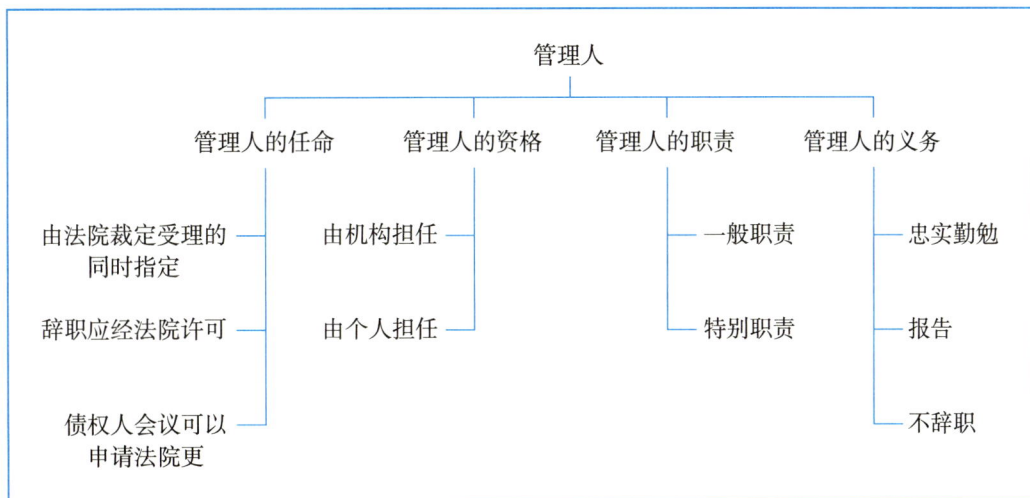

| 选任机关 | 指定 | 法院指定。 |
|---|---|---|
| | 更换 | 债权人会议可以申请法院更换。 |
| | 报酬 | 法院确定。 |
| | 辞职 | 法院许可。 |
| 管理人重要权利义务 | | 1. 向法院报告工作（不是接受法院指导工作）；<br>2. 受债权人会议和债权人委员会监督；<br>3. 列席债权人会议并报告职务执行情况并回答询问；<br>4. 代表债务人参加诉讼、仲裁等法律程序。 |

续　表

| 需向债权人委员会报告事项 | |
| --- | --- |
| 1.重大财产处分4项 | （1）不动产转让。<br>（2）矿产、知识产权转让。<br>（3）债权与有价证券转让。<br>（4）对债权人有重大利益财产处分。 |
| 2.重大营业决定3项 | （1）第一次债权人会议前，决定继续或停止营业。<br>（2）全部库存或营业转让。<br>（3）履行未履行合同。 |
| 3.债权债务处理3项 | （1）借款、设定担保。<br>（2）放弃权利。<br>（3）担保物取回。 |
| 管理人的资格 | （1）由机构担任管理人。<br>（2）由个人担任管理人。<br>（3）不得担任管理人的情形。有下列情形之一的，不得担任管理人：<br>①因故意犯罪受过刑事处罚；<br>②曾被吊销相关专业执业证书；<br>③与本案有利害关系；<br>④人民法院认为不宜担任管理人的其他情形。 |

## 总　结

### 1.破产申请

| 申请权 | 1.债务人可以申请和解、重整或破产清算。 |
| --- | --- |
| | 2.债权人可以申请重整或破产清算。 |

### 2.破产受理

| 意义 | 1.受理是破产程序开始的标志。 | |
| --- | --- | --- |
| | 2.不予受理的裁定可以上诉。 | |
| | 3.裁定受理的同时指定管理人。 | |
| 效果 | 1.债务人对个别债权人的债务清偿无效。 | |
| | 2.债务人的债务人或者财产持有人应当向管理人清偿债务或者交付财产。 | |
| | 3.待履行合同处理 | 管理人有权决定解除或者继续履行，并通知对方当事人。 |
| | 4.保全解除和执行中止。 | |
| | 5.已经开始而尚未终结的有关债务人的民事诉讼或者仲裁应当中止。 | |

# 第二节　债务人财产

知识体系图

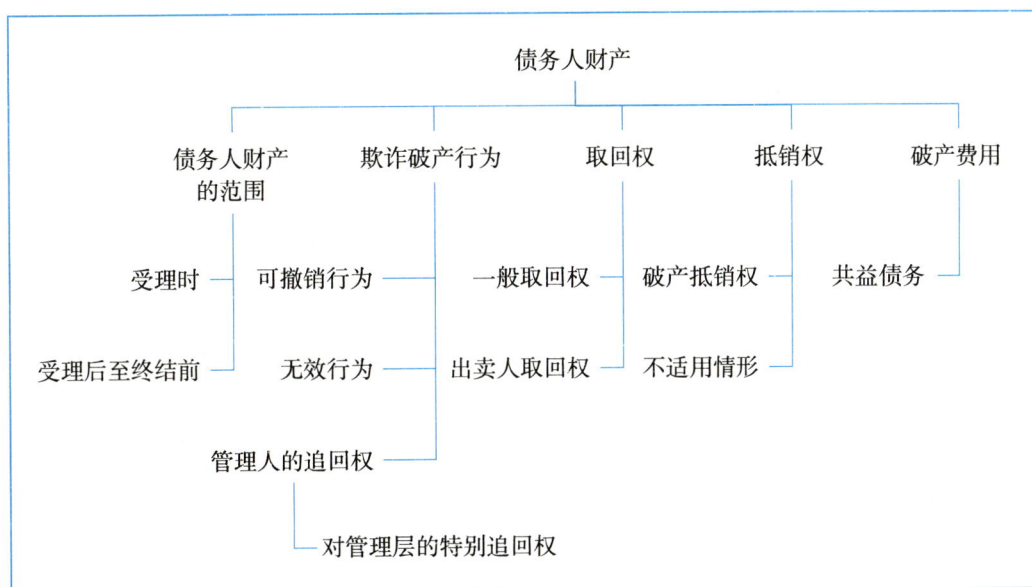

## 一、债务人财产的范围

| 属于债务人财产的范围 | |
| --- | --- |
| 1. 一般性范围 | （1）破产受理时，属于债务人所有的财产。 |
| | （2）破产受理后至破产终结前取得的财产。 |
| | （3）财产可以是债权、物权或设定了担保物权的财产。 |
| 2. 特殊性范围：管理人可追回的债务人财产 | （1）可由法院撤销的债务人财产行为：<br>①受理破产前1年内的财产行为：<br>无偿转让；明显不合理的价格进行交易；为没有财产担保的债务，提供担保；未到期债务清偿；放弃债权。<br>②受理破产前6个月内的财产行为：<br>6个月内已有资不抵债或无法清偿到期债务情形，仍对个别债权人清偿。<br>【注意】但清偿行为使债务人财产受益的除外。 |
| | （2）无效的债务人财产行为：<br>隐匿、转移财产、虚构债务或承认不真实债务。 |
| | （3）股东未履行的出资：人民法院受理破产申请后，债务人的出资人尚未完全履行出资义务的，管理人应当要求该出资人缴纳所认缴的出资，而不受出资期限的限制。 |
| | （4）董监高非正当收入和侵占财产。 |

续　表

| 需从债务人财产中扣除的范围 | |
|---|---|
| 财产权利人取回权 | （1）第三人所有财产：债务人占有不属于债务人的财产，权利人可以取回。 |
| | （2）出卖人在途标的物：<br>①受理破产申请时，出卖人已将买卖标的物向债务人发运，债务人未收到且未付清全部价款，出卖人可以取回在途标的物。<br>②但管理人可以支付全部价款，请求交付标的物。 |
| 合法抵销权 | 债权人在破产受理前对债务人负有债务，可以主张抵销。 |
| 不合法抵销 | 1. 债务人的债务人是在破产受理后，取得第三人对债务人的债权。 |
| | 2. 债权人已知破产申请或不能清偿，仍对债务人负担债务。 |
| | 3. 债务人的债务人已知破产申请或不能清偿，仍对债务人取得债权。 |
| | 前述 2、3 如有法律规定或在 1 年前发生者除外。 |

**经典问答：应该在什么时候行使取回权？**

行使取回权，应当在破产财产变价方案或者和解协议、重整计划草案提交债权人会议表决前向管理人提出。权利人在上述期限后主张取回相关财产的，应当承担延迟行使取回权增加的相关费用。

## 二、取回权

| | |
|---|---|
| 一般取回权 | 1. 肯定（可以取回）：<br>人民法院受理破产申请后，债务人占有的不属于债务人的财产，该财产的权利人可以通过管理人取回。 |
| | 2. 否定（不得取回）：<br>债务人重整期间，权利人要求取回债务人合法占有的权利人的财产，不符合双方事先约定条件的，人民法院不予支持。 |
| | 3. 否定之否定（可以取回）：<br>但是，因管理人或者自行管理的债务人违反约定，可能导致取回物被转让、毁损、灭失或者价值明显减少的除外。 |
| 出卖人取回权 | 1. 肯定（可以取回）：<br>人民法院受理破产申请时，出卖人已将买卖标的物向作为买受人的债务人发运，债务人尚未收到且未付清全部价款的，出卖人可以取回在运途中的标的物。 |
| | 2. 否定（不得取回）：<br>但是，管理人可以支付全部价款，请求出卖人交付标的物。 |
| | 3. 肯定（可以取回）：<br>出卖人通过通知承运人或者实际占有人中止运输等方式，对在运途中标的物主张了取回权但未能实现，或者在货物未达管理人前已向管理人主张取回在运途中标的物，在买卖标的物到达管理人后，出卖人向管理人主张取回的，管理人应予准许。 |
| | 4. 否定（不得取回）：<br>出卖人对在运途中标的物未及时行使取回权，在买卖标的物到达管理人后向管理人行使在运途中标的物取回权的，管理人不应准许。 |

**经典考题**：2014 年 6 月经法院受理，甲公司进入破产程序。现查明，甲公司所占有的一台精密仪器，实为乙公司委托甲公司承运而交付给甲公司的。关于乙公司的取回权，下列哪一表述是错误的？（2014 年·卷三·31 题·单选）①

　　A. 取回权的行使，应在破产财产变价方案或和解协议、重整计划草案提交债权人会议表决之前

　　B. 乙公司未在规定期限内行使取回权，则其取回权即归于消灭

　　C. 管理人否认乙公司的取回权时，乙公司可以诉讼方式主张其权利

　　D. 乙公司未支付相关运输、保管等费用时，保管人可拒绝其取回该仪器

## 三、破产费用和共益债务

| | |
|---|---|
| 破产费用 | 人民法院受理破产申请后发生的下列费用，为破产费用：<br>1. 破产案件的诉讼费用；<br>2. 管理、变价和分配债务人财产的费用；<br>3. 管理人执行职务的费用、报酬和聘用工作人员的费用。 |
| 共益债务 | 人民法院受理破产申请后发生的下列债务，为共益债务：<br>1. 因管理人或者债务人请求对方当事人履行双方均未履行完毕的合同所产生的债务；<br>2. 债务人财产受无因管理所产生的债务；<br>3. 因债务人不当得利所产生的债务；<br>4. 为债务人继续营业而应支付的劳动报酬和社会保险费用以及由此产生的其他债务；<br>5. 管理人或者相关人员执行职务致人损害所产生的债务；<br>6. 债务人财产致人损害所产生的债务。 |
| | 债务人占有的他人财产被违法转让给第三人：<br>发生在受理前：普通债权。<br>发生在受理后：共益债务。 |
| 清偿 | 1. 破产费用和共益债务由债务人财产随时清偿。<br>2. 债务人财产不足以清偿所有破产费用和共益债务的，先行清偿破产费用。<br>3. 债务人财产不足以清偿所有破产费用或者共益债务的，按照比例清偿。<br>4. 债务人财产不足以清偿破产费用的，管理人应当提请人民法院终结破产程序。 |

① 【答案】B。根据《破产法解释（二）》第 26 条，行使取回权，应当在破产财产变价方案或者和解协议、重整计划草案提交债权人会议表决前向管理人提出。权利人在上述期限后主张取回相关财产的，应当承担延迟行使取回权增加的相关费用。因此 A 选项正确。乙公司未在规定期限内行使取回权，应当承担延迟行使取回权增加的相关费用，而不是取回权归于消灭，因此 B 选项错误。根据《破产法解释（二）》第 27 条第 1 款："权利人依据企业破产法第三十八条的规定向管理人主张取回相关财产，管理人不予认可，权利人以债务人为被告向人民法院提起诉讼请求行使取回权的，人民法院应予受理。"因此 C 选项正确。根据《破产法解释（二）》第 28 条："权利人行使取回权时未依法向管理人支付相关的加工费、保管费、托运费、委托费、代销费等费用，管理人拒绝其取回相关财产的，人民法院应予支持。"因此 D 选项正确。【错误原因】本题考查取回权。行使取回权，应当在破产财产变价方案或者和解协议、重整计划草案提交债权人会议表决前向管理人提出，但延迟行使取回权，取回权并未消灭。本题错误原因主要是对相关法律制度理解不准确，对于"取回权"等规则理解不到位。

## 总　结

### 1. 债务人财产

| 追回权 | （1）可由法院撤销的债务人财产行为；<br>（2）无效的债务人财产行为；<br>（3）股东未履行的出资；<br>（4）董监高非正当收入和侵占财产。 |
|---|---|
| 取回权 | （1）第三人所有财产：债务人占有不属于债务人的财产，权利人可以取回。<br>（2）出卖人在途标的物：受理破产申请时，出卖人已将买卖标的物向债务人发运，债务人未收到且未付清全部价款，出卖人可以取回在途标的物。 |

### 2. 破产费用和共益债务

| 清偿规则 | （1）债务人财产不足以清偿所有破产费用和共益债务的，先行清偿破产费用。<br>（2）债务人财产不足以清偿所有破产费用或者共益债务的，按照比例清偿。 |
|---|---|

# 第三节　债权申报

知识体系图

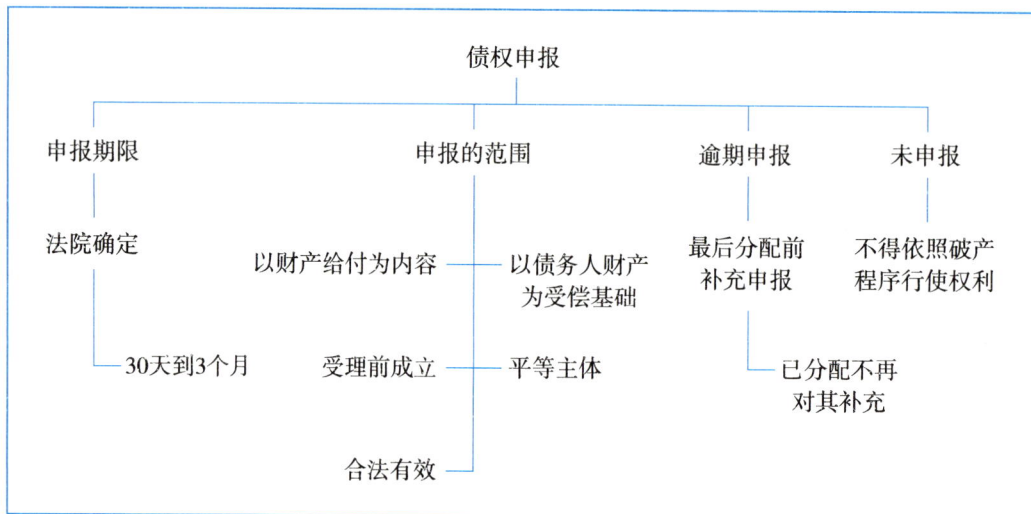

| 申报期限 | 法院确定，公告起计算，30 天到 3 个月。 |
|---|---|
| 债权申报的审查 | 1. 管理人审查，编制债权表，债务人和债权人有异议的可以起诉。<br>2. 可以申报的债权特点：<br>（1）须为以财产给付为内容的；<br>（2）须为以债务人财产为受偿基础的请求权；<br>（3）须为法院受理前成立的债权；<br>（4）须为平等主体之间的债权；<br>（5）须为合法有效的债权。 |

续 表

| | |
|---|---|
| 债权申报的特别情形 | 1. 未到期的债权，在破产申请受理时视为到期。附利息的债权自破产申请受理时起停止计息。 |
| | 2. 附条件、附期限的债权和诉讼、仲裁未决的债权，债权人可以申报。 |
| | 3. 职工债权不必申报，由管理人调查后列出清单并予以公示。 |
| | 4. 连带债权人可以由其中一人代表全体连带债权人申报债权，也可以共同申报债权。 |
| | 5. 债务人的保证人或者其他连带债务人已经代替债务人清偿债务的，以其对债务人的求偿权申报债权。<br>债务人的保证人或者其他连带债务人尚未代替债务人清偿债务的，以其对债务人的将来求偿权申报债权，但是，债权人已经向管理人申报全部债权的除外。 |
| | 6. 连带债务人数人被裁定适用破产程序的，其债权人有权就全部债权分别在各破产案件中申报债权。 |
| | 7. 管理人或者债务人解除合同的，对方当事人以因合同解除所产生的损害赔偿请求权申报债权。 |
| | 8. 债务人是委托合同的委托人，被裁定适用破产程序，受托人不知该事实，继续处理委托事务的，受托人以由此产生的请求权申报债权。 |
| | 9. 债务人是票据的出票人，被裁定适用破产程序，该票据的付款人继续付款或者承兑的，付款人以由此产生的请求权申报债权。 |

**经典考题：**A公司因经营不善，资产已不足以清偿全部债务，经申请进入破产还债程序。关于破产债权的申报，下列哪些表述是正确的？（2015年·卷三·73题·多选）①

A. 甲对A公司的债权虽未到期，仍可以申报

B. 乙对A公司的债权因附有条件，故不能申报

C. 丙对A公司的债权虽然诉讼未决，但丙仍可以申报

D. 职工丁对A公司的伤残补助请求权，应予以申报

---

① 【答案】AC。根据《企业破产法》第46条第1款的规定："未到期的债权，在破产申请受理时视为到期。"因此A选项正确。根据《企业破产法》第47条的规定："附条件、附期限的债权和诉讼、仲裁未决的债权，债权人可以申报。"因此B选项错误，C选项正确。根据《企业破产法》第48条第2款的规定："债务人所欠职工的工资和医疗、伤残补助、抚恤费用，所欠的应当划入职工个人账户的基本养老保险、基本医疗保险费用，以及法律、行政法规规定应当支付给职工的补偿金，不必申报，由管理人调查后列出清单并予以公示。职工对清单记载有异议的，可以要求管理人更正；管理人不予更正的，职工可以向人民法院提起诉讼。"因此D选项错误。【错误原因】本题考查债权申报规则。本题错误原因主要是对相关法律制度理解不准确，对于"原则与例外"等规则理解不到位。

**总　结**

1. 债权申报

| 申报期限 | 法院确定，公告起计算，30 天到 3 个月。 |
|---|---|
| 特别情形 | （1）未到期的债权，在破产申请受理时视为到期。附利息的债权自破产申请受理时起停止计息。 |
| | （2）附条件、附期限的债权和诉讼、仲裁未决的债权，债权人可以申报。 |
| | （3）职工债权不必申报。 |

2. 逾期申报和未申报：

（1）可以在破产财产最后分配前补充申报，但此前已经进行的分配不再对其补充分配。

（2）未申报的不得依照破产程序行使权利。

# 第四节　债权人会议

知识体系图

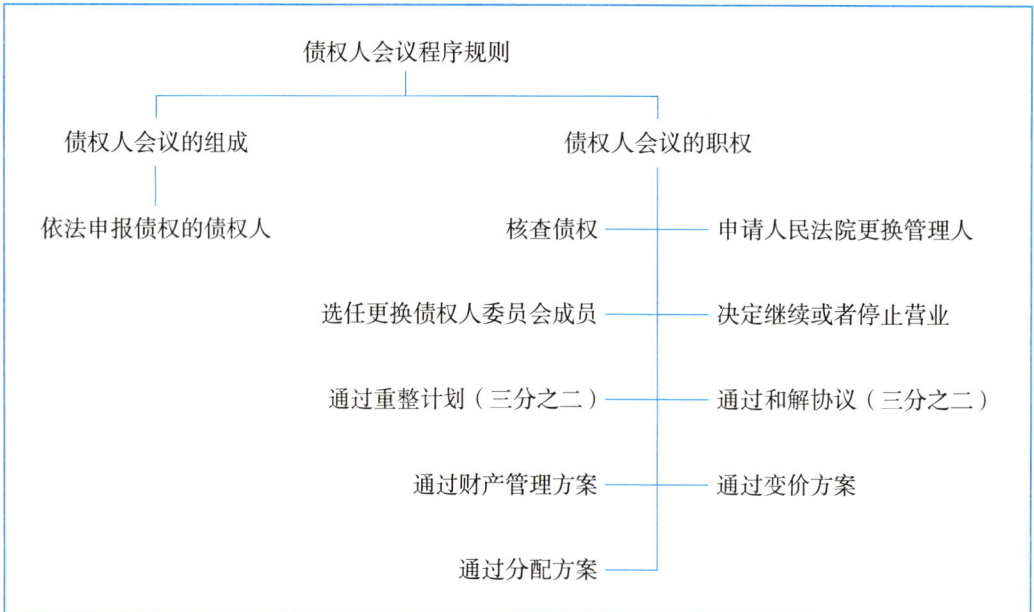

| 债权人会议的表决 | 1. 对债务人的特定财产享有担保权的债权人，未放弃优先受偿权利的，对于本法第 61 条第 1 款第 7 项、第 10 项规定的事项不享有表决权。（通过和解协议、通过破产财产的分配方案） |
|---|---|
| | 2. 债权人会议的决议，由出席会议的有表决权的债权人过半数通过，并且其所代表的债权额占无财产担保债权总额的 1/2 以上。但是，本法另有规定的除外。这里所说的"另有规定"，是指《企业破产法》第 84 条关于通过重整计划的规定和第 97 条关于通过和解协议草案的规定。 |

续　表

| 债权人委员会 | 债权人会议可以决定设立债权人委员会。债权人委员会由债权人会议选任的债权人代表和一名债务人的职工代表或者工会代表组成。债权人委员会成员不得超过 9 人。债权人委员会成员应当经人民法院书面决定认可。 |
|---|---|
| 债权人会议的职权 | 核查债权；申请人民法院更换管理人；审查管理人的费用和报酬；监督管理人；选任和更换债权人委员会成员；决定继续或者停止债务人的营业；通过重整计划；通过和解协议；通过债务人财产的管理方案；通过破产财的变价方案；通过破产财产的分配方案；人民法院认为应当由债权人会议行使的其他职权。 |

## 总　结

1. 依法申报债权的债权人为债权人会议的成员，有权参加债权人会议，享有表决权。

2. 债权尚未确定的债权人，除人民法院能够为其行使表决权而临时确定债权额的外，不得行使表决权。

3. 债权人会议的决议，对于全体债权人均有约束力。

# 第五节　重整程序

知识体系图

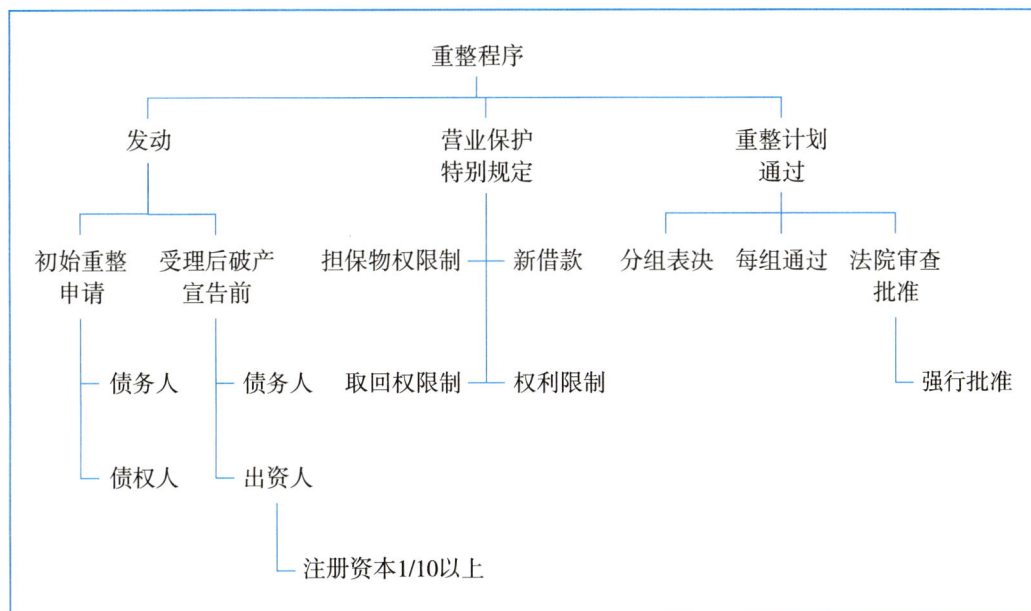

| 重整期间的财产管理 | 自人民法院裁定债务人重整之日起至重整程序终止，为重整期间。 |
| --- | --- |
| | 1. 管理人监督下的债务人自行管理。 |
| | 2. 管理人负责及债务人参与的管理。 |
| 重整期间营业保护 | 1. 对债务人的特定财产享有的担保权暂停行使。 |
| | 2. 债务人或者管理人为继续营业而借款的，可以为该借款设定担保。 |
| | 3. 取回权受到限制。债务人合法占有的他人财产，该财产的权利人在重整期间要求取回的，应当符合事先约定的条件。 |
| | 4. 债务人的出资人不得请求投资收益分配。 |
| | 5. 债务人的董事、监事、高级管理人员不得向第三人转让其持有的债务人的股权。但是，经人民法院同意的除外。 |
| 重整程序的提前终止 | 1. 继续重整存在重大障碍：<br>（1）债务人的经营状况和财产状况继续恶化，缺乏挽救的可能性；<br>（2）债务人有欺诈、恶意减少债务人财产或者其他显著不利于债权人的行为；<br>（3）由于债务人的行为致使管理人无法执行职务。 |
| | 2. 未按时提交重整计划草案。 |
| 重整计划 | 1. 重整计划的制定：<br>（1）债务人自行管理财产和营业事务的，由债务人制作重整计划草案。<br>（2）管理人负责管理财产和营业事务的，由管理人制作重整计划草案。 |
| | 2. 重整计划的表决通过：<br>（1）分组表决。有担保债权组、职工债权组、税收债权组、普通债权组。涉及出资人权益的，应设出资人组表决。<br>（2）每组都通过，重整计划通过。<br>（3）每一组内，出席会议的同一表决组的债权人过半数同意重整计划草案，并且其所代表的债权额占该组债权总额的 2/3 以上的，即为该组通过重整计划草案。 |
| | 3. 重整计划的批准：<br>（1）法院对通过的重整计划的审查批准。<br>（2）强行批准。 |
| | 4. 重整计划的执行：<br>（1）重整计划由债务人负责执行。由管理人监督重整计划的执行。<br>（2）人民法院裁定批准重整计划后，已接管财产和营业事务的管理人应当向债务人移交财产和营业事务。 |
| | 5. 重整计划的终止：<br>（1）重整计划因执行不能而终止。<br>（2）重整计划因执行完毕而终止。 |

经典考题：2017 年 3 月，甲公司因资不抵债进入破产重整程序，乙公司对甲公司享有 100 万元到期债权，但乙公司在债权申报期间并未申报债权。2018 年 1 月，甲公司重整计划执行完毕，全体普通债权人的清偿比例为 45%。下列说法正确的是：（2018 年回

忆版·卷二·多选）①

A. 对乙公司的债权，甲公司无须承担偿还义务

B. 对乙公司的债权，参考甲公司重整方案，按同类债权等比例清偿

C. 乙公司的债权由甲公司全额清偿

D. 重整方案对乙公司具有法律效力

## 总　结

### 1. 重整计划

| 通过 | 每一组内，出席会议的同一表决组的债权人过半数同意重整计划草案；并且其所代表的债权额占该组债权总额的 2/3 以上的，即为该组通过重整计划草案。 |
| --- | --- |
| 生效 | （1）法院对通过的重整计划的审查批准。<br>（2）强行批准。 |
| 执行 | （1）重整计划由债务人负责执行。<br>（2）由管理人监督重整计划的执行。 |

2. 初始重整申请：破产案件受理前的初始重整申请，可以由债务人或债权人提出。

3. 后续重整申请：破产案件受理后、破产宣告前，债务人或者出资额占债务人注册资本 1/10 以上的出资人，可以向人民法院申请重整。

# 第六节　和解程序

## 知识体系图

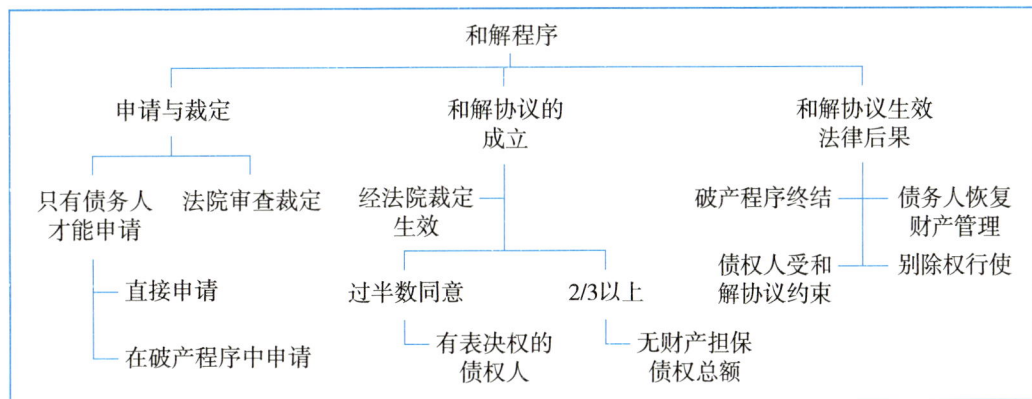

① 【答案】BD。根据《企业破产法》第 92 条第 2 款，债权人未依照规定申报债权的，在重整计划执行期间不得行使权利；在重整计划执行完毕后，可以按照重整计划规定的同类债权的清偿条件行使权利，A、C 项错误，B 项正确。根据《企业破产法》第 92 条第 1 款，经人民法院裁定批准的重整计划，对债务人和全体债权人均有约束力，D 项正确。【错误原因】本题考查重整法律制度中的未申报债权清偿规则。本题错误原因主要是对相关法律制度理解不准确，对于"未申报法律后果"等规则理解不到位。

| 和解程序的申请和裁定 | 1. 申请：只有债务人才能申请，可以直接申请，也可以在破产程序中申请。 |
| | 2. 法院审查裁定。人民法院经审查认为和解申请符合本法规定的，应当裁定和解，予以公告，并召集债权人会议讨论和解协议草案。债务人在申请和解时必须提交和解协议草案。 |
| 和解协议的成立和生效 | 1. 和解协议的成立。债权人会议通过和解协议草案的决议，符合"由出席会议的有表决权的债权人的过半数同意，并且其所代表的债权额占无财产担保债权总额的 2/3 以上"的条件时，即达成和解协议。 |
| | 2. 和解协议的生效。债务人和债权人达成和解协议，必须经人民法院裁定认可方能生效。这样有利于保护债权人合法权益和维护程序公正。 |
| 和解协议执行完毕的法律后果 | 按照和解协议减免的债务，自和解协议执行完毕时起，债务人不再承担清偿责任。 |
| 债务人不能执行或者不执行和解协议 | 1. 人民法院经和解债权人请求，应当裁定终止和解协议的执行，并宣告债务人破产。 |
| | 2. 人民法院裁定终止和解协议执行的，和解债权人在和解协议中作出的债权调整的承诺失去效力。 |
| | 3. 和解债权人因执行和解协议所受的清偿仍然有效，和解债权未受清偿的部分作为破产债权。 |

**经典问答：和解协议生效的法律后果是什么？**

1. 和解程序终结和债务人恢复财产管理。

2. 全体和解债权人受和解协议约束。

3. 对债务人的特定财产享有担保权的权利人，自人民法院裁定和解之日起可以行使权利。

## 总　结

1. 债务人可以依照本法规定，直接向人民法院申请和解；也可以在人民法院受理破产申请后、宣告债务人破产前，向人民法院申请和解。

2. 债务人申请和解，应当提出和解协议草案。

3. 只能是债务人申请和解。

# 第七节　破产清算程序

知识体系图

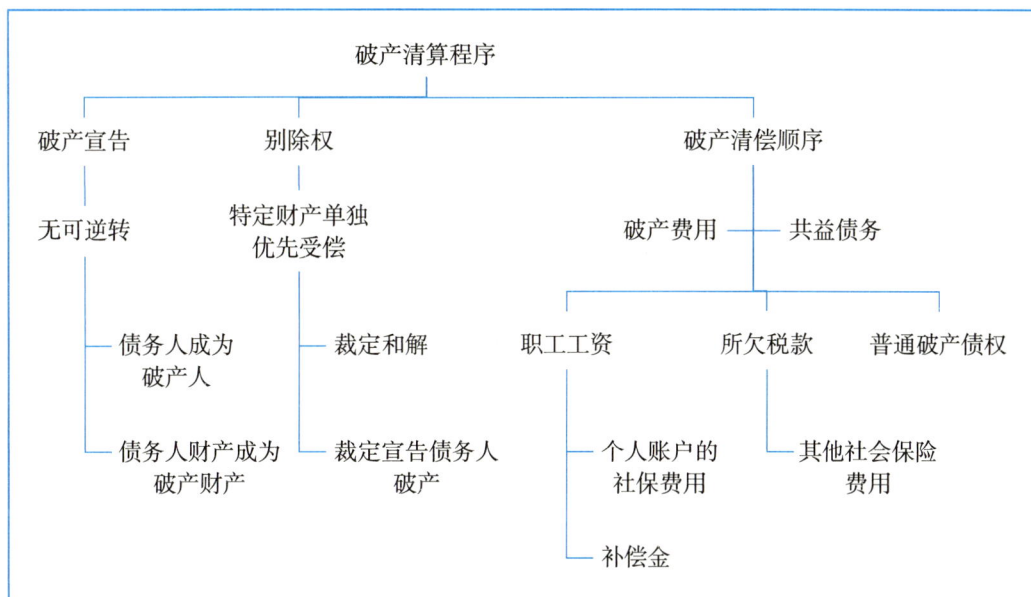

## 一、破产宣告

| 概念 | 破产宣告是法院对债务人具有破产原因的事实作出有法律效力的认定。 |
|---|---|
| 效果 | 1. 无可逆转地进入破产清算程序。 |
| | 2. 对债务人产生以下几项效果：债务人成为破产人；债务人财产成为破产财产；债务人丧失对财产和事务的管理权。 |
| | 3. 债权人只能依破产程序接受清偿：未到期的债权视为到期；有财产担保的债权人可以随时由担保物清偿；无担保债权人依破产分配方案获得清偿。 |
| | 4. 破产宣告前，有下列情形之一的，人民法院应当裁定终结破产程序，并予以公告：第三人为债务人提供足额担保或者为债务人清偿全部到期债务的；债务人已清偿全部到期债务的。 |

## 二、破产清偿

| 别除权 | 1. 原则：对特定财产享有担保权的权利人，对特定财产享有优先受偿权利。 |
|---|---|
| | 2. 例外：行使优先受偿权未能完全受偿的，其未受偿的债权转为"普通债权"，列入破产债权中。 |
| 清偿顺序 | 1. 职工工资和医疗、伤残补助、抚恤费用。 |
| | 2. 欠缴除前项以外的社会保险费用和破产人所欠税款。 |
| | 3. 普通债权。 |

### 三、三大程序申请与转化

| 申请 | 1. 债务人可以申请和解、重整或破产清算。 | |
| :-- | :-- | :-- |
| | 2. 债权人可以申请重整或破产清算。 | |
| 转化 | 1. 债权人申请破产清算的案件→债务人可以申请和解 | 在破产宣告前。 |
| | 2. 债权人申请破产清算的案件→债务人可以申请重整 | |
| | 3. 债权人申请破产清算的案件→出资人可以申请重整 | |
| | 4. 和解失败→经破产宣告转入破产清算程序 | 一旦经破产宣告进入破产清算程序，则不得转入和解或重整程序。 |
| | 5. 重整失败→经破产宣告转入破产清算程序 | |

### 总　结

1. 破产人的保证人或其他连带债务人，在破产程序终结后，对债权人未受清偿的债权，继续承担清偿责任。

2. 其他法律规定企业法人以外的组织的清算，属于破产清算的，参照适用破产法规定的程序。

# 第八节　最高人民法院关于适用
# 《中华人民共和国企业破产法》若干问题的规定（三）

| 破产费用 | 人民法院裁定受理破产申请的，此前债务人尚未支付的公司强制清算费用、未终结的执行程序中产生的评估费、公告费、保管费等执行费用，可以参照企业破产法关于破产费用的规定，由债务人财产随时清偿。 |
| :-- | :-- |
| 继续借款 | 破产申请受理后，经债权人会议决议通过，或者第一次债权人会议召开前经人民法院许可，管理人或者自行管理的债务人可以为债务人继续营业而借款。 |
| 保证人破产 | 保证人被裁定进入破产程序的，债权人有权申报其对保证人的保证债权。 |
| | 债务人、保证人均被裁定进入破产程序的，债权人有权向债务人、保证人分别申报债权。 |
| 债权人申请撤销 | 债权人会议的决议具有以下情形之一，损害债权人利益，债权人申请撤销的，人民法院应予支持：<br>（1）债权人会议的召开违反法定程序；<br>（2）债权人会议的表决违反法定程序；<br>（3）债权人会议的决议内容违法；<br>（4）债权人会议的决议超出债权人会议的职权范围。 |
| | 人民法院可以裁定撤销全部或者部分事项决议，责令债权人会议依法重新作出决议。 |
| | 债权人申请撤销债权人会议决议的，应当提出书面申请。债权人会议采取通信、网络投票等非现场方式进行表决的，债权人申请撤销的期限自债权人收到通知之日起算。 |

**总 结**

1. 强制清算费用、执行费用，可以由债务人财产随时清偿。

2. 管理人或者自行管理的债务人可以为借款设定抵押担保。

# 专题六　票据法

## 知识体系图

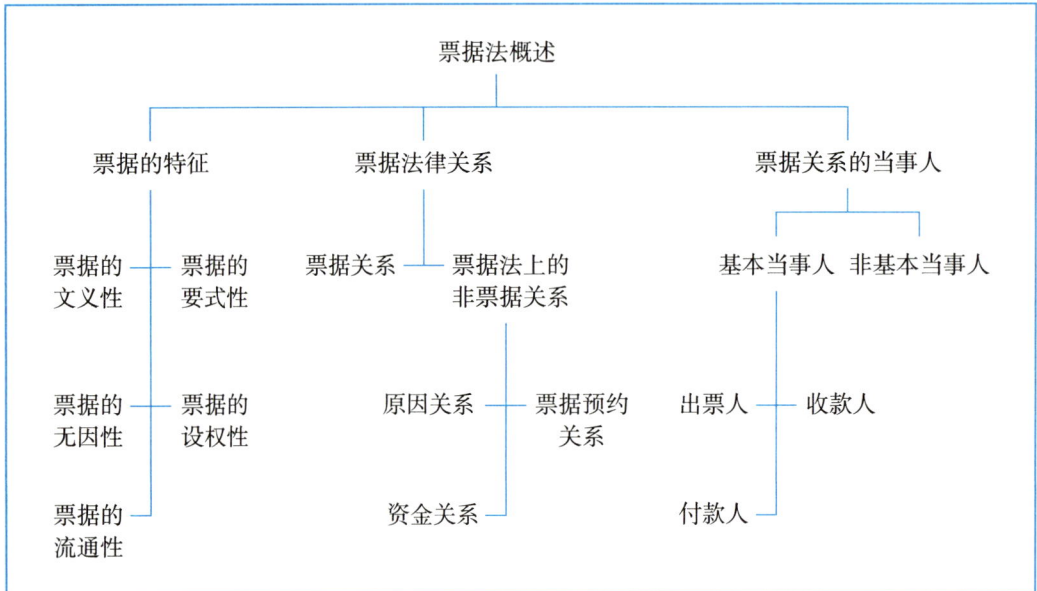

## 命题点拨

　　本专题内容包括票据法概述、票据权利和票据行为、票据补救、三大票据等。命题重点是票据行为、票据补救等。要理解票据的特征、票据的种类、票据法律关系等基本理论问题。

# 第一节　票据权利和票据行为

## 一、票据法概述

| 功能 | 票据的功能：汇兑功能，支付功能，信用功能，结算功能，融资功能。 |
| --- | --- |
| 特征 | 票据的特征：无因性，要式性，设权性，流通性，文义性，独立性。 |
| | 1.票据无因性原则是指权利人享有票据权利只以持有符合《票据法》规定的有效票据为必要，至于票据赖以发生的原因则在所不问，即使原因关系无效或存在瑕疵，也不影响票据的效力。 |

续 表

| | 2. 票据独立性原则是指同一票据所为的若干票据行为互不牵连，都分别以各行为人在票据上记载的内容，独立地发生效力。在先票据行为无效，不影响后续票据行为的效力；某一票据行为无效，不影响其他票据行为的效力。 |
|---|---|

**经典问答：什么是票据法定主义？**

各国票据立法对票据的种类均采用法定主义，由票据法对票据的种类作出明确的、封闭性的规定，不允许有法律规定以外的票据存在。我国票据法上的票据仅指汇票、本票和支票。

**经典问答：票据基础关系包括哪些？**

票据基础关系包括票据原因关系、票据预约关系、票据资金关系等。

## 二、票据权利和票据行为

知识体系图

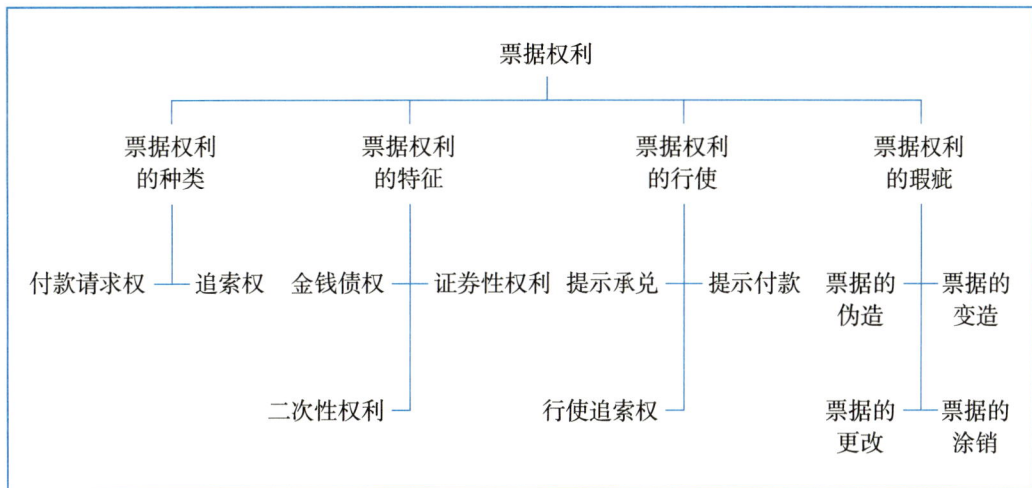

### （一）票据权利

| | |
|---|---|
| 种类 | 1. 票据权利是持票人向票据债务人请求支付票据金额的权利，包括付款请求权和追索权。 |
| | 2. 二者关系是：<br>（1）对象不同。<br>（2）条件不同。<br>（3）金额不同。<br>（4）消灭时效期间不同。 |
| 特征 | 1. 票据权利是一种金钱债权。 |
| | 2. 票据权利是证券性权利。 |
| | 3. 票据权利是一种二次性权利。 |
| 取得 | 原始取得与继受取得。 |

续　表

| | |
|---|---|
| 时效 | 1.持票人对票据的出票人和承兑人的权利，自票据到期日起2年。见票即付的汇票、本票，自出票日起2年。 |
| | 2.持票人对支票出票人的权利，自出票日起6个月。 |
| | 3.持票人对前手的追索权，自被拒绝承兑或被拒绝付款之日起6个月。 |
| | 4.持票人对前手的再追索权，自清偿日或被提起诉讼之日起3个月。 |
| 变造 | 票据金额被变造的，在变造之前签章的人，对原记载事项负责；在变造之后签章的人，对变造之后的记载事项负责；不能辨别是在被变造之前或之后签章的，视同在变造之前签章。 |
| 更改 | 票据金额、日期、收款人名称任何人不得更改，更改会导致票据无效。 |
| 抗辩 | 对物抗辩，是指因票据本身所存在的事由而发生的抗辩。 |
| | 对人抗辩，票据债务人可以对不履行约定义务的与自己有**直接债权债务关系**的持票人进行抗辩。 |

**经典考题：** 甲公司为清偿对乙公司的欠款，开出一张收款人是乙公司财务部长李某的汇票。李某不慎将汇票丢失，王某拾得后在汇票上伪造了李某的签章，并将汇票背书转让给外地的丙公司，用来支付购买丙公司电缆的货款，王某收到电缆后转卖得款，之后不知所踪。关于本案，下列哪些说法是正确的？（2016年·卷三·74题·多选）[①]

A. 甲公司应当承担票据责任

B. 李某不承担票据责任

C. 王某应当承担票据责任

D. 丙公司应当享有票据权利

**（二）票据行为**

| | |
|---|---|
| 出票 | 出票是指出票人签发票据并将其交付收款人的票据行为。 |
| | 它是最基本的票据行为，其他票据行为必须在出票行为的基础上才能进行。 |
| 背书 | 背书是指持票人将票据权利转让给他人或者将一定的票据权利授予他人行使的票据行为。 |
| | 持票人依背书连续证明自己的合法持票人身份。 |

---

① **【答案】** ABD。《票据法》第4条第1款规定："票据出票人制作票据，应当按照法定条件在票据上签章，并按照所记载的事项承担票据责任。"甲公司是票据的出票人应承担票据责任，A选项正确。《票据法》第14条第1、2款规定："票据上的记载事项应当真实，不得伪造、变造。伪造、变造票据上的签章和其他记载事项的，应当承担法律责任。票据上有伪造、变造的签章的，不影响票据上其他真实签章的效力。"李某的签章被王某伪造，不是其真实签章，不承担票据责任，B选项正确。王某伪造签章应当承担相应法律责任，但非票据责任，C选项错误。《票据法》第12条规定："以欺诈、偷盗或者胁迫等手段取得票据的，或者明知有前列情形，出于恶意取得票据的，不得享有票据权利。持票人因重大过失取得不符合本法规定的票据的，也不得享有票据权利。"丙公司不具有重大过失，应享有票据权利，D选项正确。**【错误原因】** 本题考查票据责任、票据权利等法律规则。本题错误原因主要是对相关法律制度理解不准确，对于"票据责任"等规则理解不到位。

续 表

| 承兑 | 承兑是指汇票付款人承诺在汇票到期日支付汇票金额的票据行为。 |
| | 汇票上的付款人一经承兑，就必须承担无条件的、绝对的付款责任。 |
| 保证 | 保证是指行为人对特定票据债务人的票据债务承担连带责任的票据行为。 |

## 总 结

1. 无民事行为能力人或者限制民事行为能力人在票据上签章的，其签章无效，但是不影响其他签章的效力。

2. 汇票包括出票、背书、承兑、保证；本票包括出票、背书、保证；支票包括出票和背书。

# 第二节 票据补救

| 措施 | 1. 挂失止付。<br>（1）挂失止付的提起人为失票人。<br>（2）挂失止付的相对人为丧失的票据上记载的付款人。<br>（3）挂失止付的效力：付款人暂停付款（临时补救措施）。如果其仍对票据进行付款，则无论善意与否，都应该承担赔偿责任。<br>票据本身并不因挂失止付而无效，失票人的票据责任并不因此免除，失票人的票据权利也不能因挂失止付得到最终的恢复。<br>它不是公示催告程序和诉讼程序的必经程序。 |
| | 2. 公示催告。<br>（1）公示催告的申请人：有权提出公示催告的申请人应为票据的合法权利人，包括票据上所载的收款人、能够以背书连续证明自己合法持票人身份的被背书人，也包括遗失票据的出票人。<br>（2）公示催告的终结：有人主张权利的，法院裁定终结公示催告程序，通过民事诉讼解决；无人主张权利的，法院判决，宣告票据无效，终结公示催告，自该判决作出之日起，申请人就有权依该判决，行使其付款请求权和追索权。 |
| | 3. 提起诉讼。 |

经典考题：甲公司为支付向乙公司采购商品的款项，向乙公司开具一张金额为100万元的银行承兑汇票，并向丙银行办理了承兑。2018年6月乙又将该票据背书给丁公司，2018年7月丁公司办公楼失火，该张票据被烧毁灭失，仅剩其留档复印件。甲公司、乙公司均在该复印件上签章，以证明彼此间的交易情况。关于本案，下列哪一说法是正确

的？（2018年回忆版·卷二·单选）①

A. 丙银行有权拒付

B. 丁公司向丙银行出具票据复印件提示付款，丙银行应当无条件付款

C. 丁公司可凭票据复印件向乙公司主张票据权利

D. 丁公司可凭票据复印件向甲公司主张票据权利

## 总　结

1. 票据的丧失与补救是指在票据权利人因某种原因丧失对票据的实际占有，使票据权利的行使遭到一定障碍时，为使权利人的票据权利能够实现，而对其提供的特别的法律救济。

2. 包括挂失止付、公示催告和提起诉讼。

# 第三节　汇票

## 一、汇票的概念与特征

| 汇票的概念 | 汇票是出票人签发的，委托付款人在见票时或者在指定日期无条件支付确定的金额给收款人或者持票人的票据。 |
|---|---|
| 基本当事人 | 汇票关系中有三个基本当事人：出票人、付款人和收款人。其中出票人和付款人为票据义务人，收款人为票据权利人。 |
| 分类 | 汇票分为银行汇票和商业汇票。 |
| 汇票的特征 | 1. 汇票是委托他人进行支付的票据。汇票的出票人仅仅是签发票据的人，不是票据的付款人，其必须另行委托付款人支付票据金额。所以说汇票是委托证券，而非自付证券。 |
| | 2. 汇票通常都需要由付款人进行承兑，以确认其愿意承担绝对的付款义务。在付款人未承兑时，汇票上所载的付款人并无绝对的付款义务。 |
| | 3. 汇票是在见票时或者指定的到期日无条件支付给持票人一定金额的票据。汇票不以见票即付为限，许多汇票都有一定的到期日，体现了汇票的信用功能。 |
| | 4. 汇票对于当事人特别是出票人和付款人，没有特别的限制。既可以是银行，也可以是公司、企业或个人。 |

① 【答案】A。根据《票据法》第15条，失票人应当在通知挂失止付后3日内，也可以在票据丧失后，依法向人民法院申请公示催告，或者向人民法院提起诉讼。针对复印件，丙银行、甲公司、乙公司均有权拒付，法理依据为对物抗辩，A项正确，B、C、D项错误。因此D选项正确，不应选。【错误原因】本题考查票据权利补救。本题错误原因主要是对相关法律制度理解不准确，对于"外观主义"等规则理解不到位。

## 二、出票

| 概念 | 是指出票人签发票据并将其交付给收款人的票据行为，也称为发票、开票、票据发行。当出票人按照法律规定的形式做成票据并将其交付收款人时，出票行为即完成。 |
|---|---|
| 法定记载事项 | 1.汇票的法定记载事项：<br>（1）表明"汇票"的字样；<br>（2）无条件支付的委托；<br>（3）确定的金额；<br>（4）付款人名称；<br>（5）收款人名称；<br>（6）出票日期；<br>（7）出票人签章。 |
| | 2.汇票上未记载付款日期的，视为见票即付，付款人在持票人提示票据时，即应履行付款责任。 |
| | 3.汇票上未记载付款地的，以付款人的营业场所、住所或者经常居住地为付款地。 |
| | 4.汇票上未记载出票地的，以出票人的营业场所、住所或者经常居住地为出票地。 |

## 三、背书

| 概念 | 所谓背书是指持票人在票据的背面或者粘单上记载有关事项，完成签章，并将其交付相对人，从而将票据权利转让给他人或者将一定的票据权利授予他人行使的票据行为。 |
|---|---|
| 记载事项 | 背书应当由背书人签章并记载背书日期。<br>1.如果未记载背书日期，视为在汇票到期日前背书。<br>2.背书也必须记载被背书人名称。 |
| 限制情形 | 1.背书转让无须经票据债务人同意。背书转让的转让人不退出票据关系。背书转让具有更强的转让效力。 |
| | 2.背书转让的限制情形：<br>（1）出票人的限制背书。汇票的出票人在票据上记载"不得转让"字样，汇票不得转让。票据持有人背书转让的，背书行为无效。<br>（2）背书人的限制背书。背书人可以在票据上记载"不得转让"字样，如果其后手再背书转让的，原背书人对后手的被背书人不承担保证责任。<br>（3）回头背书。回头背书具有一般背书的效力，并不因被背书人是先前的票据债务人而使该票据权利归于消灭。<br>（4）附条件背书。背书不得附有条件，背书时附条件的，所附条件不具有汇票上的效力。<br>（5）分别背书和部分背书。将汇票金额的一部分转让的背书或将汇票金额分别转让给二人以上的背书无效。<br>（6）期后背书。期后背书应当属于无效背书，不能发生一般背书的效力，而只具有通常的债权转让的效力。但期后背书的背书人仍须承担票据责任。 |

## 四、承兑

| 概念 | 是指汇票付款人承诺在汇票到期日支付汇票金额的票据行为。<br>1.见票即付的汇票无须承兑。<br>2.汇票未按规定期限提示承兑的，持票人丧失对其前手的追索权。 |
|---|---|
| 分析 | 1.承兑是汇票特有的一种制度。因为汇票的出票人在出票时，是委托他人（付款人）代替其支付票据金额，而该付款人在出票时并未在票上签章，并非票据债务人，无当然的支付义务。<br>2.为使票据法律关系得以确定，就需要确认付款人能否进行付款，于是就设计了汇票的承兑制度。 |
| 原则 | 承兑的一般原则：<br>1.自由承兑原则。<br>2.完全承兑原则。<br>3.单纯承兑原则。 |
| 提示承兑 | 1.汇票未按规定期限提示承兑的，持票人丧失对其前手的追索权。可见，提示承兑的效力，主要表现在追索权的保全上。<br>2.见票即付的汇票无须承兑。因为该种汇票不具备信用功能，只是作为支付和汇兑的工具而存在。持票人请求付款一旦遭到拒绝，即可行使追索权。 |

## 五、保证

| 概念 | 汇票保证是指汇票债务人以外的第三人，担保特定的票据债务人能够履行票据债务的票据行为。当被担保的票据债务人不能履行票据义务时，保证人承担向票据权利人支付款项的义务。 |
|---|---|
| 规则 | 1.汇票保证的成立：<br>（1）保证人未在票据或者粘单上记载"保证"文句而是另行签订保证合同或者保证条款的，不构成票据保证。<br>（2）保证不得附有条件；保证附有条件的，不影响对汇票的保证责任。<br>2.被保证人的确定：<br>（1）保证人未记载被保证人名称的，已承兑的汇票，承兑人为被保证人；<br>（2）未承兑的汇票，出票人为被保证人。<br>3.保证人的责任：<br>（1）保证人的责任是连带责任。<br>（2）在保证人为二人以上时，保证人之间亦须承担连带责任。<br>4.保证人的代位权：保证人清偿汇票债务后，可以行使持票人对被保证人及其前手的追索权。 |

**经典问答：汇票保证与民法典上的保证担保有哪些的不同？**

汇票保证是一种担保法律关系，属于保证担保方式，但其与民法典上的保证担保有较大的不同，其成立、生效、保证性质、担保范围等适用票据法的规定，而不适用担保法的规定。

## 六、付款

| | |
|---|---|
| 提示付款人 | 合法持票人。 |
| 付款程序 | 1. 付款人必须在当日足额付款。 |
| | 2. 付款人及其代理付款人付款时，应当审查汇票背书的连续。 |
| | 3. 审查提示付款人的合法身份证明或者有效证件。 |
| 付款损失的承担 | 1. 付款人负有形式审查义务，对于错付可以善意免责。<br>根据我国票据法的规定，付款人在进行付款时，只需对所提示的票据进行形式审查，并无实质审查义务。付款人在履行法定审查义务后进行的付款是有效付款，即使发生错付，亦可善意免责。 |
| | 2. 但在下列情况下，付款人须承担付款的损失：<br>（1）付款人或代理付款人以恶意或者重大过失付款的，如因恶意或重大过失欠缺对提示付款人的合法身份证明或有效证件的审查；<br>（2）欠缺对票据记载事项的审查包括绝对必要记载事项是否完备、背书是否连续等的审查；<br>（3）对在公示催告期间的票据进行付款的；<br>（4）收到止付通知后进行付款的；<br>（5）对定日付款、出票后定期付款或者见票后定期付款的汇票，付款人在到期日前付款的，发生错付的。 |

## 七、汇票的追索权

| | |
|---|---|
| 追索对象 | 出票人、背书人、其他债务人（如：保证人） |
| 行使追索权要件 | 出示被拒绝承兑或付款的拒绝证明或其他有关证明。<br>1. 人民法院出具的宣告承兑人、付款人失踪或者死亡的证明、法律文书；<br>2. 公安机关出具的承兑人、付款人逃匿或者下落不明的证明；<br>3. 医院或者有关单位出具的承兑人、付款人死亡的证明；<br>4. 公证机构出具的具有拒绝证明效力的文书。 |
| 追索权丧失 | 持票人不能出示相关证明，丧失对前手追索权，但承兑人、付款人仍应承担责任。 |
| 被追索人责任及权利 | 1. 连带付款责任。<br>2. 清偿后即取得持票人的同一权利（向其他票据债务人追索）。 |
| 期前追索 | 1. 被拒绝承兑。<br>2. 承兑人或付款人死亡、逃匿。<br>3. 承兑人或付款人被宣告破产，或被责令终止业务活动。 |
| 追索权限制 | 1. 持票人为出票人，对其前手无追索权。因为出票人为持票人，同为债权人与债务人，因此对其前手均无追索权。<br>2. 持票人为背书人，对其后手无追索权。因为背书人为持票人，对其后手而言，同为债权人与债务人，因此对其后手无追索权。 |

## 总　结

1. 汇票背书

| 出票人的限制背书 | 汇票的出票人在票据上记载"不得转让"字样，汇票不得转让。 |
| --- | --- |
| 背书人的限制背书 | 背书人可以在票据上记载"不得转让"字样，如果其后手再背书转让的，原背书人对后手的被背书人不承担保证责任。 |
| 附条件背书 | 背书不得附有条件，背书时附条件的，所附条件不具有汇票上的效力。 |

2. 汇票对于当事人特别是出票人和付款人，没有特别的限制。

3. 出票作为一种票据法律行为，一经完成就产生了票据上的权利义务关系，即票据债权债务关系，对票据上的当事人均产生一定的影响。

4. 追索权是指持票人在提示承兑或者提示付款，而未获承兑或未获付款时，依法向其前手请求偿还票据金额及其他金额的权利。

# 第四节　本票和支票

知识体系图

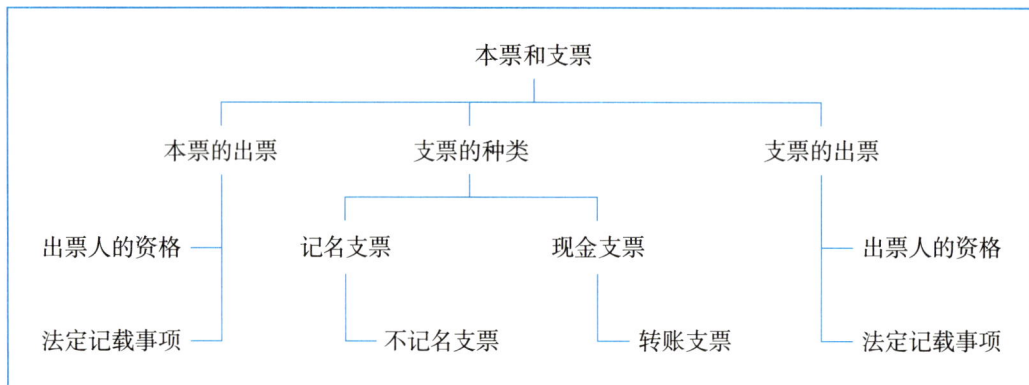

## 一、本票

| 本票是出票人签发的，承诺自己在见票时无条件支付确定金额给收款人或者持票人的票据。 | |
| --- | --- |
| 1. 自付证券 | 本票是自付证券，它是由出票人自己对收款人支付并承担绝对付款责任的票据。这是本票和汇票、支票最重要的区别。 |
| 2. 基本当事人只有出票人和收款人 | 债权债务关系相对简单。 |
| 3. 无须承兑 | 本票在很多方面可以适用汇票法律制度。但是由于本票是由出票人本人承担付款责任，无须委托他人付款，所以，本票无须承兑就能保证付款。 |
| 4. 只有银行本票，只有即期本票。 | |

## 二、支票

支票是出票人签发的，委托办理支票存款业务的银行或者其他金融机构在见票时无条件支付确定的金额给收款人或者持票人的票据。

| 1.限制 | （1）票据法对支票付款人的资格有严格限制，仅限于银行或其他金融机构，不能是其他法人或自然人。 |
| --- | --- |
| | （2）超过其实有存款金额的，为空头支票，禁止签发空头支票。 |
| 2.分类 | （1）以支票上权利人的记载方式为标准，可以分为记名支票、无记名支票和指示支票。 |
| | （2）我国承认无记名支票。<br>我国票据法未将支票的收款人名称作为法定绝对必要记载事项，支票上未记载收款人名称的，经出票人授权，可以补记。 |
| | （3）出票人可以在支票上记载自己为收款人。金额、收款人可以授权补记，未补记前不得使用。 |
| 3.支票是见票即付的票据 | 支票的持票人应当在出票日起 10 日内提示付款。 |
| | 超过付款提示期限的，付款人可以拒绝付款。 |
| | 出票人仍应对持票人承担票据责任，支付票据所载金额。 |

### 总　结

1.支票中专门用于支取现金的，可以另行制作现金支票，现金支票只能用于支取现金。
2.支票的出票人所签发的支票金额不得超过其付款时在付款人处实有的存款金额。
3.支票限于见票即付，不得另行记载付款日期。另行记载付款日期的，该记载无效。
4.支票上未记载收款人名称的，经出票人授权，可以补记。

# 专题七　证券法

知识体系图

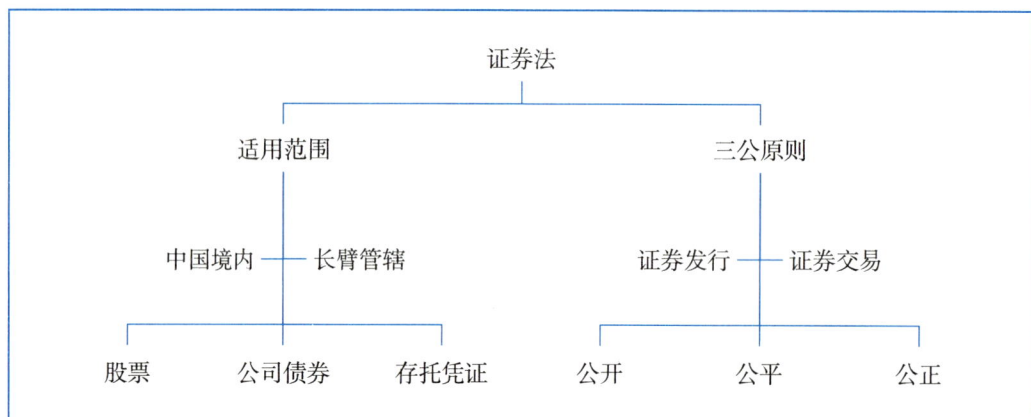

## 命题点拨

本专题内容包括证券发行、上市、交易、收购等。命题重点是股票发行条件、收购制度等。要理解证券发行与交易的市场流程、各种制度之间的相互关系，以及证券监管部门的职能和作用。

# 第一节　总则与证券发行

## 一、总则

| | |
|---|---|
| 适用范围 | 在中华人民共和国境内，股票、公司债券、存托凭证和国务院依法认定的其他证券的发行和交易，适用本法；本法未规定的，适用《公司法》和其他法律、行政法规的规定。 |
| | 政府债券、证券投资基金份额的上市交易，适用本法；其他法律、行政法规另有规定的，适用其规定。 |
| | 资产支持证券、资产管理产品发行、交易的管理办法，由国务院依照本法的原则规定。 |
| | 在中华人民共和国境外的证券发行和交易活动，扰乱中华人民共和国境内市场秩序，损害境内投资者合法权益的，依照本法有关规定处理并追究法律责任。 |
| 三公原则 | 证券的发行、交易活动，必须遵循公开、公平、公正的原则。 |
| 分业原则 | 证券业和银行业、信托业、保险业实行分业经营、分业管理，证券公司与银行、信托、保险业务机构分别设立。国家另有规定的除外。 |

## 二、证券发行

| | |
|---|---|
| 注册制 | 公开发行证券，必须符合法律、行政法规规定的条件，并依法报经国务院证券监督管理机构或者国务院授权的部门注册。未经依法注册，任何单位和个人不得公开发行证券。证券发行注册制的具体范围、实施步骤，由国务院规定。 |
| 公开发行 | 有下列情形之一的，为公开发行：<br>（1）向不特定对象发行证券；<br>（2）向特定对象发行证券累计超过200人，但依法实施员工持股计划的员工人数不计算在内；<br>（3）法律、行政法规规定的其他发行行为。 |
| | 非公开发行证券，不得采用广告、公开劝诱和变相公开方式。 |
| 保荐人 | 发行人申请公开发行股票、可转换为股票的公司债券，依法采取承销方式的，或者公开发行法律、行政法规规定实行保荐制度的其他证券的，应当聘请证券公司担任保荐人。 |
| | 保荐人应当遵守业务规则和行业规范，诚实守信，勤勉尽责，对发行人的申请文件和信息披露资料进行审慎核查，督导发行人规范运作。 |
| 首次公开发行新股条件 | 公司首次公开发行新股，应当符合下列条件：<br>（1）具备健全且运行良好的组织机构；<br>（2）具有持续经营能力；<br>（3）最近三年财务会计报告被出具无保留意见审计报告；<br>（4）发行人及其控股股东、实际控制人最近三年不存在贪污、贿赂、侵占财产、挪用财产或者破坏社会主义市场经济秩序的刑事犯罪；<br>（5）经国务院批准的国务院证券监督管理机构规定的其他条件。 |
| 公开发行公司债券条件 | 公开发行公司债券，应当符合下列条件：<br>（1）具备健全且运行良好的组织机构；<br>（2）最近三年平均可分配利润足以支付公司债券一年的利息；<br>（3）国务院规定的其他条件。 |
| 连带责任 | 国务院证券监督管理机构或者国务院授权的部门对已作出的证券发行注册的决定，发现不符合法定条件或者法定程序，尚未发行证券的，应当予以撤销，停止发行。已经发行尚未上市的，撤销发行注册决定，发行人应当按照发行价并加算银行同期存款利息返还证券持有人；发行人的控股股东、实际控制人以及保荐人，应当与发行人承担连带责任，但是能够证明自己没有过错的除外。 |
| 回购责任 | 股票的发行人在招股说明书等证券发行文件中隐瞒重要事实或者编造重大虚假内容，已经发行并上市的，国务院证券监督管理机构可以责令发行人回购证券，或者责令负有责任的控股股东、实际控制人买回证券。 |
| 风险责任 | 股票依法发行后，发行人经营与收益的变化，由发行人自行负责；由此变化引致的投资风险，由投资者自行负责。 |
| 发行失败 | 股票发行采用代销方式，代销期限届满，向投资者出售的股票数量未达到拟公开发行股票数量70%的，为发行失败。发行人应当按照发行价并加算银行同期存款利息返还股票认购人。 |
| 备案 | 公开发行股票，代销、包销期限届满，发行人应当在规定的期限内将股票发行情况报国务院证券监督管理机构备案。 |

**总　结**

发行人的控股股东、实际控制人以及保荐人，应当与发行人承担连带责任，但是能够证明自己没有过错的除外。

# 第二节　证券交易与证券上市

## 一、证券交易

| 交易场所 | 公开发行的证券，应当在依法设立的证券交易所上市交易或者在国务院批准的其他全国性证券交易场所交易。 |
|---|---|
| | 非公开发行的证券，可以在证券交易所、国务院批准的其他全国性证券交易场所、按照国务院规定设立的区域性股权市场转让。 |
| 交易禁止 | 证券交易场所、证券公司和证券登记结算机构的从业人员，证券监督管理机构的工作人员以及法律、行政法规规定禁止参与股票交易的其他人员，在任期或者法定限期内，不得直接或者以化名、借他人名义持有、买卖股票或者其他具有股权性质的证券，也不得收受他人赠送的股票或者其他具有股权性质的证券。 |
| | 任何人在成为前款所列人员时，其原已持有的股票或者其他具有股权性质的证券，必须依法转让。 |
| 交易限制 | 为证券发行出具审计报告或者法律意见书等文件的证券服务机构和人员，在该证券承销期内和期满后 6 个月内，不得买卖该证券。 |
| | 除前款规定外，为发行人及其控股股东、实际控制人，或者收购人、重大资产交易方出具审计报告或者法律意见书等文件的证券服务机构和人员，自接受委托之日起至上述文件公开后 5 日内，不得买卖该证券。 |
| 归入权 | 上市公司、股票在国务院批准的其他全国性证券交易场所交易的公司持有 5% 以上股份的股东、董事、监事、高级管理人员，将其持有的该公司的股票或者其他具有股权性质的证券在买入后 6 个月内卖出，或者在卖出后 6 个月内又买入，由此所得收益归该公司所有，公司董事会应当收回其所得收益。 |

## 二、证券上市

| 上市程序 | 申请证券上市交易，应当向证券交易所提出申请，由证券交易所依法审核同意，并由双方签订上市协议。 |
|---|---|
| | 证券交易所根据国务院授权的部门的决定安排政府债券上市交易。 |
| 终止上市 | 上市交易的证券，有证券交易所规定的终止上市情形的，由证券交易所按照业务规则终止其上市交易。 |
| | 证券交易所决定终止证券上市交易的，应当及时公告，并报国务院证券监督管理机构备案。 |

## 三、禁止的交易行为

| | |
|---|---|
| 内幕交易 | 禁止证券交易内幕信息的知情人和非法获取内幕信息的人利用内幕信息从事证券交易活动。 |
| | 证券交易活动中，涉及发行人的经营、财务或者对该发行人证券的市场价格有重大影响的尚未公开的信息，为内幕信息。 |
| | 证券交易内幕信息的知情人和非法获取内幕信息的人，在内幕信息公开前，不得买卖该公司的证券，或者泄露该信息，或者建议他人买卖该证券。 |
| | 内幕交易行为给投资者造成损失的，应当依法承担赔偿责任。 |
| 操纵证券市场 | 禁止任何人以下列手段操纵证券市场，影响或者意图影响证券交易价格或者证券交易量：<br>（1）单独或者通过合谋，集中资金优势、持股优势或者利用信息优势联合或者连续买卖；<br>（2）与他人串通，以事先约定的时间、价格和方式相互进行证券交易；<br>（3）在自己实际控制的账户之间进行证券交易；<br>（4）不以成交为目的，频繁或者大量申报并撤销申报；<br>（5）利用虚假或者不确定的重大信息，诱导投资者进行证券交易；<br>（6）对证券、发行人公开作出评价、预测或者投资建议，并进行反向证券交易；<br>（7）利用在其他相关市场的活动操纵证券市场；<br>（8）操纵证券市场的其他手段。 |
| | 操纵证券市场行为给投资者造成损失的，应当依法承担赔偿责任。 |
| 编造、传播虚假信息 | 禁止任何单位和个人编造、传播虚假信息或者误导性信息，扰乱证券市场。 |
| | 编造、传播虚假信息或者误导性信息，扰乱证券市场，给投资者造成损失的，应当依法承担赔偿责任。 |
| 损害客户利益 | 禁止证券公司及其从业人员从事下列损害客户利益的行为：<br>（1）违背客户的委托为其买卖证券；<br>（2）不在规定时间内向客户提供交易的确认文件；<br>（3）未经客户的委托，擅自为客户买卖证券，或者假借客户的名义买卖证券；<br>（4）为牟取佣金收入，诱使客户进行不必要的证券买卖；<br>（5）其他违背客户真实意思表示，损害客户利益的行为。 |
| | 违反前款规定给客户造成损失的，应当依法承担赔偿责任。 |

### 总　结

| | |
|---|---|
| 归入权 | 上市公司持有5%以上股份的股东、董事、监事、高级管理人员，将其持有的该公司的股票在买入后6个月内卖出，或者在卖出后6个月内又买入，由此所得收益归该公司所有，公司董事会应当收回其所得收益。 |

续　表

| 内幕交易 | 证券交易内幕信息的知情人和非法获取内幕信息的人，在内幕信息公开前，不得买卖该公司的证券，或者泄露该信息，或者建议他人买卖该证券。 |
| | 内幕交易行为给投资者造成损失的，应当依法承担赔偿责任。 |
| 操纵市场 | 禁止任何人操纵证券市场，影响或者意图影响证券交易价格或者证券交易量。 |
| | 操纵证券市场行为给投资者造成损失的，应当依法承担赔偿责任。 |
| 虚假信息 | 禁止任何单位和个人编造、传播虚假信息或者误导性信息，扰乱证券市场。 |
| | 给投资者造成损失的，应当依法承担赔偿责任。 |

# 第三节　上市公司的收购

| 收购方式 | 投资者可以采取要约收购、协议收购及其他合法方式收购上市公司。 |
| 告知义务 | 通过证券交易所的证券交易，投资者持有或者通过协议、其他安排与他人共同持有一个上市公司已发行的有表决权股份达到 5% 时，应当在该事实发生之日起 3 日内，向国务院证券监督管理机构、证券交易所作出书面报告，通知该上市公司，并予公告，在上述期限内不得再行买卖该上市公司的股票，但国务院证券监督管理机构规定的情形除外。 |
| 要约收购 | 通过证券交易所的证券交易，投资者持有或者通过协议、其他安排与他人共同持有一个上市公司已发行的有表决权股份达到 30% 时，继续进行收购的，应当依法向该上市公司所有股东发出收购上市公司全部或者部分股份的要约。 |
| | 收购要约约定的收购期限不得少于 30 日，并不得超过 60 日。 |
| 协议收购 | 采取协议收购方式的，收购人可以依照法律、行政法规的规定同被收购公司的股东以协议方式进行股份转让。 |
| | 以协议方式收购上市公司时，达成协议后，收购人必须在 3 日内将该收购协议向国务院证券监督管理机构及证券交易所作出书面报告，并予公告。 |
| | 在公告前不得履行收购协议。 |
| 转让限制 | 在上市公司收购中，收购人持有的被收购的上市公司的股票，在收购行为完成后的 18 个月内不得转让。 |

### 总　结

　　违反规定买入上市公司有表决权的股份的，在买入后的 36 个月内，对该超过规定比例部分的股份不得行使表决权。

# 第四节　信息披露

| | |
|---|---|
| 定期报告 | 上市公司、公司债券上市交易的公司、股票在国务院批准的其他全国性证券交易场所交易的公司，应当按照国务院证券监督管理机构和证券交易场所规定的内容和格式编制定期报告，并按照以下规定报送和公告：<br>（1）在每一会计年度结束之日起 4 个月内，报送并公告年度报告，其中的年度财务会计报告应当经符合本法规定的会计师事务所审计；<br>（2）在每一会计年度的上半年结束之日起 2 个月内，报送并公告中期报告。 |
| 临时报告 | 发生可能对上市公司、股票在国务院批准的其他全国性证券交易场所交易的公司的股票交易价格产生较大影响的重大事件，投资者尚未得知时，公司应当立即将有关该重大事件的情况向国务院证券监督管理机构和证券交易场所报送临时报告，并予公告，说明事件的起因、目前的状态和可能产生的法律后果。 |
| 连带责任 | 信息披露义务人未按照规定披露信息，或者公告的证券发行文件、定期报告、临时报告及其他信息披露资料存在虚假记载、误导性陈述或者重大遗漏，致使投资者在证券交易中遭受损失的，信息披露义务人应当承担赔偿责任；发行人的控股股东、实际控制人、董事、监事、高级管理人员和其他直接责任人员以及保荐人、承销的证券公司及其直接责任人员，应当与发行人承担连带赔偿责任，但是能够证明自己没有过错的除外。 |

### 总　结

| | |
|---|---|
| 披露原则 | 发行人及法律、行政法规和国务院证券监督管理机构规定的其他信息披露义务人，应当及时依法履行信息披露义务。 |
| | 信息披露义务人披露的信息，应当真实、准确、完整，简明清晰，通俗易懂，不得有虚假记载、误导性陈述或者重大遗漏。 |
| | 证券同时在境内境外公开发行、交易的，其信息披露义务人在境外披露的信息，应当在境内同时披露。 |

# 第五节　投资者保护

## 一、投资者保护制度

| | |
|---|---|
| 投资者分类 | 根据财产状况、金融资产状况、投资知识和经验、专业能力等因素，投资者可以分为普通投资者和专业投资者。专业投资者的标准由国务院证券监督管理机构规定。 |
| 征集人 | 上市公司董事会、独立董事、持有 1% 以上有表决权股份的股东或者投资者保护机构，可以作为征集人，自行或者委托证券公司、证券服务机构，公开请求上市公司股东委托其代为出席股东大会，并代为行使提案权、表决权等股东权利。 |

续　表

| | |
|---|---|
| | 依照前款规定征集股东权利的，征集人应当披露征集文件，上市公司应当予以配合。 |
| | 禁止以有偿或者变相有偿的方式公开征集股东权利。 |
| **投资者保护机构** | 投资者与发行人、证券公司等发生纠纷的，双方可以向投资者保护机构申请调解。普通投资者与证券公司发生证券业务纠纷，普通投资者提出调解请求的，证券公司不得拒绝。 |
| | 投资者保护机构对损害投资者利益的行为，可以依法支持投资者向人民法院提起诉讼。 |
| | 发行人的董事、监事、高级管理人员执行公司职务时违反法律、行政法规或者公司章程的规定给公司造成损失，发行人的控股股东、实际控制人等侵犯公司合法权益给公司造成损失，投资者保护机构持有该公司股份，可以为公司的利益以自己的名义向人民法院提起诉讼，持股比例和持股期限不受《公司法》规定的限制。 |
| **代表人诉讼** | 投资者提起虚假陈述等证券民事赔偿诉讼时，诉讼标的是同一种类，且当事人一方人数众多的，可以依法推选代表人进行诉讼。 |
| | 投资者保护机构受 50 名以上投资者委托，可以作为代表人参加诉讼，并为经证券登记结算机构确认的权利人依照前款规定向人民法院登记，但投资者明确表示不愿意参加该诉讼的除外。 |

## 二、最高人民法院关于证券纠纷代表人诉讼若干问题的规定（法释〔2020〕5 号）

| | |
|---|---|
| **普通代表人诉讼** | 代表人应当符合以下条件：<br>（1）自愿担任代表人；<br>（2）拥有相当比例的利益诉求份额；<br>（3）本人或者其委托诉讼代理人具备一定的诉讼能力和专业经验；<br>（4）能忠实、勤勉地履行维护全体原告利益的职责。 |
| **特别代表人诉讼** | 投资者明确表示不愿意参加诉讼的，应当在公告期间届满后 15 日内向人民法院声明退出。未声明退出的，视为同意参加该代表人诉讼。<br>对于声明退出的投资者，人民法院不再将其登记为特别代表人诉讼的原告，该投资者可以另行起诉。 |
| | 投资者保护机构依据公告确定的权利人范围向证券登记结算机构调取的权利人名单，人民法院应当予以登记，列入代表人诉讼原告名单，并通知全体原告。 |
| | 诉讼过程中由于声明退出等原因导致明示授权投资者的数量不足 50 名的，不影响投资者保护机构的代表人资格。 |

## 总　结

| | |
|---|---|
| **征集人** | 征集股东权利的，征集人应当披露征集文件，上市公司应当予以配合。 |
| | 禁止以有偿或者变相有偿的方式公开征集股东权利。 |
| **代表诉讼** | 投资者保护机构持有该公司股份的，可以为公司的利益以自己的名义向人民法院提起股东代表诉讼，持股比例和持股期限不受《公司法》规定的限制。 |

续　表

| | |
|---|---|
| 集团诉讼 | 投资者保护机构受 50 名以上投资者委托，可以作为代表人参加诉讼，并为经证券登记结算机构确认的权利人依照前款规定向人民法院登记，但投资者明确表示不愿意参加该诉讼的除外。 |

# 第六节　证券机构

## 一、证券交易场所

| | |
|---|---|
| 国务院决定权 | 证券交易所、国务院批准的其他全国性证券交易场所为证券集中交易提供场所和设施，组织和监督证券交易，实行自律管理，依法登记，取得法人资格。 |
| 公共利益优先 | 证券交易所履行自律管理职能，应当遵守社会公共利益优先原则，维护市场的公平、有序、透明。 |

## 二、证券公司

| | |
|---|---|
| 实缴资本 | 证券公司的注册资本应当是实缴资本。 |
| 全权委托禁止 | 证券公司办理经纪业务，不得接受客户的全权委托而决定证券买卖、选择证券种类、决定买卖数量或者买卖价格。 |
| 保底承诺禁止 | 证券公司不得对客户证券买卖的收益或者赔偿证券买卖的损失作出承诺。 |

## 三、证券监督管理机构

| | |
|---|---|
| 举报奖励 | 对涉嫌证券违法、违规行为，任何单位和个人有权向国务院证券监督管理机构举报。 |
| | 对涉嫌重大违法、违规行为的实名举报线索经查证属实的，国务院证券监督管理机构按照规定给予举报人奖励。 |
| | 国务院证券监督管理机构应当对举报人的身份信息保密。 |
| 跨境监管 | 国务院证券监督管理机构可以和其他国家或者地区的证券监督管理机构建立监督管理合作机制，实施跨境监督管理。 |
| | 境外证券监督管理机构不得在中华人民共和国境内直接进行调查取证等活动。 |

**总　结**

1. 证券交易所、国务院批准的其他全国性证券交易场所的设立、变更和解散由国务院决定。

2. 国务院证券监督管理机构根据审慎监管原则和各项业务的风险程度，可以调整注册资本最低限额，但不得少于规定的限额。

# 第七节　法律责任

| 诚信档案 | 国务院证券监督管理机构依法将有关市场主体遵守本法的情况纳入证券市场诚信档案。 |
| --- | --- |
| 民事优先 | 违反本法规定，应当承担民事赔偿责任和缴纳罚款、罚金、违法所得，违法行为人的财产不足以支付的，优先用于承担民事赔偿责任。 |
| 市场禁入 | 违反法律、行政法规或者国务院证券监督管理机构的有关规定，情节严重的，国务院证券监督管理机构可以对有关责任人员采取证券市场禁入的措施。 |
| 救济措施 | 当事人对证券监督管理机构或者国务院授权的部门的处罚决定不服的，可以依法申请行政复议，或者依法直接向人民法院提起诉讼。 |

**经典问答：什么是证券市场禁入？**

证券市场禁入，是指在一定期限内直至终身不得从事证券业务、证券服务业务，不得担任证券发行人的董事、监事、高级管理人员，或者一定期限内不得在证券交易所、国务院批准的其他全国性证券交易场所交易证券的制度。

**总　结**

当事人对处罚决定不服的，可以依法申请行政复议，或者依法直接向人民法院提起诉讼。

# 第八节　证券投资基金

## 一、公开募集基金

| 募集方式 | 向不特定对象募集资金、向特定对象募集资金累计超过200人，以及法律、行政法规规定的其他情形。 |
| --- | --- |
| 基金财产的投资 | 1. 应当用于上市交易的股票、债券或者证监会规定的其他证券及其衍生品种； |
| | 2. 不得用于：<br>（1）承销证券；<br>（2）违反规定向他人贷款或者提供担保；<br>（3）从事承担无限责任的投资；<br>（4）买卖其他基金份额，但是国务院证券监督管理机构另有规定的除外；<br>（5）向基金管理人、基金托管人出资；<br>（6）从事内幕交易、操纵证券交易价格及其他不正当的证券交易活动。 |
| 基金份额持有人权利 | 1. 分享基金财产收益；<br>2. 参与分配清算后的剩余基金财产；<br>3. 依法转让或者申请赎回其持有的基金份额； |

| | 4. 按照规定要求召开基金份额持有人大会或者召集基金份额持有人大会； |
|---|---|
| | 5. 对基金份额持有人大会审议事项行使表决权； |
| | 6. 对基金管理人、基金托管人、基金服务机构损害其合法权益的行为依法提起诉讼； |
| | 7. 基金合同约定的其他权利。 |

## 二、非公开募集基金

| 募集方式 | 应当向合格投资者募集，合格投资者累计不得超过 200 人。非公开募集基金，不得向合格投资者之外的单位和个人募集资金。 |
|---|---|
| 基金财产的投资 | 非公开募集基金财产的证券投资，包括买卖公开发行的股份有限公司股票、债券、基金份额，以及国务院证券监督管理机构规定的其他证券及其衍生品种。 |
| 强制入会及备案 | 1. 担任非公开募集基金的基金管理人，应当按照规定向基金行业协会履行登记手续，报送基本情况。 |
| | 2. 非公开募集基金募集完毕，基金管理人应当向基金行业协会备案。 |
| | 3. 对募集的资金总额或者基金份额持有人的人数达到规定标准的基金，基金行业协会应当向国务院证券监督管理机构报告。 |
| 禁止公开宣传推介 | 不得通过报刊、电台、电视台、互联网等公众传播媒体或者讲座、报告会、分析会等方式向不特定对象宣传推介。 |

**经典问答：什么是合格投资者？**

合格投资者是指达到规定资产规模或者收入水平，并且具备相应的风险识别能力和风险承担能力、其基金份额认购金额不低于规定限额的单位和个人。

## 总　结

1. 公开募集基金的基金份额持有人有权查阅或者复制公开披露的基金信息资料；

2. 非公开募集基金的基金份额持有人对涉及自身利益的情况，有权查阅基金的财务会计账簿等财务资料。

# 专题八  保险法

## 知识体系图

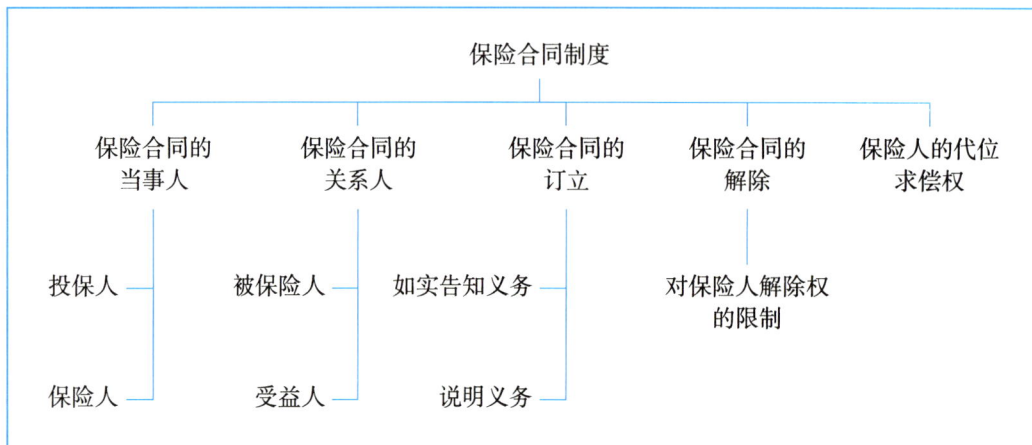

## 命题点拨

本专题内容包括保险法概述、人身保险制度、财产保险制度等。命题重点是保险法解释三、保险法解释四等。要理解保险法的基本原则及其在具体制度中的体现。

# 第一节  保险法概述

## 一、保险的基本理论

| | |
|---|---|
| **保险的要素** | 保险的要素是指保险得以成立的基本条件。它包括以下三个条件：<br>1. 危险的存在。"无危险则无保险"是保险理论中的信条。<br>2. 多数人参加保险。<br>3. 补偿或给付。 |
| **保险的特征** | 保险的特征体现在以下五个方面：<br>1. 保险的互助性；<br>2. 保险的补偿性；<br>3. 保险的射幸性；<br>4. 保险的自愿性；<br>5. 保险的储蓄性。 |

## 二、保险法的基本原则

| | |
|---|---|
| **最大诚信原则** | 1. 对投保人而言，诚信原则主要表现为应当承担的二项义务：<br>（1）是在订立保险合同时的如实告知义务；<br>（2）是履行保险合同时的信守保险义务。 |
| | 2. 对保险人而言，诚信原则也表现为其应当承担的二项义务：<br>（1）是在订立保险合同时将保险条款告知投保人的义务，特别是保险人的免责条款；<br>（2）是及时与全面支付保险金的义务。 |
| **保险利益原则** | 保险利益是指投保人或者被保险人对保险标的具有的法律上承认的利益。 |
| 公序良俗原则 | |
| 自愿原则 | |
| 近因原则 | 造成保险标的损害的主要的决定性的原因是近因。 |

## 三、保险利益

| | |
|---|---|
| **人身保险** | 1. 投保人必须在保险合同订立时对保险标的（即被保人的寿命及身体）具有保险利益。 |
| | 2. 投保人对下列人员有保险利益：<br>（1）本人。<br>（2）配偶、子女、父母。<br>（3）前项以外，与投保人有抚养、赡养或扶养关系的家庭其他成员、近亲属。<br>（4）与投保人有劳动关系的劳动者（受益人只能是劳动者本人或其近亲属）。<br>（5）被保人同意投保人为其订立合同的视为有保险利益。 |
| **财产保险** | 1. 被保人或投保人必须在保险事故发生时对保险标的（即财产利益及责任）具有保险利益。 |
| | 2. 财产保险中，不同投保人就同一保险标的分别投保，保险事故发生后，被保险人在其保险利益范围内依据保险合同主张保险赔偿的，人民法院应予支持。 |

### 总　结

| | |
|---|---|
| **保险利益** | 是指投保人或被保人对保险标的具有法律上承认的利益，应具备三个要件：<br>1. 合法利益。<br>2. 可用金钱衡量。<br>3. 可以确定。 |
| **保险标的** | 是指作为保险对象的财产（财产及其有关利益）或人身（人的寿命和身体）。 |

# 第二节　保险合同总论

## 一、保险合同的特征与分类

| 特征 | 1. 保险合同是射幸合同；<br>2. 保险合同是最大诚信合同；<br>3. 保险合同是附和合同；<br>4. 保险合同是双务、有偿合同；<br>5. 保险合同是非要式合同；<br>6. 保险合同是诺成性合同。 |
| --- | --- |
| 分类 | 1. 财产保险合同与人身保险合同；<br>2. 强制保险合同与自愿保险合同；<br>3. 原保险合同与再保险合同；<br>4. 单保险合同与复保险合同；<br>5. 足额保险合同、不足额保险合同、超额保险合同。 |

## 二、保险合同当事人与关系人

| 保险合同的<br>当事人 | 保险合同的当事人是指订立保险合同并享有和承担保险合同所确定的权利义务的人，包括：<br>1. 保险人；<br>2. 投保人。 |
| --- | --- |
| 保险合同关<br>系人 | 1. 保险合同关系人是指在保险事故或者保险合同约定的条件满足时，对保险人享有保险金给付请求权的人，包括：<br>（1）被保险人；<br>（2）受益人。 |
| | 2. 被保险人是指其财产或者人身受保险合同保障，享有保险金请求权的人。<br>投保人可以为被保险人。 |
| | 3. 受益人规则。<br>（1）受益人是指人身保险合同中享有保险金请求权的人；<br>（2）投保人、被保险人可以为受益人；但是单位为劳动者投保的，只能指定被保险人及其近亲属为受益人；<br>（3）受益人不受行为能力限制；<br>（4）受益人由被保险人指定，或者投保人经被保险人同意指定。可以在合同订立时指定，也可以在合同成立后指定或者追加。<br>（5）被保险人或者投保人经被保险人同意，可以变更受益人，但应书面通知保险人。<br>（6）受益权丧失：受益人故意造成被保险人死亡、伤残、疾病的，或者故意杀害被保险人未遂的，丧失受益权。 |

## 三、保险合同的成立

| | |
|---|---|
| 成立生效 | 1. 投保人提出保险要求，保险人同意承保，即成立生效。 |
| | 2. 保单或保险凭证只是证明文件。 |
| 保险责任 | 1. 自投保人缴交保费 + 合同约定的时间开始承担责任。 |
| | 2. 保险合同生效与保险责任生效不同。 |
| 代签效力 | 1. 原则不生效：投保人或者投保人的代理人订立保险合同时没有亲自签字或者盖章，而由保险人或者保险人的代理人代为签字或者盖章的，对投保人不生效。 |
| | 2. 例外生效：<br>（1）投保人已经交纳保险费的，视为其对代签字或者盖章行为的追认。<br>（2）保险人或者保险人的代理人代为填写保险单证后经投保人签字或者盖章确认的，代为填写的内容视为投保人的真实意思表示。 |
| | 3. 例外之例外不生效：<br>但有证据证明保险人或者保险人的代理人存在《保险法》第 116 条、第 131 条相关规定情形（误导或不诚实行为）的不生效。 |
| 网络保险合同 | 1. 可以通过网络、电话等方式订立的保险合同。 |
| | 2. 但保险人必须对免除保险人责任条款予以提示和明确说明。 |
| 单证不一致规则 | 1. 原则：投保单与保险单或者其他保险凭证不一致的，以投保单为准。 |
| | 2. 例外：不一致的情形系经保险人说明并经投保人同意的，以投保人签收的保险单或者其他保险凭证载明的内容为准。 |

## 四、投保人的如实告知义务

投保人仅对其明知的与保险标的或者被保险人有关的情况承担告知义务。
故保险人不得以投保人未告知其不知道的事实为由拒绝赔偿。

只有保险人询问的，投保人才承担告知义务。

1. 投保人的告知范围以保险人询问的范围和内容为限。

2. 且保险人原则上不得采用概括性条款进行询问。

保险人在保险合同成立后知道或者应当知道投保人未履行如实告知义务，仍然收取保险费的，不得解除保险合同。

保险人未行使合同解除权，直接以存在《保险法》第 16 条第 4 款、第 5 款规定的情形为由拒绝赔偿的，人民法院不予支持。
保险人只有解除保险合同才可以投保人违反如实告知义务为由拒绝理赔。

## 五、保险人提示和明确说明义务

1. 保险人提供的格式合同文本中的责任免除条款、免赔额、免赔率、比例赔付或者给付等免除或者减轻保险人责任的条款，都属于"免除保险人责任的条款"。

2. 保险人对这些内容都必须进行提示和明确说明。

保险人可以采用文字、字体、符号或者其他明显标志等形式进行提示，且提示必须足以引起投保人注意，使投保人知道免除保险人责任条款的存在。

保险人对保险合同中有关免除保险人责任条款的概念、内容及其法律后果的说明，必须达到常人能够理解的程度。

保险人对其履行了明确说明义务负有举证责任，符合民事诉讼法关于举证责任的规定，有利于切实保护投保人、被保险人的利益。

## 六、保险合同的无效

| 基于民法上的原因 | 1. 保险合同的内容违反法律和行政法规。 |
|---|---|
| | 2. 恶意串通。 |
| | 3. 违反国家利益和社会公共利益。 |
| 基于保险法上的原因 | 1. 人身保险投保人对被保险人无保险利益。 |
| | 2. 未经被保险人同意的以死亡为给付保险金条件的保险。 |
| | 3. 保险人未对投保人作出说明的免责条款等。 |

## 七、保险合同的解除

| 投保人 | 1. 原则：可随时解除合同（法定的任意单方解除权）。 |
|---|---|
| | 2. 例外：货物运输保险合同和运输工具航程保险合同，保险责任开始后，合同双方都不能解除。 |
| 解除和退费机制 | 1. 人身保险：解除通知之日起 30 日内，退还保险单的现金价值（以下简称："退价"）。 |
| | 2. 财产保险：保险责任开始前，扣手续，退费。保险责任开始后，收取责任开始至解除前的保费后，退部分费。 |
| 保险人 | 1. 原则：除法律规定或合同约定外不能任意解除。 |
| | 2. 例外情形可以解除： |
| | （1）投保人违反如实告知义务。 |
| | （2）被保险人或者受益人谎称发生事故索赔； |
| | （3）投保人、被保险人故意造成保险事故； |
| | （4）投保人、被保险人未按约定履行对保险标的的安全保护义务； |
| | （5）保险标的的危险程度显著增加； |
| | （6）投保人申报的年龄不真实； |
| | （7）人身保险合同效力中止满 2 年未复效的。 |

续 表

| 保险人失去解除权的情况 | 自知道有解除事由起，超过 30 日不行使即消灭。自合同成立起超过 2 年，不得解除，发生事故要赔。 |
|---|---|
| | 合同订立时就知道，不得解除，发生事故要赔。 |

**经典考题：** 甲公司投保了财产损失险的厂房被烧毁，甲公司伪造证明，夸大此次火灾的损失，向保险公司索赔 100 万元，保险公司为查清此事，花费 5 万元。关于保险公司的权责，下列哪些选项是正确的？（2016 年·卷三·76 题·多选）①

A. 应当向甲公司给付约定的保险金

B. 有权向甲公司主张 5 万元花费损失

C. 有权拒绝向甲公司给付保险金

D. 有权解除与甲公司的保险合同

## 八、保险合同的终止

1. 保险合同因期限届满而终止。

2. 保险合同因保险赔偿金或者保险金的给付而终止。

3. 保险合同因解除而终止。

4. 保险标的发生部分损失的，在保险人赔偿后 30 日内，投保人可以终止合同；除合同约定不得终止的以外，保险人也可以终止合同。

5. 在以生存作为给付条件的人身保险合同中，被保险人或者受益人死亡，保险合同终止。

## 九、保险合同的履行

| 投保人的义务 | 1. 缴纳保险费的义务。<br>保险人对人寿保险的保费，不得用诉讼方式要求投保人支付。 |
|---|---|
| | 2. 保险事故的通知义务。 |
| | 3. 维护保险标的的安全的义务。 |
| | 4. 危险程度增加的通知义务。 |
| | 5. 采取必要措施防止或者减少损失的义务。 |

---

① 【答案】AB。《保险法》第 27 条第 3 款规定："保险事故发生后，投保人、被保险人或者受益人以伪造、变造的有关证明、资料或者其他证据，编造虚假的事故原因或者夸大损失程度的，保险人对其虚报的部分不承担赔偿或者给付保险金的责任。"投保人甲公司伪造证明夸大损失，保险公司对虚报的部分不承担给付保险金的责任，保险人不享有解除保险合同的权利，A 选项正确，C、D 选项错误。《保险法》第 27 条第 4 款规定："投保人、被保险人或者受益人有前三款规定行为之一，致使保险人支付保险金或者支出费用的，应当退回或者赔偿。"保险公司为查清事实所花费的 5 万元，应当由甲公司承担，B 选项正确。【错误原因】本题考查保险公司理赔规则。本题错误原因主要是对相关法律制度理解不准确，对于"解除权行使"等规则理解不到位。

续　表

| 保险人给付保险金的义务 | 1. 人寿保险以外的其他保险的被保险人或者受益人，向保险人请求赔偿或者给付保险金的诉讼时效期间为 2 年，自其知道或者应当知道保险事故发生之日起计算。 |
| --- | --- |
|  | 2. 人寿保险的被保险人或者受益人向保险人请求给付保险金的诉讼时效期间为 5 年，自其知道或者应当知道保险事故发生之日起计算。 |

## 十、保险代位求偿权

| 行使 | 1. 保险人应以自己的名义行使保险代位求偿权。 |
| --- | --- |
|  | 2. 如因第三者对保险标的损害造成保险事故，保险人赔付后，在赔偿金额范围内代位行使被保人对第三者请求赔偿权利。保险人代位求偿权的诉讼时效期间应自其取得代位求偿权之日起算。 |
|  | 3. 被保人如已先从第三者处取得赔偿的，保险人赔偿保险金可扣减被保人已取偿金额。 |
|  | 4. 保险人的代位权，不影响被保人就未取得赔偿部分向第三者请求权利。 |
| 后果 | 1. 保险人理赔前，被保人放弃对第三人请求赔偿权，保险人不赔。 |
|  | 2. 保险人赔偿后，被保人未经保险人同意，放弃对第三人请求赔偿权的，行为无效。 |
|  | 3. 因被保人故意或重大过失，致保险人不能行使代位请求权的，保险人可相应扣减或要求返还相应保险金。 |
| 限制 | 保险人不得对被保人家庭成员或其组成人员行使代位权，但该人员如是故意造成保险事故就可以行使。 |
| 协助 | 保险人行使代位权时，被保人应给予必要协助。 |

### 总　结

1. 保险合同的终止是指因保险合同的效力永久性的停止从而使得保险合同规定的当事人之间的权利义务归于消灭。

2. 代位求偿权是指财产保险中保险人赔偿被保险人的损失后，可以取得在其赔付保险金的限度内，要求被保险人转让其对造成损失的第三人享有追偿的权利。

3. 代位求偿权仅适用于财产保险，不适用于人身保险。

# 第三节　人身保险合同

## 一、人身保险合同的概念和特点

| 概念 | 人身保险合同是指以人的寿命和身体为保险标的的保险合同。 |
| --- | --- |
|  | 依照人身保险合同，投保人向保险人支付保险费，保险人对被保险人在保险期间内因保险事故遭受人身伤亡，或者在保险期届满时符合约定的给付保险金条件时，应当向被保险人或者受益人给付保险金。 |

续　表

| 特点 | 1. 保险标的人格化；<br>2. 保险金定额支付；<br>3. 人身保险的保险事故涉及人的生死、健康；<br>4. 保险费不得强制请求；<br>5. 人身保险不适用代位求偿权。 |
| --- | --- |

## 二、人身保险合同的特殊规则

| 死亡保险的投保<br>限制 | 1. 投保人不得为无民事行为能力人投保死亡保险。<br>但父母可以为其未成年子女投保。<br>2. 死亡保险合同未经被保险人同意并认可保险金额的无效。<br>但父母为其未成年子女投保的除外。 |
| --- | --- |
| 年龄误告 | 人身保险合同中，投保人必须如实申报被保险人的年龄，投保人申报的被保险人的年龄如果不真实，将会导致相应的法律后果，表现在：<br>1. 解除合同。<br>2. 保险费多退少补。 |
| 保险合同的中止<br>与复效 | 1. 合同约定分期支付保险费，投保人支付首期保险费后，除合同另有约定外，投保人自保险人催告之日起超过 30 日未支付当期保险费，或者超过约定的期限 60 日未支付当期保险费的，合同效力中止，或者由保险人按照合同约定的条件减少保险金额。<br>被保险人在前款规定期限内发生保险事故的，保险人应当按照合同约定给付保险金，但可以扣减欠交的保险费。 |
| | 2. 经保险人与投保人协商并达成协议，在投保人补交保险费后，合同效力恢复。但是，自合同效力中止之日起满 2 年双方未达成协议的，保险人有权解除合同。保险人依照前款规定解除合同的，应当按照合同约定退还保险单的现金价值。 |
| 人身保险合同中<br>的除外责任 | 1. 投保人故意造成被保险人死、残、病的；<br>2. 被保险人 2 年内自杀的（无行为能力的除外）；<br>3. 被保险人故意犯罪或抗拒刑事强制措施致死、残的。 |
| 保险金的继承 | 被保险人死亡后，有下列情形之一的，保险金作为被保险人的遗产，由保险人依照《民法典》的规定履行给付保险金的义务：<br>1. 没有指定受益人，或者受益人指定不明无法确定的；<br>2. 受益人先于被保险人死亡，没有其他受益人的；<br>3. 受益人依法丧失受益权或者放弃受益权，没有其他受益人的。 |
| | 受益人与被保险人在同一事件中死亡，且不能确定死亡先后顺序的，推定受益人死亡在先。 |
| 人寿保险合同 | 是投保人和保险人约定，被保险人在合同规定的年限内死亡，或者在合同规定的年限届满时仍然生存，由保险人按照约定向被保险人或者受益人给付保险金的合同。 |

续 表

| | |
|---|---|
| | 人寿保险合同的标的为被保险人的寿命，保险事故为被保险人的生存或者死亡，被保险人在约定的期限内死亡，或者生存到保险期限届满时，保险人依约承担给付保险赔偿金的责任。 |
| 保险金诉讼时效 | 人寿保险自知道或应当知道保险事故发生之日起 5 年。 |

## 三、最高人民法院《关于适用〈中华人民共和国保险法〉若干问题的解释（三）》死亡险规则

| | |
|---|---|
| 当事人订立以死亡为给付保险金条件的合同，被保险人"同意并认可保险金额"可以采取：<br>1. 书面形式、口头形式或者其他形式；<br>2. 可以在合同订立时作出，也可以在合同订立后追认。 | 被保险人以书面形式通知保险人和投保人撤销其所作出的同意意思表示的，可认定为保险合同解除。 |
| 有下列情形之一的，应认定为被保险人同意投保人为其订立保险合同并认可保险金额：<br>1. 被保险人明知他人代其签名同意而未表示异议的；<br>2. 被保险人同意投保人指定的受益人的；<br>3. 有证据足以认定被保险人同意投保人为其投保的其他情形。 | |

投保人为被保险人订立以死亡为给付保险金条件的保险合同，被保险人被宣告死亡后，当事人要求保险人按照保险合同约定给付保险金的：

人民法院应予支持。

被保险人被宣告死亡之日在保险责任期间之外，但有证据证明下落不明之日在保险责任期间之内，当事人要求保险人按照保险合同约定给付保险金的：

人民法院应予支持。

## 四、最高人民法院《关于适用〈中华人民共和国保险法〉若干问题的解释（三）》受益人规则

投保人指定受益人未经被保险人同意的：

人民法院应认定指定行为无效。

当事人对保险合同约定的受益人存在争议，除投保人、被保险人在保险合同之外另有约定外，按照以下情形分别处理：

1. 受益人约定为"法定"或者"法定继承人"的，以继承法规定的法定继承人为受益人；

2. 受益人仅约定为身份关系，投保人与被保险人为同一主体的，根据保险事故发生时与被保险人的身份关系确定受益人；投保人与被保险人为不同主体的，根据保险合同成立时与被保险人的身份关系确定受益人；

3. 受益人的约定包括姓名和身份关系，保险事故发生时身份关系发生变化的，认定为未指定受益人。

续　表

| 部分受益人在保险事故发生前死亡、放弃受益权或者依法丧失受益权的： | 1. 该受益人应得的受益份额按照保险合同的约定处理。 |
| --- | --- |
| | 2. 保险合同没有约定或者约定不明的，该受益人应得的受益份额按照以下情形分别处理：<br>（1）未约定受益顺序和受益份额的，由其他受益人平均享有；<br>（2）未约定受益顺序但约定受益份额的，由其他受益人按照相应比例享有；<br>（3）约定受益顺序但未约定受益份额的，由同顺序的其他受益人平均享有；同一顺序没有其他受益人的，由后一顺序的受益人平均享有；<br>（4）约定受益顺序和受益份额的，由同顺序的其他受益人按照相应比例享有；同一顺序没有其他受益人的，由后一顺序的受益人按照相应比例享有。 |

## 总　结

### 1. 免责与继承

| 免责 | （1）投保人故意造成被保险人死、残、病的； |
| --- | --- |
| | （2）被保险人2年内自杀的（无行为能力的除外）； |
| | （3）被保险人故意犯罪或抗拒刑事强制措施致死、残的。 |
| 继承 | 被保险人死亡后，没有受益人，保险金作为被保险人的遗产，由保险人履行给付保险金的义务。 |
| | 受益人与被保险人在同一事件中死亡，且不能确定死亡先后顺序的，推定受益人死亡在先。 |

### 2. 受益人

| 争议处理 | （1）受益人约定为"法定"或者"法定继承人"的，以法定继承人为受益人。 |
| --- | --- |
| | （2）受益人仅约定为身份关系：<br>①投保人与被保险人为同一主体的，根据保险事故发生时与被保险人的身份关系确定受益人；<br>②投保人与被保险人为不同主体的，根据保险合同成立时与被保险人的身份关系确定受益人。 |
| | （3）受益人的约定包括姓名和身份关系，保险事故发生时身份关系发生变化的，认定为未指定受益人。 |

# 第四节　财产保险合同

## 一、财产保险合同的概念与特征

| 概念 | 财产保险合同是指以财产及其有关利益为保险标的的保险合同。<br>1. 财产损失保险合同；<br>2. 责任保险合同；<br>3. 保证保险合同。 |
| --- | --- |

续　表

| | |
|---|---|
| **特征** | 1. 财产保险合同中的标的表现为特定的财产以及与财产有关的利益； |
| | 2. 财产保险合同是一种填补损失的合同； |
| | 3. 财产保险合同实行保险责任限定制度； |
| | 4. 财产保险实行保险代位的原则。 |
| **保险价值** | 1. 保险金额不得超过保险价值。超过保险价值的，超过部分无效，保险人应当退还相应的保险费。 |
| | 2. 保险金额低于保险价值的，除合同另有约定外，保险人按照保险金额与保险价值的比例承担赔偿保险金的责任。 |
| | 3. 重复保险的各保险人赔偿保险金的总和不得超过保险价值。除合同另有约定外，各保险人按照其保险金额与保险金额总和的比例承担赔偿保险金的责任。 |

## 二、保险标的转让

| | |
|---|---|
| **承继** | 保险标的转让的，保险标的的受让人承继被保险人的权利和义务。 |
| **通知** | 保险标的转让的，被保险人或者受让人应当及时通知保险人。 |
| | 但货物运输保险合同和另有约定的合同除外。 |
| **解除** | 因保险标的转让导致危险程度显著增加的，保险人自收到前款规定的通知之日起 30 日内，可以按照合同约定增加保险费或者解除合同。 |
| | 保险人解除合同的，应当将已收取的保险费，按照合同约定扣除自保险责任开始之日起至合同解除之日止应收的部分后，退还投保人。 |
| **免赔** | 被保险人、受让人未履行通知义务的，因转让导致保险标的的危险程度显著增加而发生的保险事故，保险人不承担赔偿保险金的责任。 |

## 三、保险事故发生后的解除权与残值权

| | |
|---|---|
| 保险标的发生部分损失，自保险人赔偿后 30 日内。 | |
| 1. 投保人可解除。 | |
| 2. 保险人可解除合同（如有合同约定保险人不得行使除外）：应提前 15 日通知。 | |
| 3. 退还未受损失部分保费（解除前的保费的不退）。 | |
| 保险事故发生，保险人支付全部保险金额。 | |
| 1. 保险金 = 保险标的价值 | 受损标的全部权利归保险人。 |
| 2. 保险金 < 保险标的价值 | 保险人按保金与保价的比例取得受损标的的部分权利。 |

## 四、责任保险

| 概念 | 责任保险是指以被保险人对第三者依法应负的赔偿责任为保险标的的保险。 |
|---|---|
| | 责任保险不能及于被保险人的人身或其财产。责任保险合同是为第三人的利益而订立的保险合同。 |
| 赔偿方式 | 1. 保险人依照法律的规定或者合同的约定直接向该第三者赔偿保险金。 |
| | 2. 被保险人向第三者赔偿之后由保险人向被保险人赔偿。 |
| 第三者的请求权 | 责任保险的被保险人给第三者造成损害，被保险人对第三者应负的赔偿责任确定的，根据被保险人的请求，保险人应当直接向该第三者赔偿保险金。 |
| | 被保险人怠于请求的，第三者有权就其应获赔偿部分直接向保险人请求赔偿保险金。 |

## 五、最高人民法院关于适用《中华人民共和国保险法》若干问题的解释（四）

| 承继 | 被保险人死亡，继承保险标的的当事人主张承继被保险人的权利和义务的，人民法院应予支持。 |
|---|---|
| 预见 | 保险标的的危险程度虽然增加，但增加的危险属于保险合同订立时保险人预见或者应当预见的保险合同承保范围的，不构成危险程度显著增加。 |
| 通知 | 被保险人、受让人依法及时向保险人发出保险标的的转让通知后，保险人作出答复前，发生保险事故，被保险人或者受让人主张保险人按照保险合同承担赔偿保险金的责任的，人民法院应予支持。 |
| 放弃 | 在保险人以第三者为被告提起的代位求偿权之诉中，第三者以被保险人在保险合同订立前已放弃对其请求赔偿的权利为由进行抗辩，人民法院认定上述放弃行为合法有效，保险人就相应部分主张行使代位求偿权的，人民法院不予支持。 |
| 管辖 | 保险人以造成保险事故的第三者为被告提起代位求偿权之诉的，以被保险人与第三者之间的法律关系确定管辖法院。 |
| 赔偿 | 具有下列情形之一的，被保险人可以依照保险法的规定请求保险人直接向第三者赔偿保险金：<br>（1）被保险人对第三者所负的赔偿责任经人民法院生效裁判、仲裁裁决确认；<br>（2）被保险人对第三者所负的赔偿责任经被保险人与第三者协商一致；<br>（3）被保险人对第三者应负的赔偿责任能够确定的其他情形。前款规定的情形下，保险人主张按照保险合同确定保险赔偿责任的，人民法院应予支持。 |

### 总　结

1. 保险价值与代位求偿权

| 保险价值 | （1）保险金额不得超过保险价值。<br>（2）保险金额低于保险价值的，除合同另有约定外，保险人按照保险金额与保险价值的比例承担赔偿保险金的责任。 |
|---|---|
| 代位求偿权 | （1）代位求偿权仅适用于财产保险，不适用于人身保险。<br>（2）保险人应以自己的名义行使保险代位求偿权。 |

2. 弃权规则

| 代位求偿权之诉 | 在保险人以第三者为被告提起的代位求偿权之诉中，第三者以被保险人在保险合同订立前已放弃对其请求赔偿的权利为由进行抗辩，人民法院认定上述放弃行为合法有效，保险人就相应部分主张行使代位求偿权的，人民法院不予支持。 |
| --- | --- |
| 返还保险金之诉 | 保险合同订立时，保险人就是否存在上述放弃情形提出询问，投保人未如实告知，导致保险人不能代位行使请求赔偿的权利，保险人请求返还相应保险金的，人民法院应予支持；<br>但保险人知道或者应当知道上述情形仍同意承保的除外。 |

# 第五节　保险业法律制度

## 一、保险公司

| 设立条件 | 1. 主要股东具有持续盈利能力，信誉良好，最近 3 年内无重大违法违规记录，净资产不低于人民币 2 亿元； |
| --- | --- |
| | 2. 注册资本的最低限额为人民币 2 亿元； |
| | 3. 注册资本必须为实缴货币资本。 |
| 破产清偿 | 1. 保险公司破产时破产财产的清偿顺序。破产财产在优先清偿破产费用和共益债务后，按照下列顺序清偿：<br>（1）所欠职工工资和医疗、伤残补助、抚恤费用，所欠应当划入职工个人账户的基本养老保险、基本医疗保险费用，以及法律、行政法规规定应当支付给职工的补偿金；<br>（2）赔偿或者给付保险金；<br>（3）保险公司欠缴的除第①项规定以外的社会保险费用和所欠税款；<br>（4）普通破产债权。 |
| | 2. 破产财产不足以清偿同一顺序的清偿要求的，按照比例分配。破产保险公司的董事、监事和高级管理人员的工资，按照该公司职工的平均工资计算。 |

## 二、保险代理人和保险经纪人

| 保险代理人 | 是根据保险人的委托。 |
| --- | --- |
| | 向保险人收取代理佣金，并在保险人授权的范围内代为办理保险业务的机构或者个人。 |
| 保险经纪人 | 是基于投保人的利益。 |
| | 为投保人与保险人订立保险合同提供中介服务，并依法收取佣金的单位。 |

## 三、保险业的监督管理

| | |
|---|---|
| **接管** | 1. 保险公司违反保险法的规定，保险公司的偿付能力严重不足的，或者保险公司违反本法规定，损害社会公众利益，可能造成严重危害或者已经危及保险公司的偿付能力的，保险监督管理机构可以对该保险公司实行接管。 |
| | 2. 被接管的保险公司的债权债务关系不因接管而发生变化。 |
| | 3. 接管期限届满，保险监督管理机构可以决定延期，但接管期限最长不得超过 2 年。 |

### 总　结

1. 可能造成严重危害或者已经危及保险公司的偿付能力的，保险监督管理机构可以对该保险公司实行接管。

2. 接管期限最长不得超过 2 年。

# 专题九　海商法

**知识体系图**

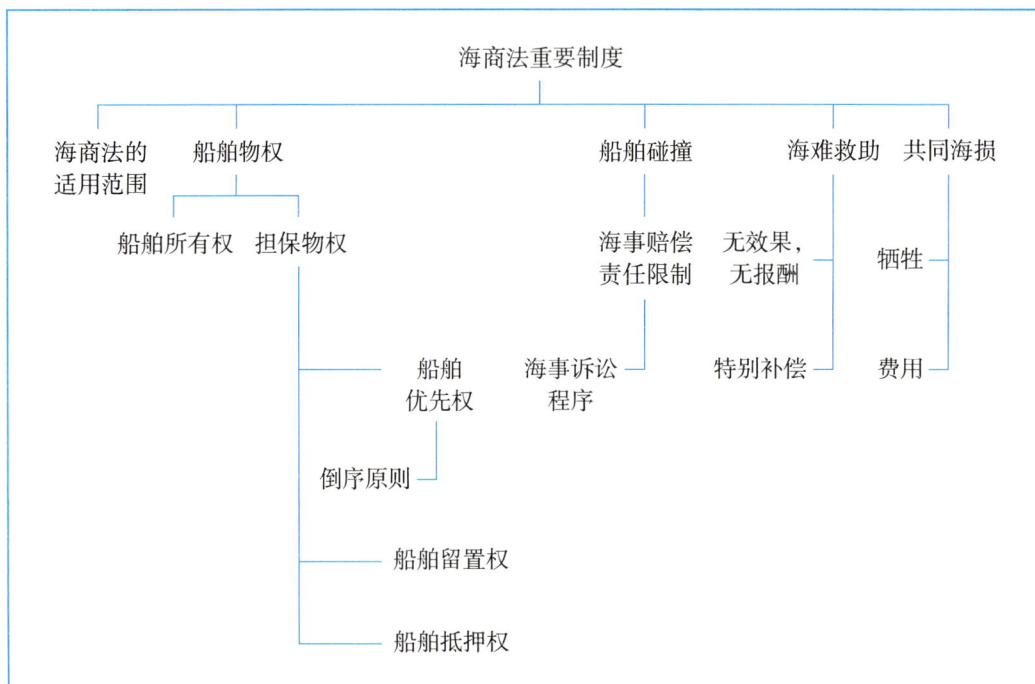

**命题点拨**

　　本专题内容包括海商法的适用范围、船舶优先权、所有权、抵押权、留置权等。命题重点是船舶优先权等。要理解船舶物权的各种类型及其相互之间的效力顺序。

# 第一节　海商法的适用范围

| 适用船舶 | 1. 就适用的船舶而言，我国《海商法》所称的船舶是指海船和其他海上移动装置。 |
|---|---|
| | 2. 但用于军事的、政府公务的船舶和20总吨以下的小型船舶除外。 |
| 适用水域 | 就适用的水域而言，我国《海商法》适用于海洋或与海相通的可航水域，亦即包括海江之间、江海之间的直达运输。 |
| 适用事项 | 就适用的事项而言，除前述船舶、运输合同等事项以外，《海商法》还适用于船舶碰撞、海难救助、共同海损等海上事故。 |

**总　结**

我国《海商法》不适用于我国港口之间的海上货物运输，而我国港口之间的旅客运输则适用。

# 第二节　船舶优先权

| | |
|---|---|
| 内容 | 1.船长、船员和在船上工作的其他在编人员根据劳动法律、行政法规或者劳动合同所产生的工资、其他劳动报酬、船员遣返费用和社会保险费用的给付请求；<br>2.在船舶营运中发生的人身伤亡的赔偿请求；<br>3.船舶吨税、引航费、港务费和其他港口规费的缴付请求；<br>4.海难救助的救助款项的给付请求；<br>5.船舶在营运中因侵权行为产生的财产赔偿请求。 |
| 顺序 | 1.以上海事请求应优先于其他请求受偿。 |
| | 2.同属具有船舶优先权的请求权中，受偿顺序按上列第1至5项的顺序排列。 |
| | 3.同一优先项目中，如有两个请求，应不分先后，同时受偿。受偿不足的，按比例受偿。但是第4项关于救助款项的请求例外。救助款项中有两个以上优先请求权的，后发生的先受偿。 |
| | 4.如果第4项海事请求后于第1至3项海事请求发生的，第4项也应优先于第1至3项受偿。 |

**总　结**

倒序原则：救助款项的给付请求所享有的船舶优先权后发生而先受偿的原因是，后发生的救助保全了船舶，也保全了先发生的救助的成果，使得先发生的各项债权有可能得到清偿，因此保全他人者应优先于被保全者受偿，这被称为"倒序原则"。

# 第三节　船舶所有权、抵押权、留置权

| | |
|---|---|
| 船舶所有权 | 1.船舶所有权的取得、转让和消灭，应当向船舶登记机关登记。 |
| | 2.未经登记的，不得对抗第三人。 |
| | 3.船舶所有权的转让，应当签订书面合同。 |
| 船舶抵押权 | 1.设定船舶抵押权，由抵押权人和抵押人共同向船舶登记机关办理抵押权登记。 |
| | 2.未经登记的，不得对抗第三人。 |
| | 3.船舶共有人就共有船舶设定抵押权，应当取得持有2/3以上份额的共有人的同意，共有人之间另有约定的除外。 |

| 船舶留置权 | 海商法上的船舶留置权，是特指船舶建造人、修船人在合同另一方未履行合同时，可以留置所占有的船舶，以保证造船费用或者修船费用得以偿还的权利。 |
|---|---|

### 总　结

1. 船舶优先权

| 顺序 | 应优先于其他请求受偿。 |
|---|---|
| | 海难救助款项：倒序原则 |

2. 船舶优先权→船舶留置权→船舶抵押权。

# 第四节　其他重要制度

## 一、海难救助

| 海难救助形式 | 纯救助和合同救助。 |
|---|---|
| | 1. 纯救助是指船舶遇难后未请求外来援救，而救助人自行救助的行为。 |
| | 2. 合同救助是根据双方签订的救助合同进行的救助。合同救助是目前救助的主要形式。 |
| 救助报酬原则 | 1. "无效果，无报酬"原则。 |
| | 2. 特别补偿。 |

## 二、共同海损

| 共同海损的成立要件 | 1. 必须有共同的、真实的、客观存在的危险。 |
|---|---|
| | 2. 必须是有意地采取了合理的、有效的措施。共同海损中采取的措施必须是船长或其他有权作出决定的人为了挽救船上财物的目的而有意采取的。 |
| | 3. 损失必须是共同海损行为直接造成的。正常航行中需要作出的开支，不得算作共同海损。 |

### 总　结

对构成环境污染损害危险的船舶或者船上货物进行的救助，可根据情况得到救助费用以外的特别补偿。特别补偿的支付不以救助取得成果为前提。

# 第二部分　经济法

# 专题十  竞争法

## 知识体系图

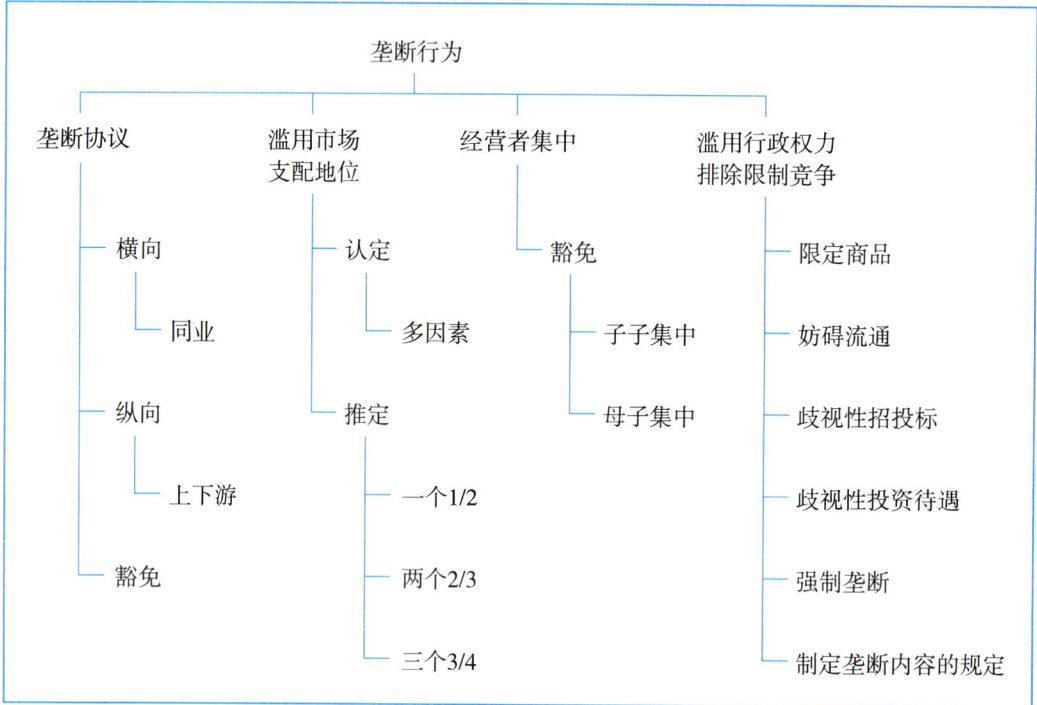

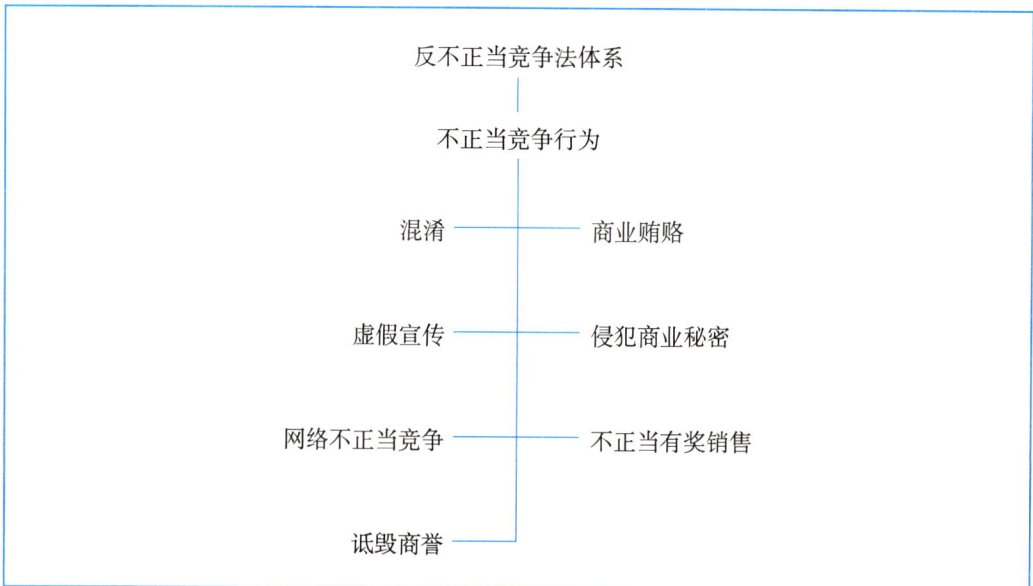

命题点拨

本专题包括反垄断法与反不正当竞争法。命题重点是垄断行为的认定、不正当竞争行为的认定等。要理解反垄断法的立法目的和基本原则，要理解反不正当竞争法的立法目的。

# 第一节　反垄断法

## 一、垄断协议

| 概念 | 垄断协议是指排除、限制竞争的协议、决定或者其他协同行为。 |
|---|---|
| 主体 | 经营者之间达成的或者行业协会组织本行业经营者达成的。 |
| 内容 | 排除、限制竞争。 |
| 形式 | 书面、口头，其他协同行为。 |
| 类型 | 1. 横向垄断协议：具有竞争关系的经营者达成的垄断协议。<br>（1）固定或者变更商品价格；<br>（2）限制商品的生产数量或者销售数量；<br>（3）分割销售市场或者原材料采购市场；<br>（4）限制购买新技术、新设备或者限制开发新技术、新产品；<br>（5）联合抵制交易；<br>（6）国务院反垄断执法机构认定的其他垄断协议。<br>2. 纵向垄断协议：<br>（1）固定向第三人转售商品的价格；<br>（2）限定向第三人转售商品的最低价格。 |
| 豁免 | 1. 不属于垄断协议的：<br>（1）为改进技术、研究开发新产品的；<br>（2）为提高产品质量、降低成本、增进效率，统一产品规格、标准或者实行专业化分工的；<br>（3）为提高中小经营者经营效率，增强中小经营者竞争力的；<br>（4）为实现节约能源、保护环境、救灾救助等社会公共利益的；<br>（5）因经济不景气，为缓解销售量严重下降或者生产明显过剩的；<br>（6）为保障对外贸易和对外经济合作中的正当利益的；<br>（7）法律和国务院规定的其他情形。<br>2. 属于第（1）至第（5）情形，经营者还应当证明所达成的协议不会严重限制相关市场的竞争，并且能够使消费者分享由此产生的利益。 |
| 后果 | 1. 民事责任：经营者实施垄断行为，给他人造成损失的，依法承担民事责任。<br>2. 行政责任。经营者：责令停止违法行为＋没收＋罚款；行业协会：罚款＋撤销登记。 |

**经典考题：**某县会计师行业自律委员会成立之初，达成统筹分配当地全行业整体收

入的协议，要求当年市场份额提高的会员应分出自己的部分收入，补贴给市场份额降低的会员。事后，有会员向省级工商行政管理部门书面投诉。关于此事，下列哪些说法是正确的？（2016年·卷一·67题·多选）①

A. 该协议限制了当地会计师行业的竞争，具有违法性

B. 抑强扶弱有利于培育当地会计服务市场，法律不予禁止

C. 此事不能由省级工商行政管理部门受理，应由该委员会成员自行协商解决

D. 即使该协议尚未实施，如构成违法，也可予以查处

## 二、滥用市场支配地位

### （一）市场支配地位

| 概念 | 市场支配地位，是指经营者在相关市场内具有能够控制商品价格、数量或者其他交易条件，或者能够阻碍、影响其他经营者进入相关市场能力的市场地位。 |
| --- | --- |
| 认定 | 1. 认定市场支配地位应当依据下列因素：<br>（1）该经营者在相关市场的市场份额，以及相关市场的竞争状况；<br>（2）该经营者控制销售市场或者原材料采购市场的能力；<br>（3）该经营者的财力和技术条件；<br>（4）其他经营者对该经营者在交易上的依赖程度；<br>（5）其他经营者进入相关市场的难易程度；<br>（6）与认定该经营者市场支配地位有关的其他因素。 |
| | 2. 注意：多因素。 |
| 推定 | 1. 可以推定市场支配地位的情形：<br>（1）一个经营者在相关市场的市场份额达到1/2的；<br>（2）两个经营者在相关市场的市场份额合计达到2/3的；<br>（3）三个经营者在相关市场的市场份额合计达到3/4的。<br>对（2）、（3），其中有的经营者市场份额不足1/10的，不应当推定其具有市场支配地位。 |
| | 2. 被推定具有市场支配地位的经营者，有证据证明不具有市场支配地位的，不应当认定其具有市场支配地位。 |

---

① 【答案】AD。《反垄断法》第13条规定："禁止具有竞争关系的经营者达成下列垄断协议：（一）固定或者变更商品价格；（二）限制商品的生产数量或者销售数量；（三）分割销售市场或者原材料采购市场；（四）限制购买新技术、新设备或者限制开发新技术、新产品；（五）联合抵制交易；（六）国务院反垄断执法机构认定的其他垄断协议。本法所称垄断协议，是指排除、限制竞争的协议、决定或者其他协同行为。"A选项正确。《反垄断法》第16条规定："行业协会不得组织本行业的经营者从事本章禁止的垄断行为。"B选项错误。《反垄断法》第38条第1款规定："反垄断执法机构依法对涉嫌垄断行为进行调查。"C选项错误。《反垄断法》第46条第1款规定："经营者违反本法规定，达成并实施垄断协议的，由反垄断执法机构责令停止违法行为，没收违法所得，并处上一年度销售额百分之一以上百分之十以下的罚款；尚未实施所达成的垄断协议的，可以处五十万元以下的罚款。"D选项正确。【错误原因】本题考查横向垄断协议的认定与处罚规则。本题错误原因主要是对相关法律制度理解不准确，对于"横向垄断"等规则理解不到位。

### （二）滥用

| | | |
|---|---|---|
| 垄断价格 | 以不公平的高价销售商品 | 或者以不公平的低价购买商品； |
| 倾销 | 没有正当理由 | 以低于成本的价格销售商品； |
| 拒绝交易 | 没有正当理由 | 拒绝与交易相对人进行交易； |
| 强制交易 | 没有正当理由 | 限定交易相对人只能与其或者其指定的经营者进行交易； |
| 搭售 | 没有正当理由 | 搭售商品，或者在交易时附加其他不合理的交易条件； |
| 差别待遇 | 没有正当理由 | 对条件相同的交易相对人在交易价格等交易条件上实行差别待遇。 |

## 三、经营者集中

| | | |
|---|---|---|
| 情形 | 1. 经营者合并； | |
| | 2. 经营者通过取得股权或者资产的方式 | 取得对其他经营者的控制权； |
| | 3. 经营者通过合同等方式 | 取得对其他经营者的控制权或者能够对其他经营者施加决定性影响。 |
| 事先申报 | 达到标准的应当事先向国务院反垄断执法机构申报。 | 未申报的不得实施集中。 |
| 申报豁免 | 1. 参与集中的一个经营者拥有其他每个经营者 50% 以上有表决权的股份或者资产的；<br>2. 参与集中的每个经营者 50% 以上有表决权的股份或者资产被同一个未参与集中的经营者拥有的。 | |
| 审查程序 | 初步审查→进一步审查（审查期间，不得实施集中）→必要时国家安全审查。 | |
| 考虑因素 | 1. 市场份额及其对市场的控制力；<br>2. 市场集中度；<br>3. 对市场进入、技术进步的影响；<br>4. 对消费者和其他有关经营者的影响；<br>5. 对国民经济发展的影响。 | |
| 决定 | 1. 禁止集中（具有或者可能具有排除、限制竞争效果的）。<br>2. 不予禁止（经营者能够证明该集中对竞争产生的有利影响明显大于不利影响，或者符合社会公共利益）。<br>3. 附条件的不予禁止。<br>4. 对决定不服的，复议前置。 | |
| 法律后果 | 1. 责令停止实施集中。<br>2. 限期处分股份或者资产。<br>3. 限期转让营业以及采取其他必要措施恢复到集中前的状态。<br>4. 可以处罚款。 | |

## 四、滥用行政权力排除、限制竞争

| 概念 | 滥用行政权力排除、限制竞争是指拥有行政权力的政府机关以及其他依法具有管理公共事务职能的组织滥用行政权力，排除、限制竞争的各种行为。 | | |
|------|-----------|---|---|
| 主体与行为 | 1. 主体： | （1）行政机关。 | |
| | | （2）法律、法规授权的具有管理公共事务职能的组织。 | |
| | 2. 行为： | （1）限定商品，即滥用行政权力，限定或者变相限定单位或者个人经营、购买、使用其指定的经营者提供的商品。 | |
| | | （2）妨碍商品在地区之间的自由流通。<br>①对外地商品设定歧视性收费项目、实行歧视性收费标准，或者规定歧视性价格；<br>②对外地商品规定与本地同类商品不同的技术要求、检验标准，或者对外地商品采取重复检验、重复认证等歧视性技术措施，限制外地商品进入本地市场；<br>③采取专门针对外地商品的行政许可，限制外地商品进入本地市场；<br>④设置关卡或者采取其他手段，阻碍外地商品进入或者本地商品运出；<br>⑤妨碍商品在地区之间自由流通的其他行为。 | |
| | | （3）歧视性招投标，手段包括歧视性资质要求、评审标准、不依法发布信息等。 | |
| | | （4）歧视性投资待遇，手段包括不平等待遇、妨碍外地经营者在本地的正常经营活动。 | |
| | | （5）强制经营者从事反垄断法规定的垄断行为。 | |
| | | （6）制定含有排除、限制竞争内容的规定。 | |
| 后果 | 1. 责令改正。 | | |
| | 2. 行政处分。 | | |

## 五、反垄断调查机制

| 反垄断委员会 | 1. 国务院设立反垄断委员会，负责组织、协调、指导反垄断工作，履行下列职责：<br>（1）研究拟订有关竞争政策；<br>（2）组织调查、评估市场总体竞争状况，发布评估报告；<br>（3）制定、发布反垄断指南；<br>（4）协调反垄断行政执法工作；<br>（5）国务院规定的其他职责。 |
|------|-----------|
| | 2. 国务院反垄断委员会的组成和工作规则由国务院规定。 |
| 反垄断执法机构 | 国务院反垄断执法机构根据工作需要，可以授权省、自治区、直辖市人民政府相应的机构，依照本法规定负责有关反垄断执法工作。 |

## 六、反垄断调查程序

| | |
|---|---|
| 调查程序 | 1.反垄断执法机构调查涉嫌垄断行为，可以采取下列措施：<br>（1）进入场所；<br>（2）询问有关人员；<br>（3）查阅、复制有关资料；<br>（4）查封、扣押相关证据；<br>（5）查询经营者的银行账户。<br>2.调查者的义务：<br>（1）保密；<br>（2）保障被调查者充分行使参与调查程序的权利（知情权、陈述权、申辩权等）；<br>（3）公布相关处理决定。<br>3.被调查者的义务：配合。 |
| 中止调查 | 对反垄断执法机构调查的涉嫌垄断行为，被调查的经营者承诺在反垄断执法机构认可的期限内采取具体措施消除该行为后果的：<br>反垄断执法机构可以决定中止调查。 |
| 终止调查 | 经营者履行承诺的：反垄断执法机构可以决定终止调查。 |
| 恢复调查 | 有下列情形之一的，反垄断执法机构应当恢复调查：<br>1.经营者未履行承诺的；<br>2.作出中止调查决定所依据的事实发生重大变化的；<br>3.中止调查的决定是基于经营者提供的不完整或者不真实的信息作出的。 |
| 救济 | 一般决定，选择复议或者诉讼。有关经营者集中的决定，复议前置。 |
| 适用除外 | 1.行使知识产权行为：经营者依照有关知识产权的法律、行政法规规定行使知识产权的行为，不适用本法；<br>但是，经营者滥用知识产权，排除、限制竞争的行为，适用本法。<br>2.农业生产者及农村经济组织的联合，不适用本法。 |

**经典考题：**瑞玛公司生产的"健身椅"既节约时间空间又能达到较佳健身效果，为继续保证公司销售效益，瑞玛公司又与特许经销商千寻公司达成协议约定：每把"健身椅"应以不低于一万元的价格出售。对此，下列表述正确的是哪一项？（2019年回忆版·卷二·多选）[①]

A.该协议内容是双方真实意思表示，合法有效

B.瑞玛公司的行为构成滥用市场支配地位

---

[①] **【答案】**C。根据《反垄断法》第38条："反垄断执法机构依法对涉嫌垄断行为进行调查。对涉嫌垄断行为，任何单位和个人有权向反垄断执法机构举报。反垄断执法机构应当为举报人保密。举报采用书面形式并提供相关事实和证据的，反垄断执法机构应当进行必要的调查。"C选项正确。

**【错误原因】**本题错误原因主要是对相关法律制度理解不准确，对于"横向垄断"等规则理解不到位，并且不能区分"横向垄断"与"滥用市场支配地位"。

C. 张某即使未购买瑞玛公司生产的"健身椅",也有权向反垄断执法机构举报该公司行为违法

D. 如双方已将协议约定内容予以实施,则反垄断执法机构可以根据相应情节决定是否对瑞玛公司处以罚款

## 总 结

1. 垄断协议

| 内容 | 排除、限制竞争。 |
|------|------------------|
| 类型 | (1)横向垄断协议:具有竞争关系的经营者达成的垄断协议。 |
|      | (2)纵向垄断协议:<br>①固定向第三人转售商品的价格;<br>②限定向第三人转售商品的最低价格。 |
| 后果 | (1)民事责任:经营者实施垄断行为,给他人造成损失的,依法承担民事责任。 |
|      | (2)行政责任。经营者:责令停止违法行为+没收+罚款;行业协会:罚款+撤销登记。 |

2. 滥用市场支配地位

| 认定 | 认定市场支配地位应当依据综合因素。 |
|------|-----------------------------------|
| 推定 | (1)可以推定市场支配地位的情形:<br>①一个经营者在相关市场的市场份额达到 1/2 的;<br>②两个经营者在相关市场的市场份额合计达到 2/3 的;<br>③三个经营者在相关市场的市场份额合计达到 3/4 的。<br>对②、③,其中有的经营者市场份额不足 1/10 的,不应当推定其具有市场支配地位。 |
|      | (2)被推定具有市场支配地位的经营者,有证据证明不具有市场支配地位的,不应当认定其具有市场支配地位。 |

3. 经营者集中

| 事先申报 | 达到标准的应当事先向国务院反垄断执法机构申报。<br>未申报的不得实施集中。 |
|----------|------------------------------------------------------------------------|
| 申报豁免 | (1)参与集中的一个经营者拥有其他每个经营者 50% 以上有表决权的股份或者资产的;<br>(2)参与集中的每个经营者 50% 以上有表决权的股份或者资产被同一个未参与集中的经营者拥有的。 |
| 审查程序 | 初步审查→进一步审查(审查期间,不得实施集中)→必要时国家安全审查。 |

4. 垄断协议本身就是违反《反垄断法》,依法应受到规制的行为。

5. 具有市场支配地位并不违法,但不能滥用市场支配地位。

6. 经营者集中并不都是违法的,但不能排除、限制竞争。

7. 民事责任:经营者实施垄断行为,给他人造成损失的,依法承担民事责任。

8. 行政责任:责令+没收+罚款。

9.同行横，上下纵，合理可豁；认定难，推定易，行必不当；事先申，内集免，复议前置；滥用权，排限争，定买妨流；省执法，看承诺，中终恢复。

# 第二节 反不正当竞争法

## 一、不正当竞争行为

| 混淆行为 | 经营者不得实施下列混淆行为，引人误认为是他人商品或者与他人存在特定联系：<br>1.擅自使用与他人有一定影响的商品名称、包装、装潢等相同或者近似的标识；<br>2.擅自使用他人有一定影响的企业名称（包括简称、字号等）、社会组织名称（包括简称等）、姓名（包括笔名、艺名、译名等）；<br>3.擅自使用他人有一定影响的域名主体部分、网站名称、网页等；<br>4.其他足以引人误认为是他人商品或者与他人存在特定联系的混淆行为。 |
|---|---|
| 商业贿赂行为 | 1.经营者不得采用财物或者其他手段贿赂下列单位或者个人，以谋取交易机会或者竞争优势：交易相对方的工作人员；<br>受交易相对方委托办理相关事务的单位或者个人；利用职权或者影响力影响交易的单位或者个人。<br>2.经营者在交易活动中，可以以明示方式向交易相对方支付折扣，或者向中间人支付佣金。经营者向交易相对方支付折扣、向中间人支付佣金的，应当如实入账。接受折扣、佣金的经营者也应当如实入账。<br>3.经营者的工作人员进行贿赂的，应当认定为经营者的行为；但是，经营者有证据证明该工作人员的行为与为经营者谋取交易机会或者竞争优势无关的除外。 |
| 虚假宣传行为 | 1.经营者不得对其商品的性能、功能、质量、销售状况、用户评价、曾获荣誉等作虚假或者引人误解的商业宣传，欺骗、误导消费者。<br>2.经营者不得通过组织虚假交易等方式，帮助其他经营者进行虚假或者引人误解的商业宣传。 |
| 侵犯商业秘密行为 | 经营者不得实施下列侵犯商业秘密的行为：<br>1.以盗窃、贿赂、欺诈、胁迫、电子侵入或者其他不正当手段获取权利人的商业秘密；<br>2.披露、使用或者允许他人使用以前项手段获取的权利人的商业秘密；<br>3.违反保密义务或者违反权利人有关保守商业秘密的要求，披露、使用或者允许他人使用其所掌握的商业秘密；<br>4.教唆、引诱、帮助他人违反保密义务或者违反权利人有关保守商业秘密的要求，获取、披露、使用或者允许他人使用权利人的商业秘密。<br>经营者以外的其他自然人、法人和非法人组织实施前款所列违法行为的，视为侵犯商业秘密。<br>第三人明知或者应知商业秘密权利人的员工、前员工或者其他单位、个人实施本条第1款所列违法行为，仍获取、披露、使用或者允许他人使用该商业秘密的，视为侵犯商业秘密。<br>本法所称的商业秘密，是指不为公众所知悉、具有商业价值并经权利人采取相应保密措施的技术信息、经营信息等商业信息。 |

续　表

| | |
|---|---|
| 不正当<br>有奖销售<br>行为 | 经营者进行有奖销售不得存在下列情形：<br>1. 所设奖的种类、兑奖条件、奖金金额或者奖品等有奖销售信息不明确，影响兑奖；<br>2. 采用谎称有奖或者故意让内定人员中奖的欺骗方式进行有奖销售；<br>3. 抽奖式的有奖销售，最高奖的金额超过 5 万元。 |
| 诋毁商誉<br>行为 | 经营者不得编造、传播虚假信息或者误导性信息，损害竞争对手的商业信誉、商品声誉。 |
| 网络<br>不正当竞<br>争行为 | 经营者利用网络从事生产经营活动，应当遵守本法的各项规定。经营者不得利用技术手段，通过影响用户选择或者其他方式，实施下列妨碍、破坏其他经营者合法提供的网络产品或者服务正常运行的行为：<br>1. 未经其他经营者同意，在其合法提供的网络产品或者服务中，插入链接、强制进行目标跳转；<br>2. 误导、欺骗、强迫用户修改、关闭、卸载其他经营者合法提供的网络产品或者服务；<br>3. 恶意对其他经营者合法提供的网络产品或者服务实施不兼容；<br>4. 其他妨碍、破坏其他经营者合法提供的网络产品或者服务正常运行的行为。 |

## 二、最高人民法院关于审理侵犯商业秘密民事案件适用法律若干问题的规定

（法释〔2020〕7 号）

| | |
|---|---|
| 保密义务 | 当事人未在合同中约定保密义务，但根据诚信原则以及合同的性质、目的、缔约过程、交易习惯等，被诉侵权人知道或者应当知道其获取的信息属于权利人的商业秘密的，人民法院应当认定被诉侵权人对其获取的商业秘密承担保密义务。 |
| 反向工程 | 通过自行开发研制或者反向工程获得被诉侵权信息的，人民法院应当认定不属于《反不正当竞争法》第 9 条规定的侵犯商业秘密行为。 |
| 行为保全 | 被申请人试图或者已经以不正当手段获取、披露、使用或者允许他人使用权利人所主张的商业秘密，不采取行为保全措施会使判决难以执行或者造成当事人其他损害，或者将会使权利人的合法权益受到难以弥补的损害的，人民法院可以依法裁定采取行为保全措施。 |

## 总　结

### 1. 不正当竞争行为

| | |
|---|---|
| 混淆行为 | 经营者不得实施混淆行为，引人误认为是他人商品或者与他人存在特定联系。 |
| 商业贿赂行为 | 经营者不得采用财物或者其他手段贿赂单位或者个人，以谋取交易机会或者竞争优势。 |
| 虚假宣传行为 | （1）经营者不得对其商品作虚假或者引人误解的商业宣传，欺骗、误导消费者。<br>（2）经营者不得通过组织虚假交易等方式，帮助其他经营者进行虚假或者引人误解的商业宣传。 |

| | |
|---|---|
| **不正当有奖销售行为** | 经营者进行有奖销售不得存在下列情形：<br>（1）所设奖的种类、兑奖条件、奖金金额或者奖品等有奖销售信息不明确，影响兑奖；<br>（2）采用谎称有奖或者故意让内定人员中奖的欺骗方式进行有奖销售；<br>（3）抽奖式的有奖销售，最高奖的金额超过 5 万元。 |
| **诋毁商誉行为** | 经营者不得编造、传播虚假信息或者误导性信息，损害竞争对手的商业信誉、商品声誉。 |
| **网络不正当竞争行为** | 经营者不得利用技术手段，通过影响用户选择或者其他方式，实施妨碍、破坏其他经营者合法提供的网络产品或者服务正常运行的行为。 |
| **侵犯商业秘密行为** | 第三人明知或者应知商业秘密权利人的员工、前员工或者其他单位、个人实施违法行为，仍获取、披露、使用或者允许他人使用该商业秘密的，视为侵犯商业秘密。 |
| | 本法所称的商业秘密，是指不为公众所知悉、具有商业价值并经权利人采取相应保密措施的技术信息、经营信息等商业信息。 |

2. 混淆行为 = 擅自使用 + 引人误认

3. 虚假宣传行为 = 虚假或者引人误解

4. 商业贿赂 = 经营者 + 贿赂 + 谋取交易机会或者竞争优势

# 专题十一　消费者法

**知识体系图**

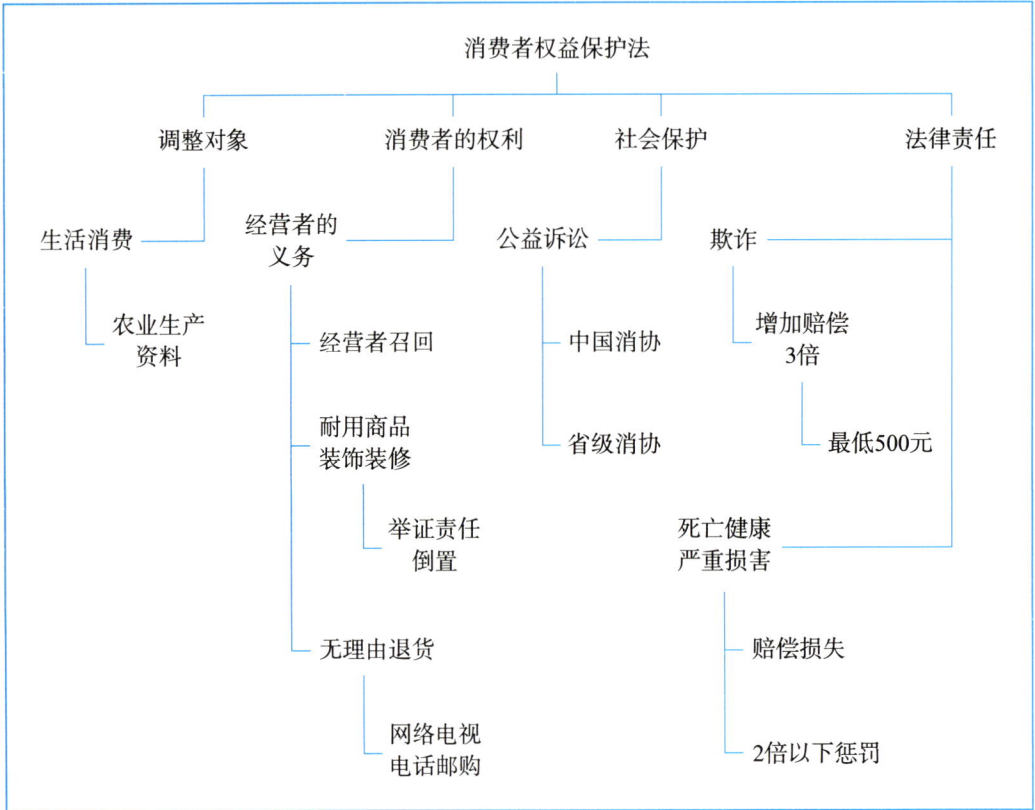

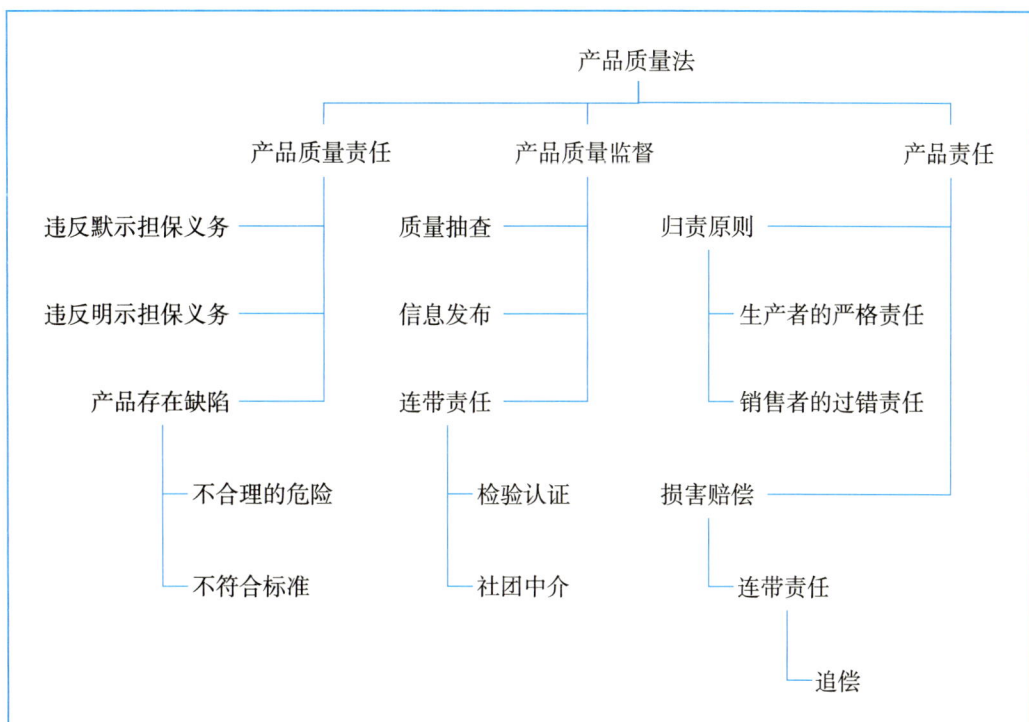

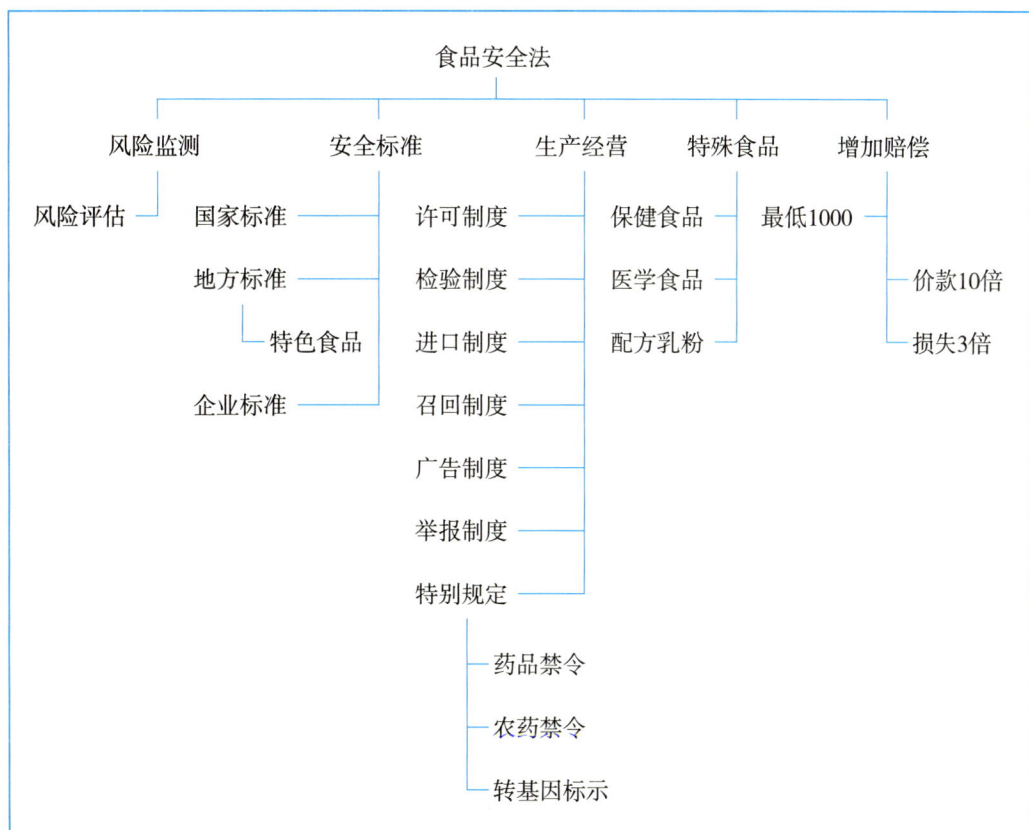

命题点拨

　　本专题内容包括消费者权益保护法、产品质量法、食品安全法等。命题重点是经营者的义务、产品责任、食品安全制度等。要理解消费者维权常用的法律规则，产品质量、食品安全问题引发的相关法律责任。

# 第一节　消费者权益保护法

## 一、调整对象

| | |
|---|---|
| 消费者为生活消费需要购买、使用商品或者接受服务，其权益受本法保护； | 本法未作规定的，受其他有关法律、法规保护。 |
| 经营者为消费者提供其生产、销售的商品或者提供服务，应当遵守本法； | 本法未作规定的，应当遵守其他有关法律、法规。 |
| 农民购买、使用直接用于农业生产的生产资料； | 参照本法执行。 |

## 二、消费者的权利

| | |
|---|---|
| 安全保障权 | 1. 消费者在购买、使用商品和接受服务时享有人身、财产安全不受损害的权利。 |
| | 2. 消费者有权要求经营者提供的商品和服务，符合保障人身、财产安全的要求。 |
| 知情权 | 1. 消费者享有知悉其购买、使用的商品或者接受的服务的真实情况的权利。 |
| | 2. 消费者有权根据商品或者服务的不同情况，要求经营者提供商品的价格、产地、生产者、用途、性能、规格、等级、主要成份、生产日期、有效期限、检验合格证明、使用方法说明书、售后服务，或者服务的内容、规格、费用等有关情况。 |
| 自主选择权 | 1. 消费者有权自主选择提供商品或者服务的经营者，自主选择商品品种或者服务方式，自主决定购买或者不购买任何一种商品、接受或者不接受任何一项服务。 |
| | 2. 消费者在自主选择商品或者服务时，有权进行比较、鉴别和挑选。 |
| 公平交易权 | 消费者在购买商品或者接受服务时，有权获得质量保障、价格合理、计量正确等公平交易条件。 |
| | 有权拒绝经营者的强制交易行为。 |
| 获得赔偿权 | 消费者因购买、使用商品或者接受服务受到人身、财产损害的：享有依法获得赔偿的权利。 |
| 结社权 | 消费者享有依法成立维护自身合法权益的社会组织的权利。 |
| 获得知识权 | 1. 消费者享有获得有关消费和消费者权益保护方面的知识的权利。 |
| | 2. 消费者应当努力掌握所需商品或者服务的知识和使用技能，正确使用商品，提高自我保护意识。 |

| 受尊重权 | 消费者在购买、使用商品和接受服务时：<br>享有人格尊严、民族风俗习惯得到尊重的权利。 |
|---|---|
| 监督权 | 1. 消费者享有对商品和服务以及保护消费者权益工作进行监督的权利。 |
| | 2. 消费者有权检举、控告侵害消费者权益的行为和国家机关及其工作人员在保护消费者权益工作中的违法失职行为，有权对保护消费者权益工作提出批评、建议。 |
| 个人信息权 | 又称消费者隐私权，私人信息不被非法采集非法披露的权利。<br>《个人信息保护法》第 69 条：<br>处理个人信息侵害个人信息权益造成损害，个人信息处理者不能证明自己没有过错的，应当承担损害赔偿等侵权责任。<br>前款规定的损害赔偿责任按照个人因此受到的损失或者个人信息处理者因此获得的利益确定；个人因此受到的损失和个人信息处理者因此获得的利益难以确定的，根据实际情况确定赔偿数额。 |

## 三、经营者的义务

| 依法经营和诚信经营 | 1. 经营者向消费者提供商品或者服务，应当依照本法和其他有关法律、法规的规定履行义务。 | |
|---|---|---|
| | 2. 经营者和消费者有约定的，应当按照约定履行义务，但双方的约定不得违背法律、法规的规定。 | |
| | 3. 经营者向消费者提供商品或者服务，应当恪守社会公德，诚信经营，保障消费者的合法权益。 | |
| | 4. 不得设定不公平、不合理的交易条件，不得强制交易。 | |
| 接受监督 | 经营者应当听取消费者对其提供的商品或者服务的意见；<br>接受消费者的监督。 | |
| 安全保障 | 经营者应当保证其提供的商品或者服务符合保障人身、财产安全的要求。 | |
| | 1. 对可能危及人身、财产安全的商品和服务，应当向消费者作出真实的说明和明确的警示。<br>说明和标明正确使用商品或者接受服务的方法以及防止危害发生的方法。 | |
| | 2. 宾馆、商场、餐馆、银行、机场、车站、港口、影剧院等经营场所的经营者：应当对消费者尽到安全保障义务。 | |
| | 3. 经营者发现其提供的商品或者服务存在缺陷，有危及人身、财产安全危险的： | （1）应当立即向有关行政部门报告和告知消费者。 |
| | | （2）采取停止销售、警示、召回、无害化处理、销毁、停止生产或者服务等措施。 |
| | | （3）采取召回措施的，经营者应当承担消费者因商品被召回支出的必要费用。 |

续　表

| 提供真实信息 | 1.经营者向消费者提供有关商品或者服务的质量、性能、用途、有效期限等信息：应当真实、全面，不得作虚假或者引人误解的宣传。 | |
|---|---|---|
| | 2.经营者对消费者就其提供的商品或者服务的质量和使用方法等问题提出的询问，应当作出真实、明确的答复。 | |
| | 3.经营者提供商品或者服务：应当明码标价。 | |
| 标明其真实名称和标记 | 租赁他人柜台或者场地的经营者：应当标明其真实名称和标记。 | |
| 出具单据 | 经营者提供商品或者服务：<br>1.应当按照国家有关规定或者商业惯例向消费者出具发票等购货凭证或者服务单据；<br>2.消费者索要发票等购货凭证或者服务单据的，经营者必须出具。 | |
| 质量保证 | 1.经营者应当保证在正常使用商品或者接受服务的情况下其提供的商品或者服务应当具有的质量、性能、用途和有效期限； | 但消费者在购买该商品或者接受该服务前已经知道其存在瑕疵，且存在该瑕疵不违反法律强制性规定的除外。 |
| | 2.经营者以广告、产品说明、实物样品或者其他方式表明商品或者服务的质量状况的： | 应当保证其提供的商品或者服务的实际质量与表明的质量状况相符。 |
| | 3.经营者提供的机动车、计算机、电视机、电冰箱、空调器、洗衣机等耐用商品或者装饰装修等服务： | 消费者自接受商品或者服务之日起6个月内发现瑕疵，发生争议的，由经营者承担有关瑕疵的举证责任。 |
| 履行退货、更换、修理的义务 | 1.经营者提供的商品或者服务不符合质量要求的： | |
| | （1）消费者可以依照国家规定、当事人约定退货，或者要求经营者履行更换、修理等义务。 | |
| | （2）没有国家规定和当事人约定的，消费者可以自收到商品之日起7日内退货； | 7日后符合法定解除合同条件的，消费者可以及时退货，不符合法定解除合同条件的，可以要求经营者履行更换、修理等义务。 |
| | （3）经营者应当承担运输等必要费用。 | |
| | 2.经营者采用网络、电视、电话、邮购等方式销售商品： | |
| | （1）消费者有权自收到商品之日起7日内退货，且无需说明理由。 | |
| | （2）但下列商品除外：消费者定作的；鲜活易腐的；在线下载或者消费者拆封的音像制品、计算机软件等数字化商品；交付的报纸、期刊。 | 其他根据商品性质并经消费者在购买时确认不宜退货的商品，不适用无理由退货。 |
| | （3）消费者退货的商品应当完好。经营者应当自收到退回商品之日起7日内返还消费者支付的商品价款。 | 退回商品的运费由消费者承担；经营者和消费者另有约定的，按照约定。 |

| | | |
|---|---|---|
| 正确使用格式条款的义务 | 1.经营者在经营活动中使用格式条款的，应当以显著方式提请消费者注意商品或者服务的数量和质量等与消费者有重大利害关系的内容。 | 并按照消费者的要求予以说明。 |
| | 2.经营者不得以格式条款、通知、声明、店堂告示等方式，作出排除或者限制消费者权利、减轻或者免除经营者责任、加重消费者责任等对消费者不公平、不合理的规定。 | 不得利用格式条款并借助技术手段强制交易。 |
| | 3.格式条款、通知、声明、店堂告示等含有前款所列内容的： | 其内容无效。 |
| 不得侵犯消费者人格权 | 经营者不得对消费者进行侮辱、诽谤，不得搜查消费者的身体及其携带的物品，不得侵犯消费者的人身自由。 | |
| 尊重消费者信息自由 | 1.经营者收集、使用消费者个人信息，应当遵循合法、正当、必要的原则，明示收集、使用信息的目的、方式和范围，并经消费者同意。 | 经营者收集、使用消费者个人信息，应当公开其收集、使用规则，不得违反法律、法规的规定和双方的约定收集、使用信息。 |
| | 2.经营者及其工作人员对收集的消费者个人信息必须严格保密，不得泄露、出售或者非法向他人提供。 | 经营者应当采取技术措施和其他必要措施，确保信息安全，防止消费者个人信息泄露、丢失。在发生或者可能发生信息泄露、丢失的情况时，应当立即采取补救措施。 |
| | 3.经营者未经消费者同意或者请求，或者消费者明确表示拒绝的： | 不得向其发送商业性信息。 |

经典考题：张某从某网店购买一套汽车坐垫。货到拆封后，张某因不喜欢其花色款式，多次与网店交涉要求退货。网店的下列哪些回答是违法的？（2014年·卷一·66题·多选）①

A.客户下单时网店曾提示"一经拆封，概不退货"，故对已拆封商品不予退货

---

① 【答案】ABD。根据《消费者权益保护法》第25条规定："经营者采用网络、电视、电话、邮购等方式销售商品，消费者有权自收到商品之日起七日内退货，且无需说明理由，但下列商品除外：（一）消费者定作的；（二）鲜活易腐的；（三）在线下载或者消费者拆封的音像制品、计算机软件等数字化商品；（四）交付的报纸、期刊。除前款所列商品外，其他根据商品性质并经消费者在购买时确认不宜退货的商品，不适用无理由退货。消费者退货的商品应当完好。经营者应当自收到退回商品之日起七日内返还消费者支付的商品价款。退回商品的运费由消费者承担；经营者和消费者另有约定的，按照约定。"因此网店的回答中只有 C 选项是合法的，选项 ABD 均违法。【错误原因】本题考查消费者无理由退货。考生要注意无理由退货与不符合质量要求退货的区别。本题错误原因主要是对相关法律制度理解不准确，对于"退货"等规则理解不到位。

B. 该商品无质量问题，花色款式也是客户自选，故退货理由不成立，不予退货

C. 如网店同意退货，客户应承担退货的运费

D. 如网店同意退货，货款只能在一个月后退还

## 四、消费者权益的社会保护

| 消费者组织的性质 | 1. 消费者协会和其他消费者组织是依法成立的对商品和服务进行社会监督的保护消费者合法权益的社会组织。 | |
|---|---|---|
| | 2. 依法成立的其他消费者组织依照法律、法规及其章程的规定，开展保护消费者合法权益的活动。 | 各级人民政府对消费者协会履行职责应当予以必要的经费等支持。 |
| | 3. 消费者组织不得从事商品经营和营利性服务。 | 不得以收取费用或者其他牟取利益的方式向消费者推荐商品和服务。 |
| 消费者组织的职责 | 消费者协会履行下列公益性职责：<br>1. 向消费者提供消费信息和咨询服务，提高消费者维护自身合法权益的能力，引导文明、健康、节约资源和保护环境的消费方式；<br>2. 参与制定有关消费者权益的法律、法规、规章和强制性标准；<br>3. 参与有关行政部门对商品和服务的监督、检查；<br>4. 就有关消费者合法权益的问题，向有关部门反映、查询，提出建议；<br>5. 受理消费者的投诉，并对投诉事项进行调查、调解；<br>6. 投诉事项涉及商品和服务质量问题的，可以委托具备资格的鉴定人鉴定，鉴定人应当告知鉴定意见；<br>7. 就损害消费者合法权益的行为，支持受损害的消费者提起诉讼或者依照本法提起诉讼；<br>8. 对损害消费者合法权益的行为，通过大众传播媒介予以揭露、批评。 | |
| 消费者组织的公益诉讼 | 对侵害众多消费者合法权益的行为：<br>中国消费者协会以及在省、自治区、直辖市设立的消费者协会，可以向人民法院提起诉讼。 | |

## 五、争议的解决

| 争议解决途径 | 1. 与经营者协商和解；向有关行政部门投诉；<br>2. 请求消费者协会或者依法成立的其他调解组织调解；<br>3. 根据与经营者达成的仲裁协议提请仲裁机构仲裁；<br>4. 向人民法院提起诉讼。 |
|---|---|
| **特殊规则** | |
| 1. 销售者的先行赔付义务 | 消费者在购买、使用商品时，其合法权益受到损害的，可以向销售者要求赔偿。 |
| | 销售者赔偿后，属于生产者的责任或者属于向销售者提供商品的其他销售者的责任的，销售者有权向生产者或者其他销售者追偿。 |
| 2. 生产者与销售者的连带责任 | 消费者或者其他受害人因商品缺陷造成人身、财产损害的，可以向销售者要求赔偿，也可以向生产者要求赔偿。 |

续　表

| | |
|---|---|
| | 属于生产者责任的，销售者赔偿后，有权向生产者追偿。属于销售者责任的，生产者赔偿后，有权向销售者追偿。 |
| 3. 企业合并、分立的赔偿 | 消费者在购买、使用商品或者接受服务时，其合法权益受到损害，因原企业分立、合并的：可以向变更后承受其权利义务的企业要求赔偿。 |
| 4. 使用他人执照的赔偿 | 使用他人营业执照的违法经营者提供商品或者服务，损害消费者合法权益的：消费者可以向其要求赔偿，也可以向营业执照的持有人要求赔偿。 |
| 5. 展销、租赁柜台经营的损害赔偿 | 消费者在展销会、租赁柜台购买商品或者接受服务，其合法权益受到损害的：<br>（1）可以向销售者或者服务者要求赔偿。<br>（2）展销会结束或者柜台租赁期满后，也可以向展销会的举办者、柜台的出租者要求赔偿。<br>（3）展销会的举办者、柜台的出租者赔偿后，有权向销售者或者服务者追偿。 |
| 6. 网络交易损害赔偿 | 消费者通过网络交易平台购买商品或者接受服务，其合法权益受到损害的：<br>（1）可以向销售者或者服务者要求赔偿。<br>（2）网络交易平台提供者不能提供销售者或者服务者的真实名称、地址和有效联系方式的，消费者也可以向网络交易平台提供者要求赔偿。<br>（3）网络交易平台提供者明知或者应知销售者或者服务者利用其平台侵害消费者合法权益，未采取必要措施的，依法与该销售者或者服务者承担连带责任。 |
| 7. 虚假广告损害赔偿 | （1）消费者因经营者利用虚假广告或者其他虚假宣传方式提供商品或者服务，其合法权益受到损害的，可以向经营者要求赔偿。<br>广告经营者、发布者不能提供经营者的真实名称、地址和有效联系方式的，应当承担赔偿责任。<br>（2）广告经营者、发布者设计、制作、发布关系消费者生命健康商品或者服务的虚假广告，造成消费者损害的：应当与提供该商品或者服务的经营者承担连带责任。<br>（3）社会团体或者其他组织、个人在关系消费者生命健康商品或者服务的虚假广告或者其他虚假宣传中向消费者推荐商品或者服务，造成消费者损害的：应当与提供该商品或者服务的经营者承担连带责任。 |
| 8. 消费者投诉 | 消费者向有关行政部门投诉的，该部门应当自收到投诉之日起 7 个工作日内，予以处理并告知消费者。 |

## 六、法律责任

经营者提供商品或者服务有欺诈行为：

1. 应当按照消费者的要求增加赔偿其受到的损失，增加赔偿的金额为消费者购买商品的价款或者接受服务的费用的 3 倍。

2. 增加赔偿的金额不足 500 元的，为 500 元。

3. 法律另有规定的，依照其规定。

续　表

经营者明知商品或者服务存在缺陷，仍然向消费者提供，造成消费者或者其他受害人死亡或者健康严重损害：

1. 受害人有权要求经营者依照法律规定赔偿损失。

2. 并有权要求所受损失 2 倍以下的惩罚性赔偿。

经营者违反本法规定，应当承担民事赔偿责任和缴纳罚款、罚金，其财产不足以同时支付：先承担民事赔偿责任。

## 总　结

### 1. 经营者的重要义务

| | |
|---|---|
| 安全保障 | 经营者应当保证其提供的商品或者服务符合保障人身、财产安全的要求。 |
| | 宾馆、商场、餐馆、银行、机场、车站、港口、影剧院等经营场所的经营者：应当对消费者尽到安全保障义务。 |
| 退货义务 | 1. 经营者提供的商品或者服务不符合质量要求的：经营者应当承担运输等必要费用。 |
| | 2. 经营者采用网络、电视、电话、邮购等方式销售商品：<br>（1）消费者有权自收到商品之日起 7 日内退货，且无需说明理由。<br>（2）根据商品性质并经消费者在购买时确认不宜退货的商品，不适用无理由退货。<br>退回商品的运费由消费者承担；经营者和消费者另有约定的，按照约定。 |

### 2. 争议的解决

| | |
|---|---|
| 网络交易损害赔偿 | 1. 可以向销售者或者服务者要求赔偿。<br>2. 网络交易平台提供者不能提供销售者或者服务者的真实名称，消费者也可以向网络交易平台提供者要求赔偿。<br>3. 网络交易平台提供者明知或者应知销售者或者服务者利用其平台侵害消费者合法权益，未采取必要措施的承担连带责任。 |
| 使用他人执照的赔偿 | 使用他人营业执照的违法经营者提供商品或者服务，损害消费者合法权益的：消费者可以向其要求赔偿，也可以向营业执照的持有人要求赔偿。 |
| 展销、租赁柜台经营的损害赔偿 | 消费者在展销会、租赁柜台购买商品或者接受服务，其合法权益受到损害的：<br>（1）可以向销售者或者服务者要求赔偿。<br>（2）展销会结束或者柜台租赁期满后，也可以向展销会的举办者、柜台的出租者要求赔偿。<br>（3）展销会的举办者、柜台的出租者赔偿后，有权向销售者或者服务者追偿。 |

### 3. 法律责任

| | |
|---|---|
| 欺诈行为 | 1. 应当按照消费者的要求增加赔偿其受到的损失，增加赔偿的金额为消费者购买商品的价款或者接受服务的费用的 3 倍。<br>2. 增加赔偿的金额不足 500 元的，为 500 元。 |
| 人身损害 | 1. 受害人有权要求经营者依照法律规定赔偿损失。<br>2. 并有权要求所受损失 2 倍以下的惩罚性赔偿。 |

4.生活消，农业生，调整范围；耐装修，六月瑕，举证倒置；网购悔，七日退，运费自负；网明知，虚广告，连带责任；害众多，省国级，消协诉讼；欺诈赔，价三倍，最低五百；亡健损，惩罚赔，二倍以下。

# 第二节　产品质量法

## 一、产品质量义务

| | |
|---|---|
| 生产者的产品质量义务 | 1.作为义务：<br>（1）不存在危及人身、财产安全的不合理的危险，有保障人体健康和人身、财产安全的国家标准、行业标准的，应当符合该标准；<br>（2）具备产品应当具备的使用性能，但是，对产品存在使用性能的瑕疵作出说明的除外；<br>（3）符合在产品或者其包装上注明采用的产品标准，符合以产品说明、实物样品等方式表明的质量状况。 |
| | 2.包装标识义务：产品或者其包装上的标识必须真实，并符合要求。裸装的食品和其他根据产品的特点难以附加标识的裸装产品，可以不附加产品标识。 |
| | 3.不作为义务：<br>（1）不得生产国家明令淘汰的产品；<br>（2）不得伪造产地，不得伪造或者冒用他人的厂名、厂址；<br>（3）不得伪造或者冒用认证标志等质量标志；<br>（4）不得掺杂、掺假，不得以假充真、以次充好，不得以不合格产品冒充合格产品。 |
| 销售者的产品质量义务 | 1.进货验收义务；<br>2.保持产品质量的义务；<br>3.有关产品标识的义务；<br>4.不得违反禁止性规范。 |

## 二、产品责任

| | |
|---|---|
| 概念和性质 | 因产品存在缺陷造成人身损害、缺陷产品以外的其他财产损害的，生产者或者销售者所应承担的赔偿责任。 |
| | 性质上属于侵权责任。 |
| 归责原则 | 1.生产者的严格责任。<br>（1）因产品存在缺陷造成人身、缺陷产品以外的其他财产（以下简称他人财产）损害的，生产者应当承担赔偿责任。<br>（2）生产者能够证明有下列情形之一的，不承担赔偿责任：①未将产品投入流通的；②产品投入流通时，引起损害的缺陷尚不存在的；③将产品投入流通时的科学技术水平尚不能发现缺陷的存在的。 |

续　表

| | |
|---|---|
| | 2. 销售者的过错责任。 |
| | （1）由于销售者的过错使产品存在缺陷，造成人身、他人财产损害的，销售者应当承担赔偿责任。 |
| | （2）销售者不能指明缺陷产品的生产者也不能指明缺陷产品的供货者的，销售者应当承担赔偿责任。 |
| 损害赔偿 | 1. 求偿权主体：受害者。 |
| | 2.求偿对象： |
| | （1）受害者可以在生产者和销售者之间选择，生产者和销售者承担连带责任。 |
| | （2）生产者或销售者赔偿后根据上述归责原则最终确定各自的责任，必要时可以向对方追偿。 |
| 诉讼时效 | 3 年。 |
| | 但赔偿请求权在缺陷产品交付最初消费者满 10 年时丧失。 |
| | 但是，尚未超过明示的安全使用期的除外。 |

**总　结**

| | |
|---|---|
| 产品责任 | 因产品存在缺陷造成人身损害、缺陷产品以外的其他财产损害的，生产者或者销售者所应承担的赔偿责任。 |
| | 性质上属于侵权责任。 |
| 损害赔偿 | 1. 求偿权主体：受害者。 |
| | 2.求偿对象： |
| | （1）受害者可以在生产者和销售者之间选择，生产者和销售者承担连带责任。 |
| | （2）生产者或销售者赔偿后根据上述归责原则最终确定各自的责任，必要时可以向对方追偿。 |

# 第三节　食品安全法

## 一、适用范围

| | |
|---|---|
| | 在中华人民共和国境内从事下列活动，应当遵守本法： |
| 适用范围 | 供食用的源于农业的初级产品（以下称食用农产品）的质量安全管理，遵守《中华人民共和国农产品质量安全法》的规定。 |
| | 但是，食用农产品的市场销售、有关质量安全标准的制定、有关安全信息的公布和本法对农业投入品作出规定的，应当遵守本法的规定。 |

## 二、食品安全标准

| | |
|---|---|
| 国家标准 | 1. 食品安全国家标准：<br>由国务院卫生行政部门会同国务院食品安全监督管理部门制定、公布。国务院标准化行政部门提供国家标准编号。 |
| | 2. 食品中农药残留、兽药残留的限量规定及其检验方法与规程：<br>由国务院卫生行政部门、国务院农业行政部门会同国务院食品安全监督管理部门制定。 |
| | 3. 屠宰畜、禽的检验规程：<br>由国务院农业行政部门会同国务院卫生行政部门制定。 |
| 地方标准 | 1. 对地方特色食品，没有食品安全国家标准的：<br>（1）省级人民政府卫生行政部门可以制定并公布食品安全地方标准；<br>（2）报国务院卫生行政部门备案。 |
| | 2. 食品安全国家标准制定后：<br>该地方标准即行废止。 |
| 企业标准 | 国家鼓励食品生产企业制定严于食品安全国家标准或者地方标准的企业标准：<br>（1）在本企业适用；<br>（2）并报省级人民政府卫生行政部门备案。 |

经典考题：李某花 2000 元购得某省 M 公司生产的苦茶一批，发现其备案标准并非苦茶的标准，且保质期仅为 9 个月，但产品包装上显示为 18 个月，遂要求该公司支付 2 万元的赔偿金。对此，下列哪些说法是正确的？（2017 年·卷一·67 题·多选）①

A. 李某的索赔请求于法有据

B. 茶叶的食品安全国家标准由国家卫计委制定、公布并提供标准编号

C. 没有苦茶的食品安全国家标准时，该省卫计委可制定地方标准，待国家标准制定后，酌情存废

D. 国家鼓励该公司就苦茶制定严于食品安全国家标准或地方标准的企业标准，在该公司适用，并报该省卫计委备案

---

① 【答案】AD。本题考查食品安全标准。《食品安全法》第 148 条第 2 款规定："生产不符合食品安全标准的食品或者经营明知是不符合食品安全标准的食品，消费者除要求赔偿损失外，还可以向生产者或者经营者要求支付价款十倍或者损失三倍的赔偿金；增加赔偿的金额不足一千元的，为一千元。但是，食品的标签、说明书存在不影响食品安全且不会对消费者造成误导的瑕疵的除外。"A 选项正确。《食品安全法》第 27 条第 1 款规定："食品安全国家标准由国务院卫生行政部门会同国务院食品药品监督管理部门制定、公布，国务院标准化行政部门提供国家标准编号。"B 选项错误。《食品安全法》第 29 条规定："对地方特色食品，没有食品安全国家标准的，省、自治区、直辖市人民政府卫生行政部门可以制定并公布食品安全地方标准，报国务院卫生行政部门备案。食品安全国家标准制定后，该地方标准即行废止。"C 选项错误。《食品安全法》第 30 条规定："国家鼓励食品生产企业制定严于食品安全国家标准或者地方标准的企业标准，在本企业适用，并报省、自治区、直辖市人民政府卫生行政部门备案。"D 选项正确。【错误原因】本题考查食品安全标准。本题错误原因主要是对相关法律制度理解不准确，对于"三大标准"等规则理解不到位。

## 三、食品安全管制

| | |
|---|---|
| 许可制度 | 1. 国家对食品生产经营实行许可制度。<br>销售食用农产品，不需要取得许可。 |
| | 2. 国家对食品添加剂生产实行许可制度。 |
| 检验制度 | 1. 县级以上人民政府食品安全监督管理部门应当对食品进行定期或者不定期的抽样检验。<br>不得免检。 |
| | 2. 采用国家规定的快速检测方法对食用农产品进行抽查检测，被抽查人对检测结果有异议的，可以自收到检测结果时起四小时内申请复检。<br>复检不得采用快速检测方法。 |
| 进口制度 | 1. 发现进口食品不符合我国食品安全国家标准或者有证据证明可能危害人体健康的：<br>进口商应当立即停止进口，并召回。 |
| | 2. 进口的预包装食品、食品添加剂应当有中文标签；<br>依法应当有说明书的，还应当有中文说明书。 |
| 召回制度 | 1. 食品生产者发现其生产的食品不符合食品安全标准或者有证据证明可能危害人体健康的：<br>应当立即停止生产，召回已经上市销售的食品。 |
| | 2. 由于食品经营者的原因造成其经营的食品有前款规定情形的：<br>食品经营者应当召回。 |
| | 3. 食品生产经营者未依照本条规定召回或者停止经营的：<br>县级以上人民政府食品安全监督管理部门可以责令其召回或者停止经营。 |
| 广告制度 | 1. 不得涉及疾病预防、治疗功能。 |
| | 2. 有关部门以及食品检验机构、食品行业协会：<br>不得以广告或者其他形式向消费者推荐食品。 |
| | 3. 消费者组织：<br>不得以收取费用或者其他牟取利益的方式向消费者推荐食品。 |
| 举报制度 | 1. 对查证属实的举报，给予举报人奖励。 |
| | 2. 有关部门应当对举报人的信息予以保密，保护举报人的合法权益。 |
| 特别规定 | 1. 生产经营的食品中不得添加药品。<br>但是可以添加按照传统既是食品又是中药材的物质。 |
| | 2. 禁止将剧毒、高毒农药用于：蔬菜、瓜果、茶叶和中草药材。 |
| | 3. 生产经营转基因食品：应当按照规定显著标示。 |

## 四、食品安全特殊责任

| 特殊食品 | 国家对保健食品、特殊医学用途配方食品和婴幼儿配方食品等特殊食品实行严格监督管理。 | |
|---|---|---|
| 保健食品 | 1.使用保健食品原料目录以外原料的保健食品和首次进口的保健食品应当经国务院食品安全监督管理部门注册。 | 但是,首次进口的保健食品中属于补充维生素、矿物质等营养物质的,应当报国务院食品安全监督管理部门备案。其他保健食品应当报省、自治区、直辖市人民政府食品安全监督管理部门备案。 |
| | 2.进口的保健食品应当是出口国(地区)主管部门准许上市销售的产品。 | |
| | 3.保健食品的标签、说明书不得涉及疾病预防、治疗功能。<br>并声明"本品不能代替药物"。 | |
| 医学食品 | 殊医学用途配方食品应当经国务院食品安全监督管理部门注册。 | |
| 配方乳粉 | 1.婴幼儿配方乳粉的产品配方应当经国务院食品安全监督管理部门注册。 | |
| | 2.不得以分装方式生产婴幼儿配方乳粉。<br>同一企业不得用同一配方生产不同品牌的婴幼儿配方乳粉。 | |

## 五、法律责任

| 连带责任 | 1.明知其未取得食品生产经营许可证或明知其未取得食品添加剂许可证,而为该食品或食品添加剂生产经营者提供经营场地或条件的:应与该食品或食品添加剂生产经营者承担连带责任。 |
|---|---|
| | 2.网络食品交易第三方平台提供者未对入网食品经营者进行实名登记、审查许可证,或者未履行报告、停止提供网络交易平台服务等义务的,使消费者的合法权益受到损害的:应当与食品经营者承担连带责任。 |
| | 3.社会团体或者其他组织、个人在虚假广告或者其他虚假宣传中向消费者推荐食品的:应当与食品生产经营者承担连带责任。 |
| 增加赔偿 | 1.消费者因不符合食品安全标准的食品受到损害的,可以向经营者要求赔偿损失,也可以向生产者要求赔偿损失。<br>(1)接到消费者赔偿要求的生产经营者,应当实行首负责任制,先行赔付,不得推诿;<br>(2)属于生产者责任的,经营者赔偿后有权向生产者追偿;<br>(3)属于经营者责任的,生产者赔偿后有权向经营者追偿。 |
| | 2.生产不符合食品安全标准的食品或者经营明知是不符合食品安全标准的食品,消费者除要求赔偿损失外:<br>(1)还可以向生产者或者经营者要求支付价款10倍或者损失3倍的赔偿金;<br>(2)增加赔偿的金额不足1000元的,为1000元。<br>(3)但是,食品的标签、说明书存在不影响食品安全且不会对消费者造成误导的瑕疵的除外。 |

## 总　结

### 1. 食品安全管制

| | |
|---|---|
| 许可制度 | （1）国家对食品生产经营实行许可制度。<br>销售食用农产品，不需要取得许可。 |
| | （2）国家对食品添加剂生产实行许可制度。 |
| 举报制度 | （1）对查证属实的举报，给予举报人奖励。 |
| | （2）有关部门应当对举报人的信息予以保密，保护举报人的合法权益。 |
| 特别规定 | （1）生产经营的食品中不得添加药品。<br>但是可以添加按照传统既是食品又是中药材的物质。 |
| | （2）禁止将剧毒、高毒农药用于：蔬菜、瓜果、茶叶和中草药材。 |
| | （3）生产经营转基因食品：应当按照规定显著标示。 |

### 2. 法律责任

| | |
|---|---|
| 消费者因不符合食品安全标准的食品受到损害 | 实行首负责任制，先行赔付。 |
| 不符合食品安全标准 | （1）消费者除要求赔偿损失外，还可以向生产者或者经营者要求支付价款 10 倍或者损失 3 倍的赔偿金； |
| | （2）增加赔偿的金额不足 1000 元的，为 1000 元。 |
| | （3）但是，食品的标签、说明书存在不影响食品安全且不会对消费者造成误导的瑕疵的除外。 |

# 专题十二　银行业法

知识体系图

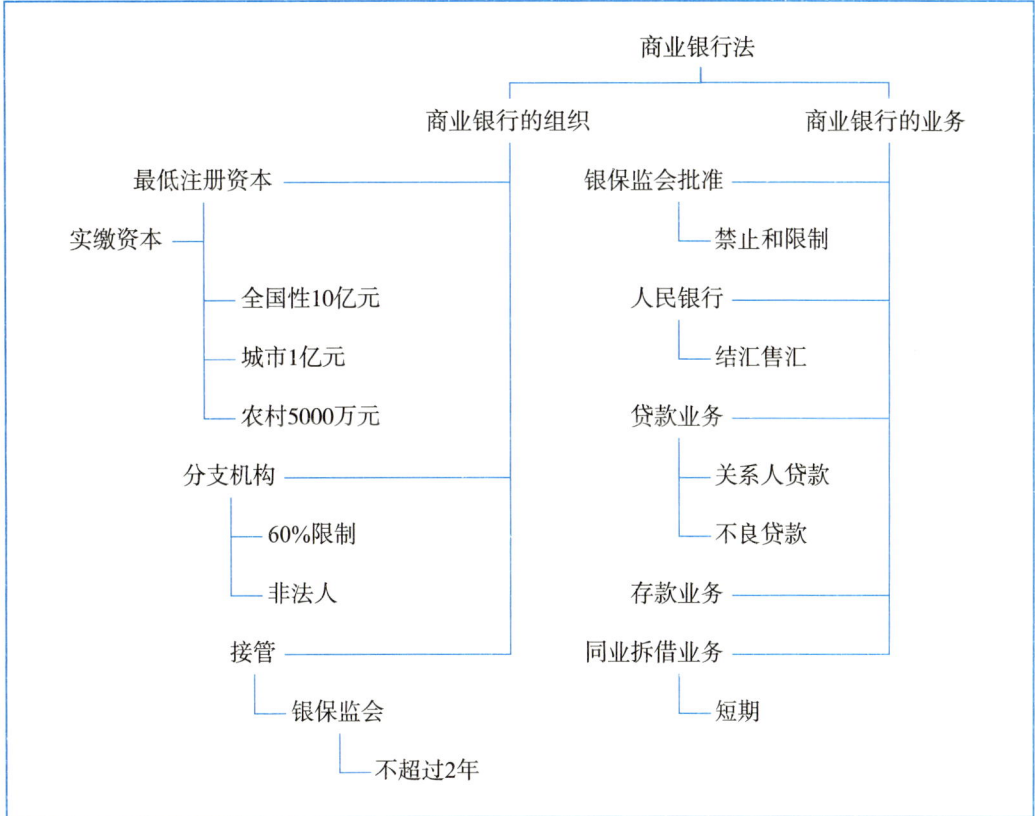

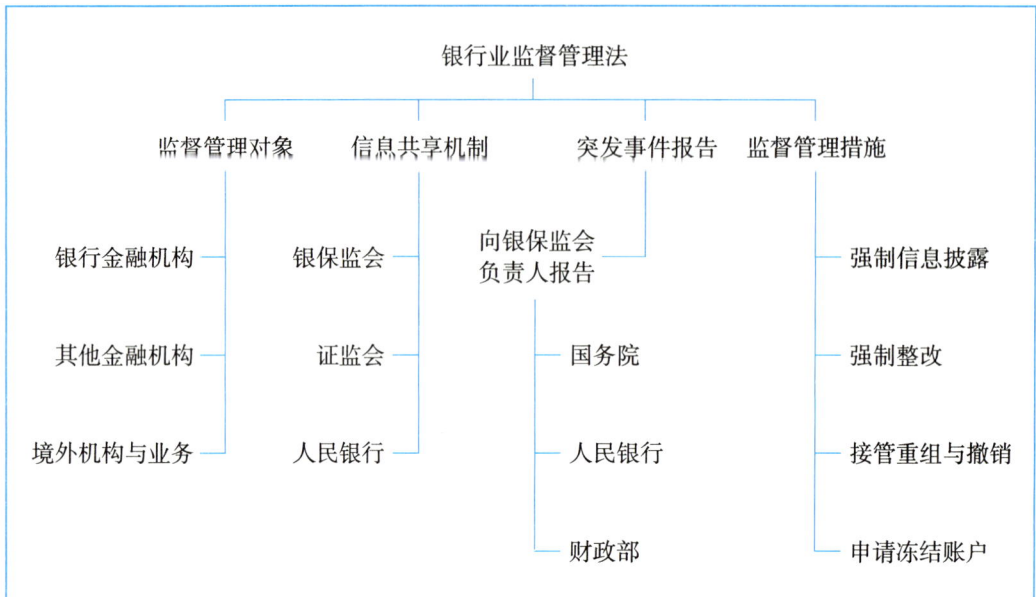

```
                          银行业监督管理法
          ┌──────────┬──────────────┬──────────────┐
      监督管理对象    信息共享机制      突发事件报告    监督管理措施

      银行金融机构      银保监会       向银保监会        强制信息披露
                                    负责人报告

      其他金融机构      证监会          国务院          强制整改

      境外机构与业务    人民银行        人民银行        接管重组与撤销

                                     财政部          申请冻结账户
```

## 命题点拨

本专题内容包括商业银行法、银行业监督管理法等。命题重点是商业银行的组织、贷款制度、监管制度等。要理解商业银行业务相关的组织规则、交易规则和涉及金融稳定的监管措施。

# 第一节　商业银行法

## 一、商业银行的组织

| 组织形式 | 有限公司、股份公司。 |
| --- | --- |
| | 具有法人资格，适用公司法。 |
| 最低注册资本 | 全国性商业银行 10 亿元，城市商业银行最低 1 亿元，农村商业银行最低 5000 万元。 |
| | 应当是实缴资本。 |
| 审批 | 应当向银保监会申请经营金融业务许可证，并凭该许可证向工商行政管理部门办理登记，领取营业执照。 |
| | 商业银行及其分支机构自取得营业执照之日起无正当理由超过 6 个月未开业的，或者开业后自行停业连续 6 个月以上的，由国务院银行业监督管理机构吊销其经营许可证，并予以公告。 |
| 分支机构 | 设立分支机构必须经国务院银行业监督管理机构审查批准。拨付各分支机构营运资金额的总和，不得超过总行资本金总额的 60%。 |

续　表

| | |
|---|---|
| | 商业银行分支机构不具有法人资格，其民事责任由总行承担，但是在民事诉讼中可以作为当事人。 |
| 变更的审批 | （1）变更名称；<br>（2）变更注册资本；<br>（3）变更总行或者分支行所在地；<br>（4）调整业务范围；<br>（5）变更持有资本总额或者股份总额 5% 以上的股东；<br>（6）修改章程；<br>（7）商业银行的分立、合并；<br>（8）任何单位和个人购买商业银行股份总额 5% 以上。 |
| 任职资格 | 更换董事、高级管理人员时：<br>应当报经国务院银行业监督管理机构审查其任职资格。 |
| 接管 | （1）条件和目的：商业银行已经或者可能发生信用危机，严重影响存款人的利益。 |
| | （2）接管的决定和实施：银保监会决定并组织实施。 |
| | （3）接管的后果：被接管的商业银行的债权债务关系不因接管而变化。<br>自接管开始之日起，由接管组行使商业银行的经营管理权力。 |
| | （4）接管的期限与终止：接管期最长不超过 2 年。 |
| 解散 | 经银保监会批准后解散，清算组成员由银保监会指定。 |
| | 银保监会监督清算过程，对清算重大事项有否决权。 |
| 破产 | 不以接管为条件。银行经银保监会同意后申请或者银保监会申请。法院组织银保监会等有关部门和有关人员成立清算组。 |
| | 商业银行破产清算时，在支付清算费用、所欠职工工资和劳动保险费用后，应当优先支付个人储蓄存款的本金和利息。 |

## 二、商业银行的业务

| 经营原则 | 安全性、流动性、效益性。 |
|---|---|
| 业务范围 | 1. 经营范围由商业银行章程规定，报国务院银行业监督管理机构批准。<br>商业银行经中国人民银行批准，可以经营结汇、售汇业务。 |
| | 2. 禁止和限制从事的业务：不得从事信托投资和证券经营业务，不得向非自用不动产投资或者向非银行金融机构和企业投资，但国家另有规定的除外。<br>商业银行因行使抵押权、质权而取得的不动产或股权，应当自取得之日起 2 年内予以处分。 |
| 贷款业务 | 1. 贷款审查和审批：商业银行贷款，应当对借款人的借款用途、偿还能力、还款方式等情况进行严格审查。商业银行贷款，应当实行审贷分离、分级审批的制度。<br>任何单位和个人不得强令商业银行发放贷款或者提供担保。 |
| | 2. 贷款种类：担保贷款和信用贷款。<br>担保贷款是原则，信用贷款是例外。 |

续 表

| 关系人贷款 | 1. 商业银行不得向关系人发放信用贷款。<br>向关系人发放担保贷款的条件不得优于其他借款人同类贷款的条件。 |
| | 2. 关系人是指：商业银行的董事、监事、管理人员、信贷业务人员及其近亲属。<br>前项所列人员投资或者担任高级管理职务的公司、企业和其他经济组织。 |
| 不良贷款 | 不良贷款是指呆账贷款、呆滞贷款和逾期贷款。 |
| | 1. 呆账贷款是指按财政部有关规定确认为无法偿还，而列为呆账的贷款； |
| | 2. 呆滞贷款是指按财政部有关规定，逾期（含展期后到期）超过 2 年仍未归还的贷款，或虽未逾期或逾期不满规定年限但生产经营已经终止、项目已经停建的贷款（不含呆账贷款）； |
| | 3. 逾期贷款是指借款合同约定到期（含展期后到期）未归还的贷款（不含呆滞贷款和呆账贷款）。 |
| 存款业务 | 1. 保密义务：对个人储蓄存款，商业银行有权拒绝任何单位或者个人查询、冻结、扣划，但法律另有规定的除外。对单位存款，商业银行有权拒绝任何单位或者个人查询，但法律、行政法规另有规定的除外；有权拒绝任何单位或者个人冻结、扣划，但法律另有规定的除外。 |
| | 2. 单位存款：企业事业单位可以自主选择一家商业银行的营业场所开立一个办理日常转账结算和现金收付的基本账户，不得开立两个以上基本账户。任何单位和个人不得将单位的资金以个人名义开立账户存储。 |
| 同业拆借业务 | 1. 禁止利用拆入资金发放固定资产贷款或者用于投资。<br>拆入资金用于弥补票据结算、联行汇差头寸的不足和解决临时性周转资金的需要。 |
| | 2. 拆出资金限于交足存款准备金、留足备付金和归还中国人民银行到期贷款之后的闲置资金。 |

**经典考题：**某市商业银行 2010 年通过实现抵押权取得某大楼的所有权，2013 年卖出该楼获利颇丰。2014 年该银行决定修建自用办公楼，并决定入股某知名房地产企业。该银行的下列哪些做法是合法的？（2014 年·卷一·69 题·多选）[①]

A. 2010 年实现抵押权取得该楼所有权

B. 2013 年出售该楼

C. 2014 年修建自用办公楼

D. 2014 年入股某房地产企业

---

① 【答案】AC。根据《商业银行法》第 42 条第 2 款："借款人到期不归还担保贷款的，商业银行依法享有要求保证人归还贷款本金和利息或者就该担保物优先受偿的权利。商业银行因行使抵押权、质权而取得的不动产或者股权，应当自取得之日起二年内予以处分。"因此选项 A 正确，选项 B 错误。根据《商业银行法》第 43 条："商业银行在中华人民共和国境内不得从事信托投资和证券经营业务，不得向非自用不动产投资或者向非银行金融机构和企业投资，但国家另有规定的除外。"因此选项 C 正确，选项 D 错误。【错误原因】本题考查商业银行的业务。本题错误原因主要是对相关法律制度理解不准确，对于"主动投资"、"被动取得"等规则理解不到位。

### 三、商业银行的管理机制

| | |
|---|---|
| 中长期贷款比例指标 | 商业银行1年期以上（含1年期）的中长期贷款与1年期以上的存款之比：不得超过120%。 |
| 资产流动性比例指标 | 流动资产（指在1个月内可以变现的资产）与各项流动性负债（指在1个月内到期的存款和同业净拆入款）的比例：不得低于25%。 |
| 对股东贷款比例 | 商业银行向股东提供贷款余额：不得超过该股东已缴纳股金的100%。 |

### 总　结

| | |
|---|---|
| 业务范围 | 1. 经营范围由商业银行章程规定，报国务院银行业监督管理机构批准。 |
| | 2. 不得向非自用不动产投资或者向非银行金融机构和企业投资。 |
| | 商业银行因行使抵押权、质权而取得的不动产或股权，应当自取得之日起2年内予以处分。 |
| 贷款业务 | 1. 应当对借款人的借款用途、偿还能力、还款方式等情况进行严格审查。 |
| | 任何单位和个人不得强令商业银行发放贷款或者提供担保。 |
| | 2. 贷款种类：担保贷款和信用贷款。 |
| | 担保贷款是原则，信用贷款是例外。 |

# 第二节　银行业监督管理法

## 一、银行业监督管理机构及其职责

| | |
|---|---|
| 监督管理对象 | 1. 在中华人民共和国境内设立的商业银行、城市信用合作社、农村信用合作社等吸收公众存款的金融机构以及政策性银行。 |
| | 2. 对在中华人民共和国境内设立的金融资产管理公司、信托投资公司、财务公司、金融租赁公司以及经国务院银行业监督管理机构批准设立的其他金融机构的监督管理，适用本法对银行业金融机构监督管理的规定。 |
| | 3. 经银保监会批准在境外设立的金融机构以及前两种金融机构在境外的业务活动。 |
| 监督管理机构 | 国务院银行业监督管理机构负责对全国银行业金融机构及其业务活动监督管理的工作。 |
| | 国务院银行业监督管理机构应当和中国人民银行、国务院其他金融监督管理机构建立监督管理信息共享机制。 |
| 监督管理职责 | 1. 发布规章、规则。 |
| | 2. 审查批准银行业金融机构的设立、变更、终止以及业务范围，审查股东情况。 |
| | 3. 银行业市场准入管制。 |
| | 4. 对银行业金融机构的董事和高级管理人员实行任职资格管理。 |
| | 5. 制定银行业金融机构的审慎经营规则。 |
| | 6. 对银行业自律组织的活动进行指导和监督。 |

## 二、监督管理措施

| | |
|---|---|
| 强制信息披露 | 1. 获取财务资料。<br>2. 询问企业高层人员。<br>3. 现场检查。<br>4. 向公众披露信息。 |
| 强制整改 | 1. 银行业金融机构违反审慎经营规则的：<br>国务院银行业监督管理机构或者其省一级派出机构应当责令限期改正。 |
| | 2. 逾期未改正的，或者其行为严重危及该银行业金融机构的稳健运行、损害存款人和其他客户合法权益的，经国务院银行业监督管理机构或者其省一级派出机构负责人批准，可以区别情形，采取下列措施：<br>（1）责令暂停部分业务、停止批准开办新业务；<br>（2）限制分配红利和其他收入；<br>（3）限制资产转让；<br>（4）责令控股股东转让股权或者限制有关股东的权利；<br>（5）责令调整董事、高级管理人员或者限制其权利；<br>（6）停止批准增设分支机构。 |
| 接管、重组与撤销 | 1. 银行业金融机构已经或者可能发生信用危机，严重影响存款人和其他客户合法权益的：<br>国务院银行业监督管理机构可以依法对该银行业金融机构实行接管或者促成机构重组。 |
| | 2. 银行业金融机构有违法经营、经营管理不善等情形，不予撤销将严重危害金融秩序、损害公众利益的：国务院银行业监督管理机构有权予以撤销。 |
| | 3. 经国务院银行业监督管理机构负责人批准，对直接负责的董事、高级管理人员和其他**直接责任**人员，可以采取下列措施：<br>（1）直接负责的董事、高级管理人员和其他直接责任人员出境将对国家利益造成重大损失的，通知出境管理机关依法阻止其出境；<br>（2）申请司法机关禁止其转移、转让财产或者对其财产设定其他权利。 |
| 申请冻结账户 | 经国务院银行业监督管理机构或者其省一级派出机构负责人批准：<br>（1）银监机构有权查询涉嫌金融违法的银行业金融机构及其工作人员以及关联行为人的账户；<br>（2）对涉嫌转移或者隐匿违法资金的，经银监机构负责人批准，可以申请司法机关予以冻结。 |

### 总　结

　　1. 直接负责的董事、高级管理人员和其他直接责任人员出境将对国家利益造成重大损失的，通知出境管理机关依法阻止其出境；

　　2. 申请司法机关禁止其转移、转让财产或者对其财产设定其他权利。

　　3. 对涉嫌转移或者隐匿违法资金的，经银监机构负责人批准，可以申请司法机关予以冻结。

# 专题十三　财税法

**知识体系图**

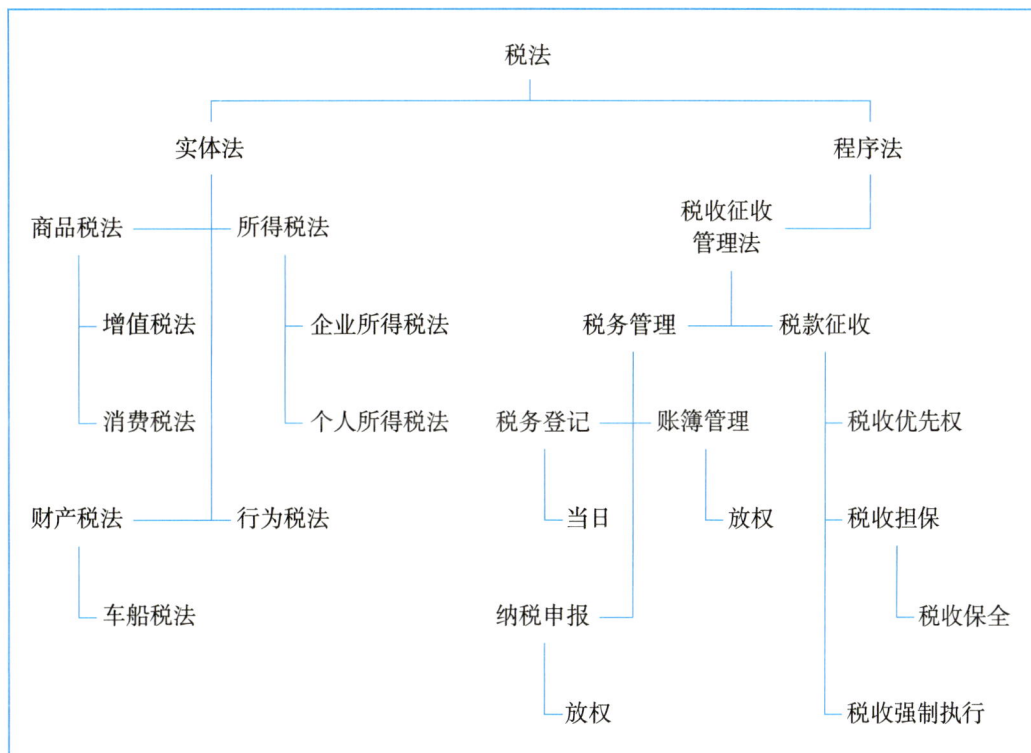

税法
- 实体法
  - 商品税法
    - 增值税法
    - 消费税法
  - 所得税法
    - 企业所得税法
    - 个人所得税法
  - 财产税法
    - 车船税法
  - 行为税法
- 程序法
  - 税收征收管理法
    - 税务管理
      - 税务登记
        - 当日
      - 账簿管理
      - 纳税申报
        - 放权
      - 放权
    - 税款征收
      - 税收优先权
      - 税收担保
        - 税收保全
      - 税收强制执行

**命题点拨**

本专题包括车船税法、个人所得税法、企业所得税法、税收征收管理法、审计法等。命题重点是免税制度、税收征收管理制度等。要理解税法的各主要立法及审计法的调整对象和基本规则，以及各税种的概念和内容。

# 第一节　税法

## 一、车船税

| 纳税人 | 在中华人民共和国境内属于《车船税法》所附《车船税税目税额表》规定的车辆、船舶的所有人或者管理人。 |
|---|---|

续　表

| | |
|---|---|
| 免征 | 下列车船免征车船税：<br>1. 捕捞、养殖渔船；<br>2. 军队、武装警察部队专用的车船；<br>3. 警用车船；<br>4. 悬挂应急救援专用号牌的国家综合性消防救援车辆和国家综合性消防救援专用船舶；<br>5. 依照法律规定应当予以免税的外国驻华使领馆及其有关人员的车船。 |
| 减征或者免征 | 1. 对节约能源、使用新能源的车船可以减征或者免征车船税；<br>2. 对受严重自然灾害影响纳税困难以及有其他特殊原因确需减税、免税的，可以减征或者免征车船税；<br>3. 省、自治区、直辖市人民政府根据当地实际情况，可以对公共交通车船，农村居民拥有并主要在农村地区使用的摩托车、三轮汽车和低速载货汽车定期减征或者免征车船税。 |

## 二、个人所得税

| | |
|---|---|
| 适用对象 | 在中国境内有住所，或者无住所而一个纳税年度内在中国境内居住累计满183天的个人，为居民个人。居民个人从中国境内和境外取得的所得，依照本法规定缴纳个人所得税。<br>在中国境内无住所又不居住，或者无住所而一个纳税年度内在中国境内居住累计不满183天的个人，为非居民个人。非居民个人从中国境内取得的所得，依照本法规定缴纳个人所得税。<br>纳税年度，自公历1月1日起至12月31日止。 |
| 税率 | 1. 综合所得，适用3%至45%的超额累进税率；<br>2. 经营所得，适用5%至35%的超额累进税率；<br>3. 利息、股息、红利所得，财产租赁所得，财产转让所得和偶然所得，适用比例税率，税率为20%。 |
| 免税范围 | 下列各项个人所得，免征个人所得税：<br>1. 省级人民政府、国务院部委和中国人民解放军军以上单位，以及外国组织、国际组织颁发的科学、教育、技术、文化、卫生、体育、环境保护等方面的奖金；<br>2. 国债和国家发行的金融债券利息；<br>3. 按照国家统一规定发给的补贴、津贴；<br>4. 福利费、抚恤金、救济金；<br>5. 保险赔款；<br>6. 军人的转业费、复员费、退役金；<br>7. 按照国家统一规定发给干部、职工的安家费、退职费、基本养老金或者退休费、离休费、离休生活补助费；<br>8. 依照有关法律规定应予免税的各国驻华使馆、领事馆的外交代表、领事官员和其他人员的所得；<br>9. 中国政府参加的国际公约、签订的协议中规定免税的所得；<br>10. 国务院规定的其他免税所得。<br>前款第10项免税规定，由国务院报全国人民代表大会常务委员会备案。 |

| 减税情形 | 有下列情形之一的，可以减征个人所得税，具体幅度和期限，由省、自治区、直辖市人民政府规定，并报同级人民代表大会常务委员会备案：<br>1. 残疾、孤老人员和烈属的所得；<br>2. 因自然灾害遭受重大损失的。<br>国务院可以规定其他减税情形，报全国人民代表大会常务委员会备案。 |
| --- | --- |
| 手续费 | 对扣缴义务人按照所扣缴的税款，付给 2% 的手续费。 |

# 三、企业所得税

## （一）纳税人、税率、征管

| 纳税人 | 1. 在中华人民共和国境内，企业和其他取得收入的组织（以下统称企业）为企业所得税的纳税人。 |
| --- | --- |
| | 2. 分为居民企业和非居民企业：<br>（1）居民企业，是指依法在中国境内成立，或者依照外国（地区）法律成立但实际管理机构在中国境内的企业。<br>（2）非居民企业，是指依照外国（地区）法律成立且实际管理机构不在中国境内，但在中国境内设立机构、场所的，或者在中国境内未设立机构、场所，但有来源于中国境内所得的企业。 |
| | 3. 个人独资企业和合伙企业不是企业所得税纳税人。 |
| 税率 | 1. 企业所得税的税率为 25%，内外资企业统一。 |
| | 2. 非居民企业在中国境内未设立机构、场所的，或者虽设立机构、场所但取得的所得与其所设机构、场所没有实际联系的：<br>应当就其来源于中国境内的所得缴纳企业所得税，税率为 20%。 |
| | 3. 符合条件的小型微利企业：减按 20% 的税率征收企业所得税。 |
| | 4. 国家需要重点扶持的高新技术企业：减按 15% 的税率征收企业所得税。 |
| 企业所得税的征收管理 | 居民企业以企业登记注册地为纳税地点；<br>但登记注册地在境外的，以实际管理机构所在地为纳税地点。 |
| | 企业所得税按纳税年度计算。企业所得税分月或者分季预缴。 |

## （二）重要制度

| 不征税收入 | 1. 财政拨款； |
| --- | --- |
| | 2. 依法收取并纳入财政管理的行政事业性收费、政府性基金。 |
| 免税收入 | 1. 国债利息收入； |
| | 2. 符合条件的居民企业之间的股息、红利等权益性投资收益； |
| | 3. 在中国境内设立机构、场所的非居民企业从居民企业取得与该机构、场所有实际联系的股息、红利等权益性投资收益； |
| | 4. 符合条件的非营利组织的收入。 |

续　表

| | |
|---|---|
| 应纳税所得额 | 企业每一纳税年度的收入总额，减除不征税收入、免税收入、各项扣除以及允许弥补的以前年度亏损后的余额，为应纳税所得额。 |
| | 企业纳税年度发生的亏损，准予向以后年度结转，用以后年度的所得弥补，但结转年限最长不得超过5年。 |
| 不得扣除 | 1. 向投资者支付的股息等权益性投资收益款项； |
| | 2. 企业所得税税款； |
| | 3. 税收滞纳金； |
| | 4. 罚金、罚款和被没收财物的损失； |
| | 5. 规定以外的捐赠支出； |
| | 6. 赞助支出； |
| | 7. 未经核定的准备金支出； |
| | 8. 与取得收入无关的其他支出。 |
| 加计扣除 | 1. 开发新技术、新产品、新工艺发生的研究开发费用； |
| | 2. 安置残疾人员及国家鼓励安置的其他就业人员所支付的工资。 |
| 减免 | 1. 从事农、林、牧、渔业项目的所得； |
| | 2. 从事国家重点扶持的公共基础设施项目投资经营的所得； |
| | 3. 从事符合条件的环境保护、节能节水项目的所得； |
| | 4. 符合条件的技术转让所得。 |
| 公益性捐赠支出 | 企业发生的公益性捐赠支出，在年度利润总额12%以内的部分，准予在计算应纳税所得额时扣除；超过年度利润总额12%的部分，准予结转以后3年内在计算应纳税所得额时扣除。 |

经典问答：非居民企业如何汇总缴纳企业所得税？

非居民企业在中国境内设立两个或者两个以上机构、场所，符合国务院税务主管部门规定条件的，可以选择由其主要机构、场所汇总缴纳企业所得税。

## 四、税收征收管理

### （一）重要制度

| | |
|---|---|
| 纳税人权利 | 1. 信息权； |
| | 2. 秘密权； |
| | 3. 申请减免退税的权利； |
| | 4. 陈述权、申辩权； |
| | 5. 申请复议、提起诉讼、请求国家赔偿的权利； |
| | 6. 控告和检举权； |
| | 7. 奖励权； |
| | 8. 请求回避权。 |

续　表

| 税务登记 | 1. 分为开业登记、变更登记和注销登记。<br>（1）从事生产经营的纳税人应当领取营业执照后在注册地税务机关办理税务登记，登记事项变更的在工商变更登记之后办理税务变更登记，办理工商注销登记之前办理税务注销登记。<br>（2）外出经营在同一地累计超过 180 天的应当在营业地办理税务登记。 |
| --- | --- |
| | 2. 自领取营业执照之日起 30 日内，向税务机关申报办理税务登记。<br>税务机关应当于收到申报的当日办理登记并发给税务登记证件。 |
| 账簿凭证 | 1. 财务会计制度报税务机关备案（计算机记账的，将会计电算化系统报税务机关备案）。账簿应使用中文（民族自治地方和外商投资企业、外国企业可以同时使用一种民族文字或者外国文字）。 |
| | 2. 生产、经营规模小又确无建账能力的纳税人：<br>可以聘请经批准从事会计代理记账业务的专业机构或者财会人员代为建账和办理账务。 |
| 纳税申报 | 1. 纳税人和扣缴义务人都要申报。<br>（1）可以直接到税务机关也可以采取邮寄、数据电文方式办理申报；<br>（2）需要延期申报应书面申请。 |
| | 2. 税务机关应当建立、健全纳税人自行申报纳税制度。 |
| 核定税额 | 纳税人有下列情形之一的，税务机关有权核定其应纳税额：<br>1. 依照法律、行政法规的规定可以不设置帐簿的；<br>2. 依照法律、行政法规的规定应当设置帐簿但未设置的；<br>3. 擅自销毁帐簿或者拒不提供纳税资料的；<br>4. 虽设置帐簿，但帐目混乱或者成本资料、收入凭证、费用凭证残缺不全，难以查帐的；<br>5. 发生纳税义务，未按照规定的期限办理纳税申报，经税务机关责令限期申报，逾期仍不申报的；<br>6. 纳税人申报的计税依据明显偏低，又无正当理由的。 |
| 减税免税 | 1. 纳税人依照法律、行政法规的规定办理减税、免税。<br>2. 地方各级人民政府、各级人民政府主管部门、单位和个人违反法律、行政法规规定，擅自作出的减税、免税决定无效，税务机关不得执行，并向上级税务机关报告。 |

### （二）扣押、保全、执行

| 税收保全 | 1. 对象 | 纳税人。 |
| --- | --- | --- |
| | 2. 违法情形 | 纳税人在纳税期之前，有逃避纳税义务的行为。 |
| | 3. 保全行为 | （1）可以在纳税期前，责令限期缴纳。 |
| | | （2）在限期内发现，纳税人有明显转移、隐匿商品、货物及其他财产、收入迹象，可以要求提供纳税担保。 |
| | | （3）不能提供纳税担保，经县以上税务局局长批准，可以采取以下保全措施：<br>①冻结纳税人存款。<br>②扣押、查封纳税人价值相当于应纳税款的商品、货物或其他财产。<br>③限期期满仍未缴税，可以从冻结存款扣缴，或依法拍卖或变卖商品、货物抵缴税款。 |

续　表

| | | |
|---|---|---|
| | 4.禁止保全 | （1）个人及其所扶养家属，维持生活必须的住房和用品，不在保全范围。<br>（2）机动车辆、金银饰品、古玩字画、豪华住宅或一处以上的住宅不属维持生活所必须的用品。<br>（3）对单价5000元以下的其他生活用品，不采取税收保全措施。 |
| 强制执行 | 1.对象 | 纳税人、扣缴义务人、纳税保证人。 |
| | 2.违法情形 | 纳税期限届至，未依照规定期限缴纳。 |
| | 3.执行措施 | 由税务机关责令缴纳，逾期仍未缴纳，经县以上税务局局长批准，可以采取以下强制执行措施（含税款及滞纳金）：<br>（1）从存款中扣缴税款。<br>（2）扣押、查封、依法拍卖或变卖其价值相当于税款的商品、货物或其他财产抵缴税款。 |
| | 4.禁止执行 | 与禁止保全范围相同。 |

### （三）限制出境、税收优先、税收代位

| | | |
|---|---|---|
| 限制出境 | 1.对象 | 欠税的纳税人的法定代表人。 |
| | 2.违法情形 | 应在出境前向税务机关结清税款、滞纳金或提供担保，未结又不提供担保。 |
| | 3.保全行为 | 可以阻止其出境。 |
| 税收优先 | 原则 | 有担保债权 > 税收债权 > 行政罚款、没收违法所得、无担保债权。 |
| | 例外 | 如税收债权发生时间早于有担保债权（抵押权、质权、留置权设定），则税收债权 > 有担保债权。 |
| 税收代位 | 条件 | 1.欠缴税款的纳税人因怠于行使到期债权，或者放弃到期债权，或者无偿转让财产，或者以明显不合理的低价转让财产而受让人知道该情形。<br>2.对国家税收造成损害的。<br>3.税务机关可以依照《民法典》相关规定行使代位权、撤销权。 |

　　**经典考题**：某企业流动资金匮乏，一直拖欠缴纳税款。为恢复生产，该企业将办公楼抵押给某银行获得贷款。此后，该企业因排污超标被环保部门罚款。现银行、税务部门和环保部门均要求拍卖该办公楼以偿还欠款。关于拍卖办公楼所得价款的清偿顺序，下列哪一选项是正确的？（2014年·卷一·29题·单选）①

　　A. 银行贷款优先于税款

---

① 【答案】B。根据《税收征收管理法》第45条第1、2款："税务机关征收税款，税收优先于无担保债权，法律另有规定的除外；纳税人欠缴的税款发生在纳税人以其财产设定抵押、质押或者纳税人的财产被留置之前的，税收应当先于抵押权、质权、留置权执行。纳税人欠缴税款，同时又被行政机关决定处以罚款、没收违法所得的，税收优先于罚款、没收违法所得。"税款发生在银行的抵押贷款之前，因此税款优先于银行贷款受偿，A选项错误，B选项正确。税收优先于罚款，因此选项C、选项D均错误。【错误原因】本题考查税收优先权。本题错误原因主要是对相关法律制度理解不准确，对于"优先权"、"前提条件"等规则理解不到位。

B. 税款优先于银行贷款

C. 罚款优先于税款

D. 三种欠款同等受偿，拍卖所得不足时按比例清偿

## （四）追诉期限和救济途径

| | |
|---|---|
| 征纳期限 | 1. 纳税人有特殊困难，经省级税务机关批准可以延期缴纳。<br>但最长不得超过 3 个月。 |
| | 2. 纳税人超过应纳税额缴纳的税款：<br>（1）税务机关发现后应当立即退还；<br>（2）纳税人自结算缴纳税款之日起 3 年内发现的，可以向税务机关要求退还多缴的税款并加算银行同期存款利息，税务机关及时查实后应当立即退还。 |
| | 3. 因税务机关的责任，致使纳税人、扣缴义务人未缴或者少缴税款的：<br>税务机关在 3 年内可以要求纳税人、扣缴义务人补缴税款，但是不得加收滞纳金。 |
| | 4. 因纳税人、扣缴义务人计算错误等失误，未缴或者少缴税款的：<br>税务机关在 3 年内可以追征税款、滞纳金；有特殊情况的，追征期可以延长到 5 年。 |
| | 5. 对偷税、抗税、骗税的，税务机关追征其未缴或者少缴的税款、滞纳金或者所骗取的税款：不受期限的限制。 |
| 追诉期限 | 违反税收法律、行政法规，应给予处罚行为。 |
| | 在 5 年内未被发现，不再给予行政处罚。 |
| 救济途径 | 1. 纳税争议（有先后）：<br>（1）须先缴纳税款及滞纳金或提供相应担保。<br>（2）依法申请行政复议。<br>（3）对复议不服，可以依法起诉。 |
| | 2. 处罚决定、强制执行、税收保全不服的，可以申请复议，也可以依法起诉（可选择）。 |

## 总 结

### 1. 税法理论

| | |
|---|---|
| 税收特征 | （1）法定性；<br>（2）强制性；<br>（3）无偿性。 |
| 税法体系 | （1）税收体制法；<br>（2）税收征纳实体法；<br>（3）税收征纳程序法。 |
| | 其中税收征纳实体法包括：<br>（1）商品税法，如增值税法、消费税法；<br>（2）所得税法，如企业所得税法和个人所得税法；<br>（3）财产税法，如资源税法、房产税法、土地增值税法、土地使用税法、契税法、车船税法；<br>（4）行为税法，如印花税法。 |

续　表

| 税收构成要素 | 税法的构成要素是指构成税法所必需的基本要件：<br>主要包括税法主体、征税对象、税基、税目、税率、税收减免、纳税地点、纳税时间和税法责任等。 |
|---|---|

## 2. 个人所得税法

| 免税范围 | 下列各项个人所得，免征个人所得税：<br>（1）省级人民政府、国务院部委和中国人民解放军军以上单位，以及外国组织、国际组织颁发的科学、教育、技术、文化、卫生、体育、环境保护等方面的奖金；<br>（2）国债和国家发行的金融债券利息；<br>（3）其他。 |
|---|---|
| 减税情形 | 有下列情形之一的，可以减征个人所得税，具体幅度和期限，由省、自治区、直辖市人民政府规定，并报同级人民代表大会常务委员会备案：<br>（1）残疾、孤老人员和烈属的所得；<br>（2）因自然灾害遭受重大损失的。<br>国务院可以规定其他减税情形，报全国人民代表大会常务委员会备案。 |

## 3. 企业所得税法

| 不得扣除 | 在计算应纳税所得额时，下列支出不得扣除：<br>（1）向投资者支付的股息、红利等权益性投资收益款项；<br>（2）企业所得税税款；<br>（3）税收滞纳金；<br>（4）罚金、罚款和被没收财物的损失；<br>（5）规定以外的捐赠支出；<br>（6）赞助支出；<br>（7）未经核定的准备金支出；<br>（8）与取得收入无关的其他支出。 |
|---|---|
| 免税收入 | （1）国债利息收入；<br>（2）符合条件的居民企业之间的股息、红利等权益性投资收益；<br>（3）在中国境内设立机构、场所的非居民企业从居民企业取得与该机构、场所有实际联系的股息、红利等权益性投资收益；<br>（4）符合条件的非营利组织的收入。 |
| 加计扣除 | （1）开发新技术、新产品、新工艺发生的研究开发费用。<br>（2）安置残疾人员及国家鼓励安置的其他就业人员所支付的工资。 |

## 4. 税收征收管理法

| 税收优先 | （1）有担保债权 ＞ 税收债权 ＞ 行政罚款、没收违法所得、无担保债权。<br>（2）如税收债权发生时间早于有担保债权（抵押权、质权、留置权设定），则税收债权 ＞ 有担保债权。 |
|---|---|

| 追征税款 | 1. 因税务机关的责任，致使纳税人、扣缴义务人未缴或者少缴税款的：<br>税务机关在 3 年内可以要求纳税人、扣缴义务人补缴税款，但是不得加收滞纳金。<br>2. 因纳税人、扣缴义务人计算错误等失误，未缴或者少缴税款的：<br>税务机关在 3 年内可以追征税款、滞纳金；有特殊情况的，追征期可以延长到 5 年。<br>3. 对偷税、抗税、骗税的，税务机关追征其未缴或者少缴的税款、滞纳金或者所骗取的税款：不受期限的限制。 |
|---|---|
| 救济途径 | 1. 纳税争议（有先后）：<br>（1）须先缴纳税款及滞纳金或提供相应担保。<br>（2）依法申请行政复议。<br>（3）对复议不服，可以依法起诉。<br>2. 处罚决定、强制执行、税收保全不服的，可以申请复议，也可以依法起诉（可选择）。 |

# 第二节 审计法

| 审计工作领导体制 | 国务院、省级、地市级、县区级政府设审计机关。地方各级审计机关在本级政府首长和上一级审计机关领导下工作。地方各级审计机关对本级人民政府和上一级审计机关负责并报告工作，审计业务以上级审计机关领导为主。地方各级审计机关负责人的任免，应当事先征求上一级审计机关的意见。 |
|---|---|
| 审计监督范围 | 1. 本级各部门（含直属单位）和下级政府预算的执行情况和决算以及其他财政收支情况； |
| | 2. 国家的事业组织和使用财政资金的其他事业组织的财务收支； |
| | 3. 国有企业的资产、负债、损益； |
| | 4. 政府投资和以政府投资为主的建设项目的预算执行情况和决算； |
| | 5. 政府部门管理的和其他单位受政府委托管理的社会保障基金、社会捐赠资金以及其他有关基金、资金的财务收支； |
| | 6. 国际组织和外国政府援助、贷款项目的财务收支； |
| | 7. 审计机关按照国家有关规定，对国家机关和依法属于审计机关审计监督对象的其他单位的主要负责人，在任职期间对本地区、本部门或者本单位的财政收支、财务收支以及有关经济活动应负经济责任的履行情况，进行审计监督。 |
| 审计权限 | 1. 有权检查被审计单位的会计凭证等有关的资料和资产。 |
| | 2. 有权查询被审计单位在金融机构的账户。 |
| 审计程序 | 应当在实施审计 3 日前，向被审计单位送达审计通知书； |
| | 遇有特殊情况，经本级人民政府批准，审计机关可以直接持审计通知书实施审计。 |

## 总　结

1. 审计机关对政府投资和以政府投资为主的建设项目的预算执行情况和决算，进行审计监督。

2. 审计机关经县级以上人民政府审计机关负责人批准，有权查询被审计单位在金融机构的账户。

# 专题十四　土地法和房地产法

知识体系图

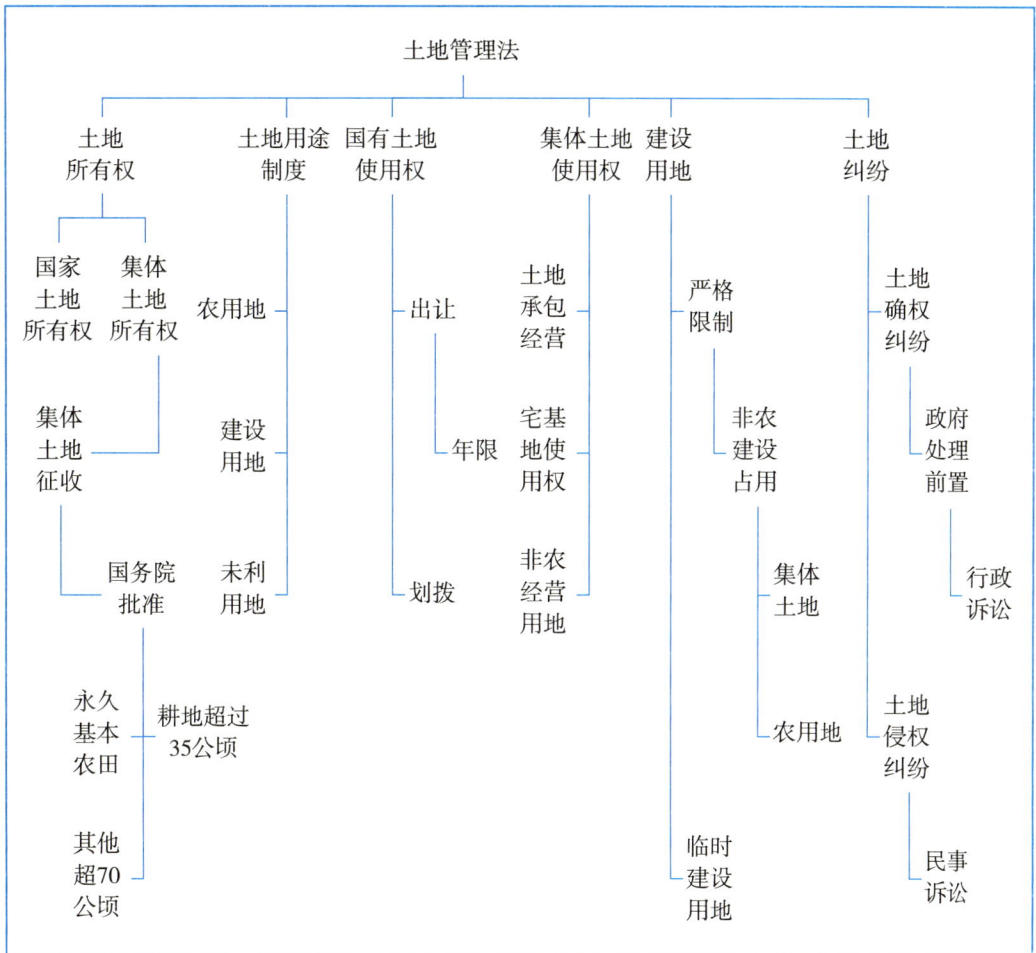

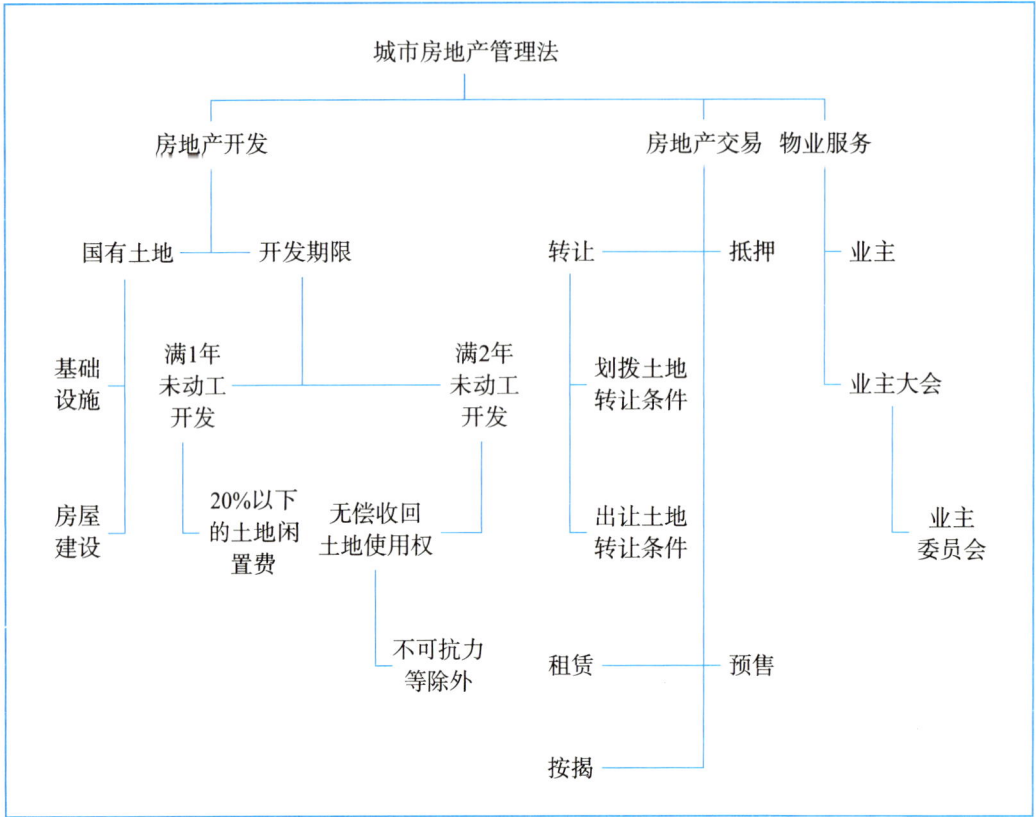

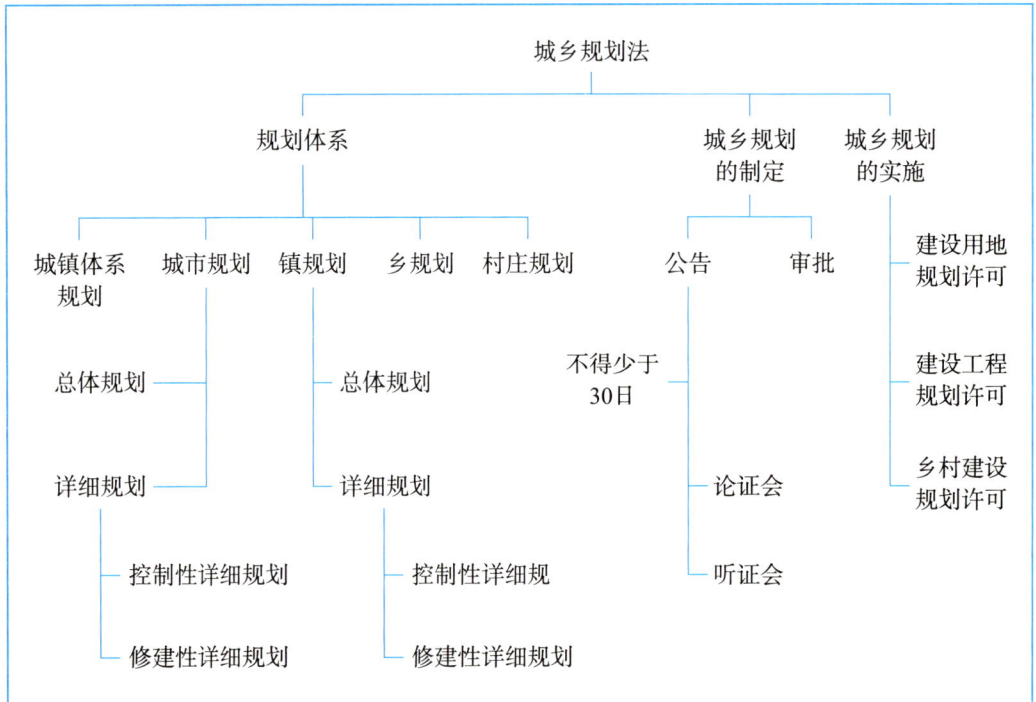

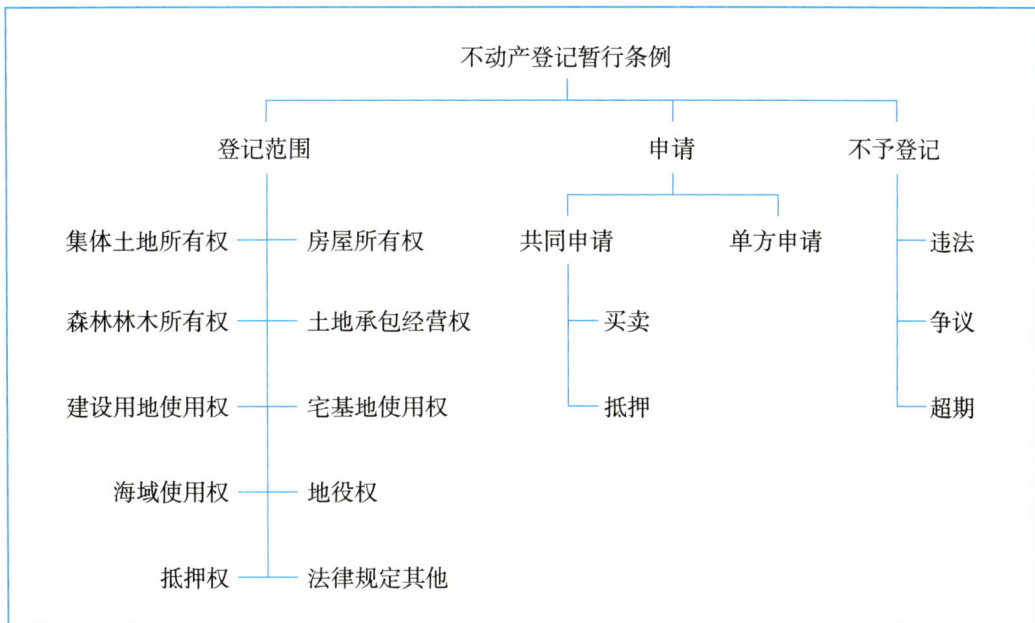

```
                    不动产登记暂行条例
         ┌─────────────────┼─────────────────┐
       登记范围              申请              不予登记
                      ┌───────┴───────┐
   集体土地所有权──房屋所有权    共同申请      单方申请        违法

   森林林木所有权──土地承包经营权      买卖                  争议

   建设用地使用权──宅基地使用权        抵押                  超期

    海域使用权──地役权

     抵押权──法律规定其他
```

## 命题点拨

本专题重要考点包括国有土地使用权、集体土地使用权、房地产开发制度、房地产交易制度、城乡规划的实施等。要理解我国土地权利的基本构架，城乡规划的基本流程、城市房地产市场的构成，以及各相关的管理制度。

# 第一节 土地管理法

## 一、土地所有权

| | |
|---|---|
| **土地所有权** | 中华人民共和国实行土地的社会主义公有制，即全民所有制和劳动群众集体所有制。 |
| **国家所有的土地** | 1. 全民所有，即国家所有土地的所有权由国务院代表国家行使。 |
| | 2. 城市市区的土地属于国家所有。 |
| **集体所有的土地** | 农村和城市郊区的土地，除由法律规定属于国家所有的以外，属于农民集体所有；宅基地和自留地、自留山，属于农民集体所有。 |
| **集体土地征收** | 1. 征收下列土地的，由国务院批准：<br>（1）永久基本农田；<br>（2）永久基本农田以外的耕地超过35公顷的；<br>（3）其他土地超过70公顷的。 |
| | 2. 征收前款规定以外的土地的，由省、自治区、直辖市人民政府批准。 |

续　表

| | |
|---|---|
| | 3.国家征收土地的，依照法定程序批准后，由县级以上地方人民政府予以公告并组织实施。 |
| | 4.多数被征地的农村集体经济组织成员认为征地补偿安置方案不符合法律、法规规定的，县级以上地方人民政府应当组织召开听证会，并根据法律、法规的规定和听证会情况修改方案。 |
| 土地用途 | 国家编制土地利用总体规划，规定土地用途，将土地分为农用地、建设用地和未利用地。严格限制农用地转为建设用地，控制建设用地总量，对耕地实行特殊保护。 |

## 二、国有土地使用权

| | |
|---|---|
| 出让 | 建设单位使用国有土地，应当以出让等有偿使用方式取得。 |
| | 以出让等有偿使用方式取得国有土地使用权的建设单位，按照国务院规定的标准和办法，缴纳土地使用权出让金等土地有偿使用费和其他费用后，方可使用土地。 |
| | 自本法施行之日起，新增建设用地的土地有偿使用费，30%上缴中央财政，70%留给有关地方人民政府。 |
| 划拨 | 下列建设用地，经县级以上人民政府依法批准，可以以划拨方式取得：<br>1.国家机关用地和军事用地；<br>2.城市基础设施用地和公益事业用地；<br>3.国家重点扶持的能源、交通、水利等基础设施用地；<br>4.法律、行政法规规定的其他用地。 |
| 使用 | 建设单位使用国有土地的，应当按照土地使用权出让等有偿使用合同的约定或者土地使用权划拨批准文件的规定使用土地； |
| | 确需改变该幅土地建设用途的，应当经有关人民政府自然资源主管部门同意，报原批准用地的人民政府批准。其中，在城市规划区内改变土地用途的，在报批前，应当先经有关城市规划行政主管部门同意。 |

## 三、集体土地使用权

| | |
|---|---|
| 土地承包经营权 | 农民集体所有和国家所有依法由农民集体使用的耕地、林地、草地，以及其他依法用于农业的土地，采取农村集体经济组织内部的家庭承包方式承包。 |
| | 不宜采取家庭承包方式的荒山、荒沟、荒丘、荒滩等，可以采取招标、拍卖、公开协商等方式承包。 |
| | 从事种植业、林业、畜牧业、渔业生产。家庭承包的耕地的承包期为30年，草地的承包期为30年至50年，林地的承包期为30年至70年。 |
| | 耕地承包期届满后再延长30年，草地、林地承包期届满后依法相应延长。 |

| | |
|---|---|
| **宅基地使用权** | 农村村民一户只能拥有一处宅基地，其宅基地的面积不得超过省、自治区、直辖市规定的标准。 |
| | 人均土地少、不能保障一户拥有一处宅基地的地区，县级人民政府在充分尊重农村村民意愿的基础上，可以采取措施，按照省、自治区、直辖市规定的标准保障农村村民实现户有所居。 |
| | 农村村民住宅用地，由乡（镇）人民政府审核批准；其中，涉及占用农用地的，依照本法规定办理审批手续。 |
| | 农村村民出卖、出租、赠与住宅后，再申请宅基地的，不予批准。 |
| **非农经营用地使用权** | 农村集体经济组织使用乡（镇）土地利用总体规划确定的建设用地兴办企业或者与其他单位、个人以土地使用权入股、联营等形式共同举办企业的，应当持有关批准文件，向县级以上地方人民政府自然资源主管部门提出申请，按照省、自治区、直辖市规定的批准权限，由县级以上地方人民政府批准；其中，涉及占用农用地的，依照本法规定办理审批手续。 |
| | 兴办企业的建设用地，必须严格控制。省、自治区、直辖市可以按照乡镇企业的不同行业和经营规模，分别规定用地标准。 |

## 四、临时用地

建设项目施工和地质勘查需要临时使用国有土地或者农民集体所有的土地的，由县级以上人民政府自然资源主管部门批准。

其中，在城市规划区内的临时用地，在报批前，应当先经有关城市规划行政主管部门同意。

土地使用者应当根据土地权属，与有关自然资源主管部门或者农村集体经济组织、村民委员会签订临时使用土地合同，并按照合同的约定支付临时使用土地补偿费。

临时使用土地的使用者应当按照临时使用土地合同约定的用途使用土地，并不得修建永久性建筑物。

临时使用土地期限一般不超过 2 年。

## 五、法律责任与争议解决

| | |
|---|---|
| **法律责任** | 责令限期拆除在非法占用的土地上新建的建筑物和其他设施的，建设单位或者个人必须立即停止施工，自行拆除； |
| | 对继续施工的，作出处罚决定的机关有权制止。 |
| | 建设单位或者个人对责令限期拆除的行政处罚决定不服的，可以在接到责令限期拆除决定之日起 15 日内，向人民法院起诉； |
| | 期满不起诉又不自行拆除的，由作出处罚决定的机关依法申请人民法院强制执行，费用由违法者承担。 |

续　表

| 争议解决 | 土地所有权和使用权争议，由当事人协商解决；<br>协商不成的，由人民政府处理。 |
| --- | --- |
| | 单位之间的争议，由县级以上人民政府处理。<br>个人之间、个人与单位之间的争议，由乡级人民政府或者县级以上人民政府处理。 |
| | 当事人对有关人民政府的处理决定不服的，可以自接到处理决定通知之日起 30 日内，向人民法院起诉。 |
| | 在土地所有权和使用权争议解决前，任何一方不得改变土地利用现状。 |

经典问答：**甲地征收农民集体所有的土地，对其中的农村村民住宅，应如何处理？**

对其中的农村村民住宅，应当按照先补偿后搬迁、居住条件有改善的原则，尊重农村村民意愿，采取重新安排宅基地建房、提供安置房或者货币补偿等方式给予公平、合理的补偿，并对因征收造成的搬迁、临时安置等费用予以补偿。

## 总　结

1. 集体土地征收

| 批准权 | （1）征收下列土地的，由国务院批准：<br>①永久基本农田；<br>②永久基本农田以外的耕地超过 35 公顷的；<br>③其他土地超过 70 公顷的。 |
| --- | --- |
| | （2）征收前款规定以外的土地的，由省、自治区、直辖市人民政府批准。 |
| 实施权 | 国家征收土地的，依照法定程序批准后，由县级以上地方人民政府予以公告并组织实施。 |

2. 不宜采取家庭承包方式的荒山、荒沟、荒丘、荒滩等，可以采取招标、拍卖、公开协商等方式承包，从事种植业、林业、畜牧业、渔业生产。

3. 永久基本农田一般应当占本行政区域内耕地的 80% 以上。

4. 征收农用地的土地补偿费、安置补助费标准由省、自治区、直辖市通过制定公布区片综合地价确定。区片综合地价至少每 3 年调整或者重新公布一次。

# 第二节　城市房地产管理法

## 一、房地产开发制度

| 房地产开发 | 是指在依法取得土地使用权的国有土地上进行基础设施、房屋建设的行为。 |
| --- | --- |
| | 1. 开发规划要求。房地产开发必须严格遵守城乡规划法，对房地产开发项目产生直接法律约束力的是城市规划中的详细规划。 |

续　表

| | |
|---|---|
| | 2. 开发土地使用权用途与开发期限要求。以出让方式取得土地使用权进行房地产开发的，必须按照土地使用权出让合同约定的土地用途、动工开发期限开发土地。<br>（1）超过出让合同约定的动工开发日期满1年未动工开发的，可以征收相当于土地使用权出让金20%以下的土地闲置费；<br>（2）满2年未动工开发的，可以无偿收回土地使用权。<br>（3）但是，因不可抗力或者政府、政府有关部门的行为或者动工开发必需的前期工作造成动工开发迟延的除外。 |
| | 3. 开发安全性要求。房地产开发项目的设计、施工，必须符合国家的有关标准和规范；房地产开发项目竣工，经验收合格后，方可交付使用。取得竣工验收合格证也是申请取得房屋所有权的一个重要条件。 |
| **房地产开发企业** | 1. 即所谓房地产开发商或发展商，按照城市房地产管理法的规定，是以营利为目的，从事房地产开发和经营的企业。<br>2. 房地产开发企业在领取营业执照后的1个月内，应当到登记所在地的县级以上地方人民政府规定的部门备案。 |

## 二、房地产交易制度

| | |
|---|---|
| **转让** | 1. 转让方式：出售、交换、赠与、继承、入股。<br>房地产转让的一般性禁止。下列房地产不得转让：<br>（1）以出让方式取得土地使用权的，不符合法定条件的；<br>（2）司法机关和行政机关依法裁定、决定查封或者以其他形式限制房地产权利的；<br>（3）依法收回土地使用权的；<br>（4）共有房地产，未经其他共有人书面同意的；<br>（5）权属有争议的；未依法登记领取权属证书的；<br>（6）法律、行政法规规定禁止转让的其他情形。 |
| | 2. 权属转移原则：房随地走，地随房走。 |
| | 3. 以划拨方式取得的土地使用权转让条件：<br>（1）报有批准权的人民政府批准；<br>（2）受让方办理出让手续，缴纳出让金；或者经批准不办理出让手续，由转让方将土地收益上缴国家。 |
| | 4. 以出让方式取得的土地使用权的转让条件：<br>（1）按照出让合同约定已经支付全部土地使用权出让金，并取得土地使用权证书；<br>（2）按照出让合同约定进行投资开发，属于房屋建设工程的，完成开发投资总额的25%以上，属于成片开发土地的，形成工业用地或者其他建设用地条件。 |
| **抵押** | 1. 房屋与其占用的土地使用权必须一并抵押。以出让方式取得的土地使用权上无建筑物的，可以单独抵押。 |
| | 2. 以划拨方式取得的土地使用权不得单独抵押。<br>如果该土地上有房产，经有审批权的人民政府批准可以将房屋和划拨土地使用权一并抵押，但抵押权实现时，先缴纳土地使用权出让金以后，抵押权人方可优先受偿。 |

续　表

| | |
|---|---|
| | 3. 抵押合同签订后，土地上新增的房屋不属于抵押财产，对拍卖新增房屋所得，抵押权人无权优先受偿。 |
| 租赁 | 1. 以营利为目的，房屋所有权人将以划拨方式取得使用权的国有土地上建成的房屋出租的，应当将租金中所含土地收益上缴国家。 |
| | 2. 租赁的其他内容根据《民法典》处理。 |
| 商品房预售 | 1. 商品房预售，应当符合下列条件：<br>（1）已交付全部土地使用权出让金，取得土地使用权证书；<br>（2）持有建设工程规划许可证；<br>（3）按提供预售的商品房计算，投入开发建设的资金达到工程建设总投资的25%以上，并已经确定施工进度和竣工交付日期；<br>（4）向县级以上人民政府房产管理部门办理预售登记，取得商品房预售许可证明。 |
| | 2. 商品房预售人应当按照国家有关规定将预售合同报县级以上人民政府房产管理部门和土地管理部门登记备案。 |
| | 3. 商品房预售所得款项，必须用于有关的工程建设。 |
| 商品房按揭 | 1. 在中国内地，商品房按揭一般是指不能或不愿一次性支付房款的按揭购房借贷人将其与开发商已签订之商品房预售或销售合同项下的所有权益作为向商业银行贷款的担保。 |
| | 2. 开发商负责将购房借贷人《房屋所有权证》和《土地使用权证》交银行收押并办理正式的抵押登记。 |
| 交易中介 | 包括房地产咨询机构、房地产价格评估机构、房地产经纪机构等。 |

　　**经典问答：甲市计划将城市规划区内的集体所有的土地直接有偿出让，是否合法？**

　　结论：不合法。除法律另有规定外，城市规划区内的集体所有的土地，经依法征收转为国有土地后，该幅国有土地的使用权方可有偿出让。

　　**经典考题：**甲企业将其厂房及所占划拨土地一并转让给乙企业，乙企业依法签订了出让合同，土地用途为工业用地。5年后，乙企业将其转让给丙企业，丙企业欲将用途改为商业开发。关于该不动产权利的转让，下列哪些说法是正确的？（2015年·卷一·72题·多选）①

---

①【答案】ABC。根据《城市房地产管理法》第40条第1款的规定："以划拨方式取得土地使用权的，转让房地产时，应当按照国务院规定，报有批准权的人民政府审批……"因此选项A正确。根据《城市房地产管理法》第39条第1款第1项的规定："以出让方式取得土地使用权的，转让房地产时，应当符合下列条件：（一）按照出让合同约定已经支付全部土地使用权出让金，并取得土地使用权证书……"因此B选项正确。根据《城市房地产管理法》第44条的规定："以出让方式取得土地使用权的，转让房地产后，受让人改变原土地使用权出让合同约定的土地用途的，必须取得原出让方和市、县人民政府城市规划行政主管部门的同意……"因此C选项正确。根据《城市房地产管理法》第43条的规定："以出让方式取得土地使用权的，转让房地产后，其土地使用权的使用年限为原土地使用权出让合同约定的使用年限减去原土地使用者已经使用年限后的剩余年限。"因此D选项错误。【错误原因】本题综合考查划拨土地转让与出让土地转让。本题错误原因主要是对相关法律制度理解不准确，对于"划拨"、"出让"等规则理解不到位。

A. 甲向乙转让时应报经有批准权的政府审批

B. 乙向丙转让时，应已支付全部土地使用权出让金，并取得国有土地使用权证书

C. 丙受让时改变土地用途，须取得有关国土部门和规划部门的同意

D. 丙取得该土地及房屋时，其土地使用年限应重新计算

## 总　结

| | |
|---|---|
| 转让 | 1. 权属转移原则：房随地走，地随房走。 |
| | 2. 以划拨方式取得的土地使用权转让条件：<br>（1）报有批准权的人民政府批准；<br>（2）受让方办理出让手续，缴纳出让金；或者经批准不办理出让手续，由转让方将土地收益上缴国家。 |
| | 3. 以出让方式取得的土地使用权的转让条件：<br>（1）按照出让合同约定已经支付全部土地使用权出让金，并取得土地使用权证书；<br>（2）按照出让合同约定进行投资开发，属于房屋建设工程的，完成开发投资总额的 25% 以上。 |
| 预售 | 商品房预售人应当按照国家有关规定将预售合同报县级以上人民政府房产管理部门和土地管理部门登记备案。 |

# 第三节　城乡规划法

## 一、城乡规划的体系

| 城乡规划包括 | 城镇体系规划 | 1. 城市规划 | 总体规划 | |
|---|---|---|---|---|
| | | | 详细规划 | 控制性详细规划 |
| | | | | 修建性详细规划 |
| | | 2. 镇规划 | 总体规划 | |
| | | | 详细规划 | 控制性详细规划 |
| | | | | 修建性详细规划 |
| | | 3. 乡规划 | | |
| | | 4. 村庄规划 | | |

规划区：是指城市、镇和村庄的建成区以及因城乡建设和发展需要，必须实行规划控制的区域。

## 二、城乡规划的制定

| 报送审批前工作 | 1. 城乡规划报送审批前，组织编制机关应当依法将城乡规划草案予以公告，并采取论证会、听证会或者其他方式征求专家和公众的意见。<br>公告的时间不得少于 30 日。审批机关批准前，应当组织专家和有关部门进行审查。 |
|---|---|
| | 2. 城乡规划组织编制机关应当委托具有相应资质等级的单位承担城乡规划的具体编制工作。 |

续　表

| | |
|---|---|
| 编制与审批 | 1. 城镇体系规划。<br>（1）全国城镇体系规划由国务院城乡规划主管部门报国务院审批。<br>（2）省、自治区人民政府组织编制省城城镇体系规划，报国务院审批。 |
| | 2. 城市总体规划。<br>（1）直辖市的城市总体规划由直辖市人民政府报国务院审批。<br>（2）省会城市的总体规划，由省人民政府审查同意后，报国务院审批。<br>（3）其他城市的总体规划，由城市人民政府报省人民政府审批。 |
| | 3. 镇总体规划。<br>（1）县人民政府组织编制县人民政府所在地镇的总体规划，报上一级人民政府审批。<br>（2）其他镇的总体规划由镇人民政府组织编制，报上一级人民政府审批。 |
| | 4. 城市的控制性详细规划。<br>城市人民政府城乡规划主管部门根据城市总体规划的要求，组织编制城市的控制性详细规划；经本级人民政府批准后，报本级人民代表大会常务委员会和上一级人民政府备案。 |
| | 5. 镇的控制性详细规划。<br>（1）镇人民政府根据镇总体规划的要求，组织编制镇的控制性详细规划，报上一级人民政府审批。<br>（2）县人民政府所在地镇的控制性详细规划，由县人民政府城乡规划主管部门根据镇总体规划的要求组织编制，经县人民政府批准后，报本级人民代表大会常务委员会和上一级人民政府备案。 |
| 编制工作条件 | 从事城乡规划编制工作应当具备下列条件，并经国务院城乡规划主管部门或者省、自治区、直辖市人民政府城乡规划主管部门依法审查合格，取得相应等级的资质证书后，方可在资质等级许可的范围内从事城乡规划编制工作：<br>1. 有法人资格；<br>2. 有规定数量的经相关行业协会注册的规划师；<br>3. 有规定数量的相关专业技术人员；<br>4. 有相应的技术装备；<br>5. 有健全的技术、质量、财务管理制度。 |

## 三、城乡规划的实施

| | |
|---|---|
| 建设规划许可 | 建设规划许可制度是城乡规划管理的重要制度。城乡规划主管部门不得在城乡规划确定的建设用地范围以外作出建设规划许可。建设规划许可分为建设用地规划许可、建设工程规划许可和乡村建设规划许可。<br><br>1. 建设用地规划许可（规划—签合同—建设用地规划许可证）。<br>出让国有土地前，规划部门依据控规提出规划条件，作为出让合同组成部分。未确定规划条件的地块，不得出让。规划条件未纳入的，出让合同无效。<br>签订出让合同后，建设单位向规划部门领取建设用地规划许可证。 |

续　表

| | |
|---|---|
| | 2. 建设工程规划许可。<br>在城市、镇规划区内搞建设的，建设单位应当向市县规划部门或者镇政府申请建设工程规划许可证。 |
| | 3. 乡村建设规划许可。<br>在乡、村庄规划区内进行乡镇企业、乡村公共设施和公益事业建设的，向乡、镇政府提出申请，由后者报市县规划部门核发乡村建设规划许可证。<br>如涉及农用地，应办理农用地转用审批手续后，由市县规划部门核发乡村建设规划许可证。<br>取得乡村建设规划许可证后，方可办理用地审批手续。 |
| 建设规划变更 | 1. 一般不得变更。 |
| | 2. 确需变更，向市县规划部门提出申请。 |
| | 3. 变更内容不符合控规的，不得批准。 |
| | 4. 建设单位应将变更后的规划条件报土地部门备案。 |
| 临时建设规划管理 | 在城市、镇规划区内进行临时建设的，应当经市、县人民政府城乡规划主管部门批准。 |
| | 临时建设应当在批准的使用期限内自行拆除。 |
| 核实与监督检查 | 未经核实或者经核实不符合规划条件的，建设单位不得组织竣工验收。 |
| | 建设单位应当在竣工验收后 6 个月内向城乡规划主管部门报送有关竣工验收资料。 |

经典问答：**甲公司以出让方式取得国有土地使用权的建设项目，如何领取建设用地规划许可证？**

结论：甲公司在取得建设项目的批准、核准、备案文件和签订国有土地使用权出让合同后，向城市、县人民政府城乡规划主管部门领取建设用地规划许可证。

## 四、城乡规划的修改

有下列情形之一的，组织编制机关方可按照规定的权限和程序修改省域城镇体系规划、城市总体规划、镇总体规划：

1. 上级人民政府制定的城乡规划发生变更，提出修改规划要求的；

2. 行政区划调整确需修改规划的；

3. 因国务院批准重大建设工程确需修改规划的；

4. 经评估确需修改规划的；

5. 城乡规划的审批机关认为应当修改规划的其他情形。

修改后的省域城镇体系规划、城市总体规划、镇总体规划，应当依照编制的审批程序报批。

**总　结**

| | |
|---|---|
| 选址意见书 | 以划拨方式提供国有土地使用权的，建设单位在报送有关部门批准或者核准前，应当向城乡规划主管部门申请核发选址意见书。 |

续　表

| 临时建设 | 在城市、镇规划区内进行临时建设的，应当经城市、县人民政府城乡规划主管部门批准。 |
|---|---|
| 限期拆除 | 建设单位或者个人有下列行为之一的，由所在地城市、县人民政府城乡规划主管部门责令限期拆除：<br>1.未经批准进行临时建设的；<br>2.未按照批准内容进行临时建设的；<br>3.临时建筑物、构筑物超过批准期限不拆除的。 |

# 第四节　不动产登记暂行条例

## 一、登记制度

| 概念 | 不动产登记，是指不动产登记机构依法将不动产权利归属和其他法定事项记载于不动产登记簿的行为。 |
|---|---|
|  | 不动产，是指土地、海域以及房屋、林木等定着物。 |
| 登记制度 | 国家实行不动产统一登记制度。 |
|  | 不动产登记遵循严格管理、稳定连续、方便群众的原则。 |
|  | 不动产权利人已经依法享有的不动产权利，不因登记机构和登记程序的改变而受到影响。 |
| 登记范围 | 1.集体土地所有权；<br>2.房屋等建筑物、构筑物所有权；<br>3.森林、林木所有权；<br>4.耕地、林地、草地等土地承包经营权；<br>5.建设用地使用权；<br>6.宅基地使用权；<br>7.海域使用权；<br>8.地役权；<br>9.抵押权。 |
| 登记机构 | 国务院国土资源主管部门负责指导、监督全国不动产登记工作。 |
|  | 县级以上地方人民政府应当确定一个部门为本行政区域的不动产登记机构。 |
|  | 跨县级行政区域的不动产登记，由所跨县级行政区域的不动产登记机构分别办理。<br>不能分别办理的，由所跨县级行政区域的不动产登记机构协商办理；<br>协商不成的，由共同的上一级人民政府不动产登记主管部门指定办理。 |

## 二、申请制度

| | |
|---|---|
| 申请 | 1. 因买卖、设定抵押权等申请不动产登记的，应当由当事人双方共同申请。 |
| | 2. 属于下列情形之一的，可以由当事人单方申请：<br>（1）尚未登记的不动产首次申请登记的；<br>（2）继承、接受遗赠取得不动产权利的；<br>（3）人民法院、仲裁委员会生效的法律文书或者人民政府生效的决定等设立、变更、转让、消灭不动产权利的；<br>（4）权利人姓名、名称或者自然状况发生变化，申请变更登记的；<br>（5）不动产灭失或者权利人放弃不动产权利，申请注销登记的；<br>（6）申请更正登记或者异议登记的；<br>（7）法律、行政法规规定可以由当事人单方申请的其他情形。 |
| 材料 | 不动产登记机构应当在办公场所和门户网站公开申请登记所需材料目录和示范文本等信息。 |
| 办理 | 不动产登记机构未当场书面告知申请人不予受理的，视为受理。 |
| 查验 | 不动产登记机构受理不动产登记申请的，应当按照要求进行查验。 |
| 查看 | 对可能存在权属争议，或者可能涉及他人利害关系的登记申请，不动产登记机构可以向申请人、利害关系人或者有关单位进行调查。 |
| 期限 | 不动产登记机构应当自受理登记申请之日起 30 个工作日内办结不动产登记手续，法律另有规定的除外。 |
| 不予登记 | 登记申请有下列情形之一的，不动产登记机构应当不予登记，并书面告知申请人：<br>1. 违反法律、行政法规规定的；<br>2. 存在尚未解决的权属争议的；<br>3. 申请登记的不动产权利超过规定期限的；<br>4. 法律、行政法规规定不予登记的其他情形。 |

### 总 结

| | |
|---|---|
| 申请 | 1. 因买卖、设定抵押权等申请不动产登记的，应当由当事人双方共同申请。 |
| | 2. 属于下列情形之一的，可以由当事人单方申请：<br>（1）尚未登记的不动产首次申请登记的；<br>（2）继承、接受遗赠取得不动产权利的；<br>（3）其他。 |

第三部分　知识产权法

# 专题十五　著作权法

## 知识体系图

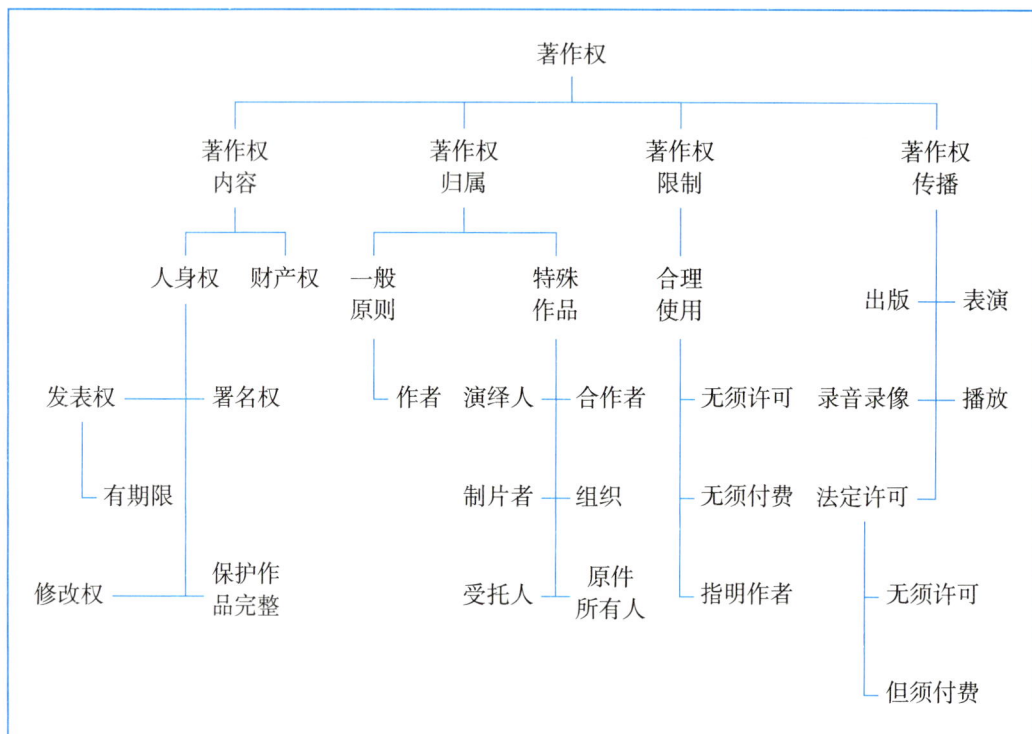

## 命题点拨

本专题重要考点包括著作权的客体、著作权归属、著作权人身权、著作权财产权、邻接权、著作权侵权、合理使用、法定许可等。考生要重点学习著作权人与邻接权人所拥有的各项权利。本法要注意新修、新增的内容。

# 第一节　著作权法概述

## 一、著作权法适用范围

| 中国自然人、法人或者非法人组织的作品 | 不论是否发表，均享有著作权。著作权即版权。 |
|---|---|

| | |
|---|---|
| **外国人、无国籍人的作品** | 根据协议或者条约享有著作权。 |
| | 首先在中国境内出版的享有著作权。 |
| | 首次在中国参加的国际条约的成员国出版的，或者在成员国和非成员国同时出版的，享有著作权。 |

## 二、作品的范围

| | |
|---|---|
| 1. 文字作品 | |
| 2. 口述作品 | |
| 3. 艺术作品 | 音乐、戏剧、曲艺、舞蹈、杂技 |
| 4. 美术、建筑作品 | |
| 5. 摄影作品 | |
| 6. 视听作品 | |
| 7. 图形作品和模型作品 | 工程设计图、产品设计图、地图、示意图 |
| 8. 计算机软件 | |
| 9. 符合作品特征的其他智力成果 | |
| 著作权法不适用对象 | 法律、法规，国家机关的决议、决定、命令和其他具有立法、行政、司法性质的文件，及其官方正式译文； |
| | 单纯事实消息； |
| | 历法、通用数表、通用表格和公式。 |

**总 结**

　　著作权法所称的作品，是指文学、艺术和科学领域内具有独创性并能以一定形式表现的智力成果。

# 第二节　著作权

## 一、著作权的内容

| | | |
|---|---|---|
| **人身权** | 1. 发表权 | 即决定作品是否公之于众的权利； |
| | 2. 署名权 | 即表明作者身份，在作品上署名的权利； |
| | 3. 修改权 | 即修改或者授权他人修改作品的权利； |
| | 4. 保护作品完整权 | 即保护作品不受歪曲、篡改的权利； |

续　表

| | | |
|---|---|---|
| 财产权 | 5. 复制权 | 即以印刷、复印、拓印、录音、录像、翻录、翻拍、数字化等方式将作品制作一份或者多份的权利； |
| | 6. 发行权 | 即以出售或者赠与方式向公众提供作品的原件或者复制件的权利； |
| | 7. 出租权 | 即有偿许可他人临时使用视听作品、计算机软件的原件或者复制件的权利，计算机软件不是出租的主要标的的除外； |
| | 8. 展览权 | 即公开陈列美术作品、摄影作品的原件或者复制件的权利； |
| | 9. 表演权 | 即公开表演作品，以及用各种手段公开播送作品的表演的权利； |
| | 10. 放映权 | 即通过放映机、幻灯机等技术设备公开再现美术、摄影、视听作品等的权利； |
| | 11. 广播权 | 即以有线或者无线方式公开传播或者转播作品，以及通过扩音器或者其他传送符号、声音、图像的类似工具向公众传播广播的作品的权利，但不包括本款第十二项规定的权利； |
| | 12. 信息网络传播权 | 即以有线或者无线方式向公众提供，使公众可以在其选定的时间和地点获得作品的权利； |
| | 13. 摄制权 | 即以摄制电影或者以类似摄制电影的方法将作品固定在载体上的权利； |
| | 14. 改编权 | 即改变作品，创作出具有独创性的新作品的权利； |
| | 15. 翻译权 | 即将作品从一种语言文字转换成另一种语言文字的权利； |
| | 16. 汇编权 | 即将作品或者作品的片段通过选择或者编排，汇集成新作品的权利； |
| | 17. 其他权利 | |

著作权人可以许可他人行使第 5 项至第 17 项规定的权利，并获得报酬。

著作权人可以全部或者部分转让本条第 1 款第 5 项至第 17 项规定的权利，并获得报酬。

## 二、著作权归属

| | |
|---|---|
| 一般规则 | 1. 除著作权法另有规定的以外，著作权属于作者。 |
| | 2. 作者的认定：创作作品的公民是作者。由法人或者其他组织主持，代表法人或者其他组织意志创作，并由法人或者其他组织承担责任的作品，法人或者其他组织视为作者。在作品上署名的自然人、法人或者非法人组织为作者，且该作品上存在相应权利，但有相反证明的除外。 |
| 演绎作品 | 1. 演绎作品：改编、翻译、注释、整理已有作品而产生的作品。 |
| | 2. 演绎作品，又称派生作品，是指在已有作品的基础上，经过改编、翻译、注释、整理等创造性劳动而产生的作品。 |
| | 3. 著作权归属于演绎人，但是演绎人行使著作权时不得侵犯原作品的著作权，无权阻止第三人对原演绎作品再度演绎。 |
| 合作作品 | 1. 著作权由合作作者共同享有。没有参加创作的人，不能成为合作作者。 |

续 表

| | |
|---|---|
| | 2. 合作作品，是指两人以上合作创作的作品。 |
| | 3. 合作作品可以分割使用的，作者对各自创作的部分可以单独享有著作权，但行使著作权时不得侵犯合作作品整体的著作权，如歌曲。 |
| | 4. 合作作品的著作权由合作作者通过协商一致行使；不能协商一致，又无正当理由的，任何一方不得阻止他方行使除转让、许可他人专有使用、出质以外的其他权利，但是所得收益应当合理分配给所有合作作者。 |
| 汇编作品 | 1. 汇编作品：汇编人对汇编材料的选择或编排付出了创造性劳动。 |
| | 2. 汇编若干作品、作品的片段或者不构成作品的数据或者其他材料，对其内容的选择或者编排体现独创性的作品，称为汇编作品。 |
| | 3. 著作权归属：由汇编人享有，但行使著作权时，不得侵犯原作品的著作权。 |
| 视听作品 | 视听作品中的电影作品、电视剧作品的著作权由制作者享有，但编剧、导演、摄影、作词、作曲等作者享有署名权，并有权按照与制作者签订的合同获得报酬。<br>前款规定以外的视听作品的著作权归属由当事人约定；没有约定或者约定不明确的，由制作者享有，但作者享有署名权和获得报酬的权利。<br>视听作品中的剧本、音乐等可以单独使用的作品的作者有权单独行使其著作权。 |
| 职务作品 | 1. 职务作品是指公民为完成法人或者其他组织的工作任务所创作的作品。 |
| | 2. 一般职务作品著作权归属：除单位作品外，公民为完成单位工作任务而又未主要利用单位物质技术条件创作的作品，称为一般职务作品。<br>一般情况下著作权由作者享有，单位有权在其业务范围内优先使用；作品完成两年内，未经单位同意，作者不得许可第三人以与单位使用的相同方式使用该作品。 |
| | 3. 特殊职务作品著作权归属：主要是利用单位物质技术条件创作，并由单位承担责任的工程设计图、产品设计图、地图、示意图、计算机软件等职务作品，报社、期刊社、通讯社、广播电台、电视台的工作人员创作的职务作品，以及法律、行政法规规定或者合同约定著作权由单位享有的职务作品，作者享有署名权，著作权的其他权利由单位享有，单位可以给予作者奖励。 |
| 委托作品 | 1. 委托作品，是指作者接受他人委托而创作的作品。委托作品的创作基础是委托合同，既可以是口头的，也可以是书面的；既可以是有偿的，也可以是无偿的。委托作品应体现委托的意志，实现委托人使用作品的目的。 |
| | 2. 委托作品的著作权归属由委托人和受托人通过合同约定。合同未作明确约定或者没有订立合同的，著作权属于受托人。 |
| 原件所有权转移的作品 | 作品原件所有权的转移，不改变作品著作权的归属，但美术、摄影作品原件的展览权由原件所有人享有。<br>作者将未发表的美术、摄影作品的原件所有权转让给他人，受让人展该原件不构成对作者发表权的侵犯。 |

## 三、权利的保护期

作者的署名权、修改权、保护作品完整权的保护期不受限制。

自然人的作品，其发表权、《著作权法》第 10 条第 1 款第 5 项至第 17 项规定的权利的保护期为作者终生及其死亡后 50 年，截止于作者死亡后第 50 年的 12 月 31 日。

如果是合作作品，截止于最后死亡的作者死亡后第 50 年的 12 月 31 日。

法人或者非法人组织的作品、著作权（署名权除外）由法人或者非法人组织享有的职务作品，其发表权的保护期为 50 年，截止于作品创作完成后第 50 年的 12 月 31 日；本法第 10 条第 1 款第 5 项至第 17 项规定的权利的保护期为 50 年，截止于作品首次发表后第 50 年的 12 月 31 日，但作品自创作完成后 50 年内未发表的，本法不再保护。

视听作品，其发表权的保护期为 50 年，截止于作品创作完成后第 50 年的 12 月 31 日；本法第 10 条第 1 款第 5 项至第 17 项规定的权利的保护期为 50 年，截止于作品首次发表后第 50 年的 12 月 31 日，但作品自创作完成后 50 年内未发表的，本法不再保护。

## 四、权利的限制

| | 在下列情况下使用作品，可以不经著作权人许可，不向其支付报酬，但应当指明作者姓名或者名称、作品名称，并且不得影响该作品的正常使用，也不得不合理地损害著作权人的合法权益： | |
| --- | --- | --- |
| **合理使用** | 1. 为个人学习、研究或者欣赏，使用他人已经发表的作品； | 适用于对与著作权有关的权利的限制。 |
| | 2. 为介绍、评论某一作品或者说明某一问题，在作品中适当引用他人已经发表的作品； | |
| | 3. 为报道新闻，在报纸、期刊、广播电台、电视台等媒体中不可避免地再现或者引用已经发表的作品； | |
| | 4. 报纸、期刊、广播电台、电视台等媒体刊登或者播放其他报纸、期刊、广播电台、电视台等媒体已经发表的关于政治、经济、宗教问题的时事性文章，但著作权人声明不许刊登、播放的除外； | |
| | 5. 报纸、期刊、广播电台、电视台等媒体刊登或者播放在公众集会上发表的讲话，但作者声明不许刊登、播放的除外； | |
| | 6. 为学校课堂教学或者科学研究，翻译、改编、汇编、播放或者少量复制已经发表的作品，供教学或者科研人员使用，但不得出版发行； | |
| | 7. 国家机关为执行公务在合理范围内使用已经发表的作品； | |
| | 8. 图书馆、档案馆、纪念馆、博物馆、美术馆、文化馆等为陈列或者保存版本的需要，复制本馆收藏的作品； | |
| | 9. 免费表演已经发表的作品，该表演未向公众收取费用，也未向表演者支付报酬且不以营利为目的； | |
| | 10. 对设置或者陈列在室外公共场所的艺术作品进行临摹、绘画、摄影、录像； | |

| | 11. 将中国公民、法人或者其他组织已经发表的以国家通用语言文字创作的作品翻译成少数民族语言文字作品在国内出版发行； | |
|---|---|---|
| | 12. 以阅读障碍者能够感知的无障碍方式向其提供已经发表的作品； | |
| | 13. 法律、行政法规规定的其他情形。 | |
| 特定教科书法定许可 | 为实施义务教育和国家教育规划而编写出版教科书，可以不经著作权人许可，在教科书中汇编已经发表的作品片段或者短小的文字作品、音乐作品或者单幅的美术作品、摄影作品、图形作品，但应当按照规定向著作权人支付报酬，指明作者姓名或者名称、作品名称，并且不得侵犯著作权人依照本法享有的其他权利。<br>前款规定适用于对与著作权有关的权利的限制。 | |
| 邻接权法定许可 | 1. 作品刊登后，除著作权人声明不得转载、摘编的外，其他报刊可以转载或者作为文摘、资料刊登，但应当按照规定向著作权人支付报酬。 | |
| | 2. 录音制作者使用他人已经合法录制为录音制品的音乐作品制作录音制品，可以不经著作权人许可，但应当按照规定支付报酬；著作权人声明不许使用的不得使用。 | |
| | 3. 广播电台、电视台播放他人已发表的作品，可以不经著作权人许可，但应当支付报酬。 | |
| | 4. 广播电台、电视台播放已经出版的录音制品，可以不经著作权人许可，但应当支付报酬。当事人另有约定的除外。 | |

## 五、著作权许可使用和转让合同

| 许可 | 使用他人作品应当同著作权人订立许可使用合同，本法规定可以不经许可的除外。 | 许可使用合同和转让合同中著作权人未明确许可、转让的权利，未经著作权人同意，另一方当事人不得行使。 |
|---|---|---|
| 转让 | 转让第5项至第17项规定的权利，应当订立书面合同。 | |
| 出质 | 以著作权中的财产权出质的，由出质人和质权人依法办理出质登记。 | |

## 六、软件著作权

| 客体 | 计算机软件，即计算机程序及其有关文档。 |
|---|---|
| 软件著作权人 | 是指依法享有软件著作权的自然人、法人或者其他组织。软件著作权自软件开发完成之日起产生。除法律另有规定外，软件著作权属于软件开发者，即实际组织开发、直接进行开发，并对开发完成的软件承担责任的法人或者其他组织；或者依靠自己具有的条件独立完成软件开发，并对软件承担责任的自然人。如无相反证据，在软件上署名的自然人、法人或者其他组织为开发者。 |

续　表

| | |
|---|---|
| 权利归属 | 1. 除法律另有规定的以外，软件著作权属于软件开发者。 |
| | 2. 自然人在法人或者其他组织中任职期间所开发的软件有下列情形之一的，该软件著作权由该法人或者其他组织享有，该法人或者其他组织可以对开发软件的自然人进行奖励：<br>（1）针对本职工作中明确指定的开发目标所开发的软件；<br>（2）开发的软件是从事本职工作活动所预见的结果或者自然的结果；<br>（3）主要使用了法人或者其他组织的资金、专用设备、未公开的专门信息等物质技术条件所开发并由法人或者其他组织承担责任的软件。 |
| 合理使用 | 为了学习和研究软件内含的设计思想和原理，通过安装、显示、传输或者存储软件等方式使用软件的，可以不经软件著作权人许可，不向其支付报酬。 |
| 相似开发 | 软件开发者开发的软件，由于可供选用的表达方式有限而与已经存在的软件相似的，不构成对已经存在的软件的著作权的侵犯。 |
| 用户权利 | 软件的合法复制品所有人享有下列权利：（1）根据使用的需要把该软件装入计算机等具有信息处理能力的装置内；（2）为了防止复制品损坏而制作备份复制品。这些备份复制品不得通过任何方式提供给他人使用，并在所有人丧失该合法复制品的所有权时，负责将备份复制品销毁；（3）为了把该软件用于实际的计算机应用环境或者改进其功能、性能而进行必要的修改；但是，除合同另有约定外，未经该软件著作权人许可，不得向任何第三方提供修改后的软件。 |

## 七、信息网络传播权

| | |
|---|---|
| 信息网络传播权 | 除法律、行政法规另有规定的外，任何组织或者个人将他人的作品、表演、录音录像制品通过信息网络向公众提供，应当取得权利人许可，并支付报酬。 |
| 合理使用 | 通过信息网络提供他人作品，属于下列情形的，可以不经著作权人许可，不向其支付报酬：<br>1. 为介绍、评论某一作品或者说明某一问题，在向公众提供的作品中适当引用已经发表的作品；<br>2. 为报道时事新闻，在向公众提供的作品中不可避免地再现或者引用已经发表的作品；<br>3. 为学校课堂教学或者科学研究，向少数教学、科研人员提供少量已经发表的作品；<br>4. 国家机关为执行公务，在合理范围内向公众提供已经发表的作品；<br>5. 将中国公民、法人或者其他组织已经发表的、以汉语言文字创作的作品翻译成的少数民族语言文字作品，向中国境内少数民族提供；<br>6. 不以营利为目的，以盲人能够感知的独特方式向盲人提供已经发表的文字作品；<br>7. 向公众提供在信息网络上已经发表的关于政治、经济问题的时事性文章；<br>8. 向公众提供在公众集会上发表的讲话。 |
| 法定许可 | 为通过信息网络实施九年制义务教育或者国家教育规划，可以不经著作权人许可，使用其已经发表作品的片断或者短小的文字作品、音乐作品或者单幅的美术作品、摄影作品制作课件，由制作课件或者依法取得课件的远程教育机构通过信息网络向注册学生提供，但应当向著作权人支付报酬。 |

续　表

| | |
|---|---|
| 免责规则 | 网络服务提供者为服务对象提供信息存储空间，供服务对象通过信息网络向公众提供作品、表演、录音录像制品，并具备下列条件的，不承担赔偿责任：|
| | 1. 明确标示该信息存储空间是为服务对象所提供，并公开网络服务提供者的名称、联系人、网络地址；|
| | 2. 未改变服务对象所提供的作品、表演、录音录像制品；|
| | 3. 不知道也没有合理的理由应当知道服务对象提供的作品、表演、录音录像制品侵权；|
| | 4. 未从服务对象提供作品、表演、录音录像制品中直接获得经济利益；|
| | 5. 在接到权利人的通知书后，删除权利人认为侵权的作品、表演、录音录像制品。|
| 删除规则 | 1. 网络服务提供者接到权利人的通知书后，应当立即删除涉嫌侵权的作品或者断开链接，并同时将通知书转送服务对象。|
| | 2. 服务对象接到网络服务提供者转送的通知书后，可以向网络服务提供者提交书面说明，要求恢复被删除的作品。书面说明应当包含下列内容：<br>（1）服务对象的姓名（名称）、联系方式和地址；<br>（2）要求恢复的作品、表演、录音录像制品的名称和网络地址；<br>（3）不构成侵权的初步证明材料。<br>服务对象应当对书面说明的真实性负责。|
| | 3. 网络服务提供者接到服务对象的书面说明后，应当立即恢复被删除的作品。权利人不得再通知网络服务提供者删除该作品。|
| 避风港原则 | 网络服务提供者为服务对象提供搜索或者链接服务，在接到权利人的通知书后，依法断开与侵权的作品、表演、录音录像制品的链接的，不承担赔偿责任；但是，明知或者应知侵权的，应当承担共同侵权责任。|
| 数字化规则 | 图书馆、档案馆、纪念馆、博物馆、美术馆等可以不经著作权人许可，通过信息网络向本馆馆舍内服务对象提供本馆收藏的合法出版的数字作品和依法为陈列或者保存版本的需要以数字化形式复制的作品，不向其支付报酬，但不得直接或者间接获得经济利益。当事人另有约定的除外。|

## 八、最高人民法院关于涉网络知识产权侵权纠纷几个法律适用问题的批复

（法释〔2020〕9号）

| | |
|---|---|
| 保全申请 | 知识产权权利人主张其权利受到侵害并提出保全申请，要求网络服务提供者、电子商务平台经营者迅速采取删除、屏蔽、断开链接等下架措施的，人民法院应当依法审查并作出裁定。|
| 连带责任 | 网络服务提供者、电子商务平台经营者未依法采取必要措施，权利人主张其对损害的扩大部分与网络用户、平台内经营者承担连带责任的，人民法院可以依法予以支持。|
| 终止下架 | 在依法转送的不存在侵权行为的声明到达知识产权权利人后的合理期限内，网络服务提供者、电子商务平台经营者未收到权利人已经投诉或者提起诉讼通知的，应当及时终止所采取的删除、屏蔽、断开链接等下架措施。|
| 惩罚性赔偿 | 因恶意提交声明导致电子商务平台经营者终止必要措施并造成知识产权权利人损害，权利人依照有关法律规定请求相应惩罚性赔偿的，人民法院可以依法予以支持。|

续　表

| 善意免责 | 知识产权权利人发出的通知内容与客观事实不符，但其在诉讼中主张该通知系善意提交并请求免责，且能够举证证明的，人民法院依法审查属实后应当予以支持。 |
|---|---|

## 九、最高人民法院关于审理涉电子商务平台知识产权民事案件的指导意见

（法发〔2020〕32 号）

| 必要措施 | 电子商务平台经营者知道或者应当知道平台内经营者侵害知识产权的，应当及时采取必要措施。平台内经营者多次、故意侵害知识产权的，电子商务平台经营者有权采取终止交易和服务的措施。 |
|---|---|
| 保全措施 | 因情况紧急，电子商务平台经营者不立即采取商品下架等措施将会使其合法利益受到难以弥补的损害的，知识产权权利人可以向人民法院申请采取保全措施。<br>因情况紧急，电子商务平台经营者不立即恢复商品链接、通知人不立即撤回通知或者停止发送通知等行为将会使其合法利益受到难以弥补的损害的，平台内经营者可以向人民法院申请采取保全措施。 |

## 总　结

### 1. 著作权归属

| 合作作品 | （1）著作权由合作作者共同享有。没有参加创作的人，不能成为合作作者。 |
|---|---|
| | （2）合作作品可以分割使用的，作者对各自创作的部分可以单独享有著作权。 |
| 视听作品 | （1）视听作品中的电影作品、电视剧作品的著作权由制作者享有，但编剧、导演、摄影、作词、作曲等作者享有署名权，并有权按照与制作者签订的合同获得报酬。 |
| | （2）前款规定以外的视听作品的著作权归属由当事人约定；没有约定或者约定不明确的，由制作者享有，但作者享有署名权和获得报酬的权利。 |
| | （3）视听作品中的剧本、音乐等可以单独使用的作品的作者有权单独行使其著作权。 |
| 职务作品 | （1）一般职务作品著作权归属：著作权由作者享有，单位有权在其业务范围内优先使用；作品完成两年内，未经单位同意，作者不得许可第三人以与单位使用的相同方式使用该作品。 |
| | （2）特殊职务作品著作权归属：作者享有署名权，著作权的其他权利由单位享有，单位可以给予作者奖励。<br>①主要是利用单位物质技术条件创作，并由单位承担责任的职务作品；<br>②报社、期刊社、通讯社、广播电台、电视台的工作人员创作的职务作品；<br>③法律、行政法规规定由单位享有的职务作品；<br>④合同约定著作权由单位享有的职务作品。 |
| 委托作品 | （1）委托作品，是指作者接受他人委托而创作的作品。 |
| | （2）委托作品的著作权归属由委托人和受托人通过合同约定。合同未作明确约定或者没有订立合同的，著作权属于受托人。 |

2.合作作品的著作权由合作作者通过协商一致行使;不能协商一致,又无正当理由的,任何一方不得阻止他方行使除转让、许可他人专有使用、出质以外的其他权利,但是所得收益应当合理分配给所有合作作者。

3.视听作品＝区分思维＝法定主义＋意定主义

(1)电影作品、电视剧作品的著作权由制作者享有。

(2)其他视听作品的著作权归属由当事人约定;没有约定或者约定不明确的,由制作者享有。

# 第三节 与著作权有关的权利

## 一、出版者权利义务

| | |
|---|---|
| 图书出版者 | 1.图书出版者出版图书应当和著作权人订立出版合同,并支付报酬。 |
| | 2.按照合同约定享有的专有出版权受法律保护,他人不得出版该作品。 |
| | 3.图书脱销后,图书出版者拒绝重印、再版的,著作权人有权终止合同。 |
| | 4.图书出版者经作者许可,可以对作品修改、删节。 |
| 报社、期刊社 | 1.著作权人向报社、期刊社投稿的,自稿件发出之日起15日内未收到报社通知决定刊登的,或者自稿件发出之日起30日内未收到期刊社通知决定刊登的,可以将同一作品向其他报社、期刊社投稿。双方另有约定的除外。 |
| | 2.作品刊登后,除著作权人声明不得转载、摘编的外,其他报刊可以转载或者作为文摘、资料刊登,但应当按照规定向著作权人支付报酬。 |
| | 3.报社、期刊社可以对作品作文字性修改、删节。对内容的修改,应当经作者许可。 |
| 出版改编、翻译、注释、整理、汇编已有作品而产生的作品 | 应当取得改编、翻译、注释、整理、汇编作品的著作权人和原作品的著作权人许可,并支付报酬。 |
| 出版者有权许可或者禁止他人使用其出版的图书、期刊的版式设计。 | 前款规定的权利的保护期为10年,截止于使用该版式设计的图书、期刊首次出版后第10年的12月31日。 |

## 二、表演者权利义务

| | | |
|---|---|---|
| 表演者的义务 | 使用他人作品演出，表演者应当取得著作权人许可，并支付报酬。演出组织者组织演出，由该组织者取得著作权人许可，并支付报酬。 | |
| 表演者的权利 | 1. 表明表演者身份； | 保护期不受限制。 |
| | 2. 保护表演形象不受歪曲； | |
| | 3. 许可他人从现场直播和公开传送其现场表演，并获得报酬； | 保护期为 50 年，截止于该表演发生后第 50 年的 12 月 31 日。 |
| | 4. 许可他人录音录像，并获得报酬； | |
| | 5. 许可他人复制、发行、出租录有其表演的录音录像制品，并获得报酬； | |
| | 6. 许可他人通过信息网络向公众传播其表演，并获得报酬。 | |
| | 被许可人以第 3 项至第 6 项规定的方式使用作品，还应当取得著作权人许可，并支付报酬。 | |
| 新增 | 演员为完成本演出单位的演出任务进行的表演为职务表演，演员享有表明身份和保护表演形象不受歪曲的权利，其他权利归属由当事人约定。当事人没有约定或者约定不明确的，职务表演的权利由演出单位享有。 | 职务表演的权利由演员享有的，演出单位可以在其业务范围内免费使用该表演。 |

## 三、录音录像制作者权利义务

| | |
|---|---|
| 录音录像制作者的义务 | 1. 录音录像制作者使用他人作品制作录音录像制品，应当取得著作权人许可，并支付报酬。 |
| | 2. 录音录像制作者使用改编、翻译、注释、整理已有作品而产生的作品，应当取得改编、翻译、注释、整理作品的著作权人和原作品著作权人许可，并支付报酬。 |
| | 3. 录音制作者使用他人已经合法录制为录音制品的音乐作品制作录音制品，可以不经著作权人许可，但应当按照规定支付报酬；著作权人声明不许使用的不得使用。 |
| | 4. 录音录像制作者制作录音录像制品，应当同表演者订立合同，并支付报酬。 |
| 录音录像制作者的权利 | 1. 录音录像制作者对其制作的录音录像制品，享有许可他人复制、发行、出租、通过信息网络向公众传播并获得报酬的权利；权利的保护期为 50 年，截止于该制品首次制作完成后第 50 年的 12 月 31 日。 |
| | 2. 被许可人复制、发行、通过信息网络向公众传播录音录像制品，应当同时取得著作权人、表演者许可，并支付报酬；被许可人出租录音录像制品，还应当取得表演者许可，并支付报酬。 |
| 新增 | 将录音制品用于有线或者无线公开传播，或者通过传送声音的技术设备向公众公开播送的，应当向录音制作者支付报酬。 |

## 四、广播电台、电视台权利义务

| 广播电台、电视台的义务 | 1. 广播电台、电视台播放他人未发表的作品，应当取得著作权人许可，并支付报酬。 |
| --- | --- |
| | 2. 广播电台、电视台播放他人已发表的作品，可以不经著作权人许可，但应当按照规定支付报酬。 |
| | 3. 广播电台、电视台播放已经出版的录音制品，可以不经著作权人许可，但应当支付报酬。当事人另有约定的除外。具体办法由国务院规定。 |
| | 4. 电视台播放他人的视听作品、录像制品，应当取得视听作品著作权人或者录像制作者许可，并支付报酬；播放他人的录像制品，还应当取得著作权人许可，并支付报酬。 |
| 广播电台、电视台的权利 | 广播电台、电视台有权禁止未经其许可的下列行为：<br>1. 将其播放的广播、电视以有线或者无线方式转播；<br>2. 将其播放的广播、电视录制以及复制；<br>3. 将其播放的广播、电视通过信息网络向公众传播。 |
| | 广播电台、电视台行使前款规定的权利，不得影响、限制或者侵害他人行使著作权或者与著作权有关的权利。<br>权利的保护期为 50 年，截止于该广播、电视首次播放后第 50 年的 12 月 31 日。 |

## 五、著作权和与著作权有关的权利的保护

| 新增一 | 为保护著作权和与著作权有关的权利，权利人可以采取技术措施。 |
| --- | --- |
| 新增二 | 下列情形可以避开技术措施，但不得向他人提供避开技术措施的技术、装置或者部件，不得侵犯权利人依法享有的其他权利：<br>1. 为学校课堂教学或者科学研究，提供少量已经发表的作品，供教学或者科研人员使用，而该作品无法通过正常途径获取；<br>2. 不以营利为目的，以阅读障碍者能够感知的无障碍方式向其提供已经发表的作品，而该作品无法通过正常途径获取；<br>3. 国家机关依照行政、监察、司法程序执行公务；<br>4. 对计算机及其系统或者网络的安全性能进行测试；<br>5. 进行加密研究或者计算机软件反向工程研究。 |
| 新增三 | 未经权利人许可，不得进行下列行为：<br>1. 故意删除或者改变作品、版式设计、表演、录音录像制品或者广播、电视上的权利管理信息，但由于技术上的原因无法避免的除外；<br>2. 知道或者应当知道作品、版式设计、表演、录音录像制品或者广播、电视上的权利管理信息未经许可被删除或者改变，仍然向公众提供。 |
| 新修四 | 侵犯著作权或者与著作权有关的权利的，侵权人应当按照权利人因此受到的实际损失或者侵权人的违法所得给予赔偿；权利人的实际损失或者侵权人的违法所得难以计算的，可以参照该权利使用费给予赔偿。对故意侵犯著作权或者与著作权有关的权利，情节严重的，可以在按照上述方法确定数额的 1 倍以上 5 倍以下给予赔偿。<br>权利人的实际损失、侵权人的违法所得、权利使用费难以计算的，由人民法院根据侵权行为的情节，判决给予 500 元以上 500 万元以下的赔偿。<br>赔偿数额还应当包括权利人为制止侵权行为所支付的合理开支。 |

## 总　结

1.演员为完成本演出单位的演出任务进行的表演为职务表演，演员享有表明身份和保护表演形象不受歪曲的权利，其他权利归属由当事人约定。

2.当事人没有约定或者约定不明确的，职务表演的权利由演出单位享有。

# 专题十六　专利法

## 知识体系图

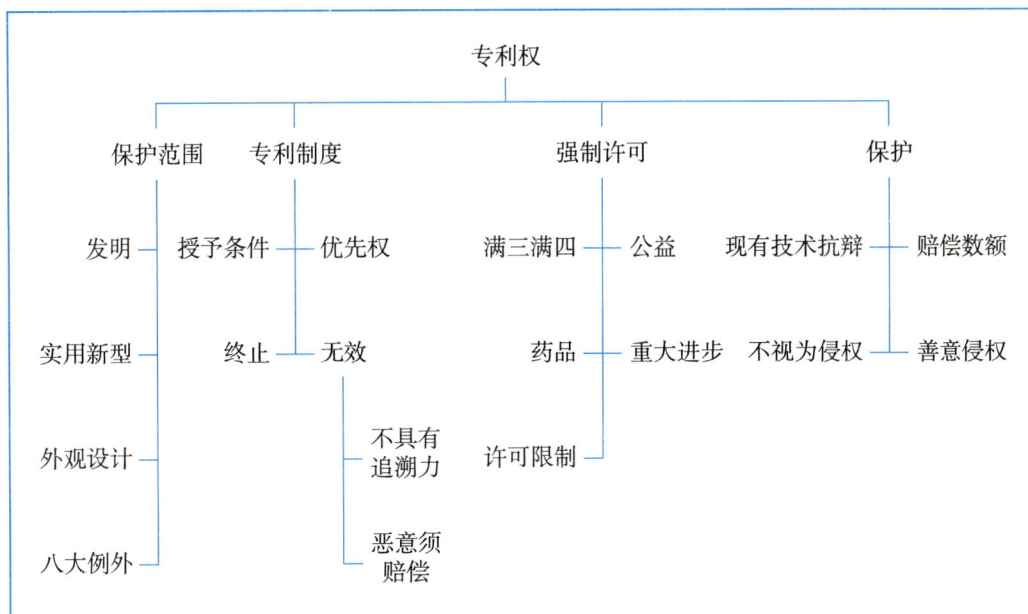

## 命题点拨

本专题重要考点包括专利申请制度、专利合同制度、现有技术抗辩、专利无效宣告、专利侵权等。命题重点是不授予专利权、不视为侵犯专利权等。本法要注意新修、新增的内容。

# 第一节　专利法概述

## 一、发明创造范围

本法所称的发明创造是指发明、实用新型和外观设计。发明专利权的期限为 20 年，实用新型专利权的期限为 10 年，外观设计专利权的期限为 15 年，均自申请日起计算（新修）。

| 1. 发明 | 是指对产品、方法或者其改进所提出的新的技术方案。 |
| --- | --- |
| 2. 实用新型 | 是指对产品的形状、构造或者其结合所提出的适于实用的新的技术方案。 |
| 3. 外观设计 | 外观设计，是指对产品的整体或者局部的形状、图案或者其结合以及色彩与形状、图案的结合所作出的富有美感并适于工业应用的新设计（新修）。 |

## 二、不授予专利权

1. 对违反法律、社会公德或者妨害公共利益的发明创造，不授予专利权；

2. 对违反法律、行政法规的规定获取或者利用遗传资源，并依赖该遗传资源完成的发明创造，不授予专利权；

3. 科学发现；

4. 智力活动的规则和方法；

5. 疾病的诊断和治疗方法；

6. 动物和植物品种；（生产方法，可以依照本法规定授予专利权）

7. 原子核变换方法以及用原子核变换方法获得的物质（新修）；

8. 对平面印刷品的图案、色彩或者二者的结合作出的主要起标识作用的设计。

## 三、职务发明

| | |
|---|---|
| 职务发明创造 | 执行本单位的任务或者主要是利用本单位的物质技术条件所完成的发明创造为职务发明创造。职务发明创造申请专利的权利属于该单位，申请被批准后，该单位为专利权人。该单位可以依法处置其职务发明创造申请专利的权利和专利权，促进相关发明创造的实施和运用（新修）。 |
| 非职务发明创造 | 申请专利的权利属于发明人或者设计人；申请被批准后，该发明人或者设计人为专利权人。 |
| 专利权的归属约定 | 利用本单位的物质技术条件所完成的发明创造，单位与发明人或者设计人订有合同，对申请专利的权利和专利权的归属作出约定的，从其约定。 |
| 新增 | 国家鼓励被授予专利权的单位实行产权激励，采取股权、期权、分红等方式，使发明人或者设计人合理分享创新收益。 |

## 四、合作与委托发明

1. 约定优先。

2. 两个以上单位或者个人合作完成的发明创造、一个单位或者个人接受其他单位或者个人委托所完成的发明创造，除另有协议的以外，申请专利的权利属于完成或者共同完成的单位或者个人；申请被批准后，申请的单位或者个人为专利权人。

## 五、申请与转让原则

1. 同样的发明创造只能授予一项专利权。但是，同一申请人同日对同样的发明创造既申请实用新型专利又申请发明专利，先获得的实用新型专利权尚未终止，且申请人声明放弃该实用新型专利权的，可以授予发明专利权。

2. 两个以上的申请人分别就同样的发明创造申请专利的，专利权授予最先申请的人。

| | |
|---|---|
| 3.转让专利申请权或者专利权的，当事人应当订立书面合同，并向国务院专利行政部门登记，由国务院专利行政部门予以公告。专利申请权或者专利权的转让自登记之日起生效。 | |
| 新增 | 申请专利和行使专利权应当遵循诚实信用原则。不得滥用专利权损害公共利益或者他人合法权益。 |

## 六、专利权人的权利

| | | |
|---|---|---|
| **独占实施权** | 发明与实用新型 | 发明和实用新型专利权被授予后，除本法另有规定的以外，任何单位或者个人未经专利权人许可，都不得实施其专利。 |
| | | 即不得为生产经营目的制造、使用、许诺销售、销售、进口其专利产品，或者使用其专利方法以及使用、许诺销售、销售、进口依照该专利方法直接获得的产品。 |
| | 外观设计 | 外观设计专利权被授予后，任何单位或者个人未经专利权人许可，都不得实施其专利。 |
| | | 即不得为生产经营目的制造、许诺销售、销售、进口其外观设计专利产品。 |
| **转让权** | 书面合同，办理登记，合同成立时生效，但权利的转让自登记之日生效。 | |
| **实施许可权** | 任何单位或者个人实施他人专利的，应当与专利权人订立实施许可合同，向专利权人支付专利使用费。 | |
| **标示权** | 专利权人有权在其专利产品或者该产品的包装上标明专利标识。 | |

## 七、专利共有

| |
|---|
| 1.专利申请权或者专利权的共有人对权利的行使有约定的，从其约定。 |
| 2.没有约定的，共有人可以单独实施或者以普通许可方式许可他人实施该专利；许可他人实施该专利的，收取的使用费应当在共有人之间分配。 |
| 除前款规定的情形外，行使共有的专利申请权或者专利权应当取得全体共有人的同意。 |

### 总　结

1.发明专利申请公布后，申请人可以要求实施其发明的单位或者个人支付适当的费用。
2.滥用专利权，排除或者限制竞争，构成垄断行为的，依照《反垄断法》处理。

# 第二节　授予专利权的条件

| | | |
|---|---|---|
| **发明和实用新型** | 1. 新颖性，是指该发明或者实用新型不属于现有技术；也没有任何单位或者个人就同样的发明或者实用新型在申请日以前向国务院专利行政部门提出过申请，并记载在申请日以后公布的专利申请文件或者公告的专利文件中。 | 本法所称现有技术，是指申请日以前在国内外为公众所知的技术。 |
| | 2. 创造性，是指与现有技术相比，该发明具有突出的实质性特点和显著的进步，该实用新型具有实质性特点和进步。 | |
| | 3. 实用性，是指该发明或者实用新型能够制造或者使用，并且能够产生积极效果。 | |
| **外观设计** | 1. 新颖性，授予专利权的外观设计，应当不属于现有设计；也没有任何单位或者个人就同样的外观设计在申请日以前向国务院专利行政部门提出过申请，并记载在申请日以后公告的专利文件中。授予专利权的外观设计不得与他人在申请日以前已经取得的合法权利相冲突。 | 本法所称现有设计，是指申请日以前在国内外为公众所知的设计。授予专利权的外观设计与现有设计或者现有设计特征的组合相比，应当具有明显区别。 |
| | 2. 实用性，授予专利权的外观设计必须适于工业应用。 | |
| | 3. 富有美感，授予专利权的外观设计必须富有美感。 | |

### 总　结

| | |
|---|---|
| **新修** | 申请专利的发明创造在申请日以前 6 个月内，有下列情形之一的，不丧失新颖性：<br>1. 在国家出现紧急状态或者非常情况时，为公共利益目的首次公开的；<br>2. 在中国政府主办或者承认的国际展览会上首次展出的；<br>3. 在规定的学术会议或者技术会议上首次发表的；<br>4. 他人未经申请人同意而泄露其内容的。 |

# 第三节　专利权的申请

| | | |
|---|---|---|
| **先申请原则** | **申请文件** | 1. 申请发明或者实用新型专利的，应当提交请求书、说明书及其摘要和权利要求书等文件。 |
| | | 2. 申请外观设计专利的，应当提交请求书、该外观设计的图片或者照片以及对该外观设计的简要说明等文件。 |
| | **申请日** | 国务院专利行政部门收到专利申请文件之日为申请日。如果申请文件是邮寄的，以寄出的邮戳日为申请日。 |

续 表

| 优先权原则 | 外国优先权 | 申请人自发明或者实用新型在外国第一次提出专利申请之日起 12 个月内，或者自外观设计在外国第一次提出专利申请之日起 6 个月内，又在中国就相同主题提出专利申请的，依照该外国同中国签订的协议或者共同参加的国际条约，或者依照相互承认优先权的原则，可以享有优先权。 | 申请人未提出书面声明或者逾期未提交专利申请文件副本的，视为未要求优先权（新修）。 |
|---|---|---|---|
| | 本国优先权 | 申请人自发明或者实用新型在中国第一次提出专利申请之日起 12 个月内，或者自外观设计在中国第一次提出专利申请之日起 6 个月内，又向国务院专利行政部门就相同主题提出专利申请的，可以享有优先权（新修）。 | |
| 单一性原则 | 单一申请 | 1. 一件发明或者实用新型专利申请应当限于一项发明或者实用新型。属于一个总的发明构思的两项以上的发明或者实用新型，可以作为一件申请提出。 | |
| | | 2. 一件外观设计专利申请应当限于一项外观设计。同一产品两项以上的相似外观设计，或者用于同一类别并且成套出售或者使用的产品的两项以上外观设计，可以作为一件申请提出。 | |

**总 结**

申请原则 = 先申请原则 + 优先权原则 + 单一性原则

# 第四节 专利申请的审查和批准

| 发明 | 1. 国务院专利行政部门收到发明专利申请后，经初步审查认为符合本法要求的，自申请日起满 18 个月，即行公布。国务院专利行政部门可以根据申请人的请求早日公布其申请。 | 初步审查→早期公开→实质审查→授权决定、登记和公告（发明专利权自公告之日起生效） |
|---|---|---|
| | 2. 发明专利申请自申请日起 3 年内，国务院专利行政部门可以根据申请人随时提出的请求，对其申请进行实质审查；申请人无正当理由逾期不请求实质审查的，该申请即被视为撤回。 | |
| | 3. 国务院专利行政部门认为必要的时候，可以自行对发明专利申请进行实质审查。 | |
| 实用新型和外观设计 | 实用新型和外观设计专利申请经初步审查没有发现驳回理由的，由国务院专利行政部门作出授予实用新型专利权或者外观设计专利权的决定，发给相应的专利证书，同时予以登记和公告。实用新型专利权和外观设计专利权自公告之日起生效。 | |
| | 初步审查→授权决定、登记和公告（实用新型和外观设计专利权自公告之日起生效） | |

续　表

| | |
|---|---|
| 复审与起诉 | 专利申请人对国务院专利行政部门驳回申请的决定不服的，可以自收到通知之日起3个月内向国务院专利行政部门请求复审。国务院专利行政部门复审后，作出决定，并通知专利申请人。<br>专利申请人对国务院专利行政部门的复审决定不服的，可以自收到通知之日起3个月内向人民法院起诉（新修）。 |
| 新增 | 自发明专利申请日起满4年，且自实质审查请求之日起满3年后授予发明专利权的，国务院专利行政部门应专利权人的请求，就发明专利在授权过程中的不合理延迟给予专利权期限补偿，但由申请人引起的不合理延迟除外。<br>为补偿新药上市审评审批占用的时间，对在中国获得上市许可的新药相关发明专利，国务院专利行政部门应专利权人的请求给予专利权期限补偿。补偿期限不超过5年，新药批准上市后总有效专利权期限不超过14年。 |

## 总　结

1. 发明专利审查程序

初步审查→早期公开（申请日起18个月内）→实质审查（自申请日起3年内，申请人可以随时提出实质审查的请求，无正当理由逾期不请求实质审查的，该申请即被视为撤回）→授权决定、登记和公告（发明专利权自公告之日起生效）

2. 实用新型和外观设计专利审查程序

初步审查→授权决定、登记和公告（实用新型和外观设计专利权自公告之日起生效）

# 第五节　专利权的终止和无效

## 一、专利权的终止

专利权在期限届满前终止的，由国务院专利行政部门登记和公告。有下列情形之一的，专利权在期限届满前终止：

1. 没有按照规定缴纳年费的；

2. 专利权人以书面声明放弃其专利权的。

## 二、专利权的无效

| | |
|---|---|
| 申请 | 自国务院专利行政部门公告授予专利权之日起，任何单位或者个人认为该专利权的授予不符合本法有关规定的，可以请求国务院专利行政部门宣告该专利权无效。 |
| 决定 | 国务院专利行政部门对宣告专利权无效的请求应当及时审查和作出决定，并通知请求人和专利权人。宣告专利权无效的决定，由国务院专利行政部门登记和公告。 |

续　表

| | |
|---|---|
| **诉讼** | 对国务院专利行政部门宣告专利权无效或者维持专利权的决定不服的，可以自收到通知之日起 3 个月内向人民法院起诉。人民法院应当通知无效宣告请求程序的对方当事人作为第三人参加诉讼。 |
| **后果** | 宣告无效的专利权视为自始即不存在。 |
| **追溯力** | 1. 宣告专利权无效的决定，对在宣告专利权无效前人民法院作出并已执行的专利侵权的判决、调解书，已经履行或者强制执行的专利侵权纠纷处理决定，以及已经履行的专利实施许可合同和专利权转让合同，不具有追溯力。<br>2. 但是因专利权人的恶意给他人造成的损失，应当给予赔偿。 |

### 总　结

不返还专利侵权赔偿金、专利使用费、专利权转让费，明显违反公平原则的，应当全部或者部分返还。

# 第六节　专利实施的特别许可

## 一、强制许可

| | |
|---|---|
| **具备实施条件的强制许可** | 有下列情形之一的，国务院专利行政部门根据具备实施条件的单位或者个人的申请，可以给予实施发明专利或者实用新型专利的强制许可：<br>1. 专利权人自专利权被授予之日起满 3 年，且自提出专利申请之日起满 4 年，无正当理由未实施或者未充分实施其专利的；<br>2. 专利权人行使专利权的行为被依法认定为垄断行为，为消除或者减少该行为对竞争产生的不利影响的。 |
| **公益性强制许可** | 在国家出现紧急状态或者非常情况时，或者为了公共利益的目的，国务院专利行政部门可以给予实施发明专利或者实用新型专利的强制许可。 |
| **药品强制许可** | 为了公共健康目的，对取得专利权的药品，国务院专利行政部门可以给予制造并将其出口到符合中华人民共和国参加的有关国际条约规定的国家或者地区的强制许可。 |
| **重大进步强制许可** | 一项取得专利权的发明或者实用新型比前已经取得专利权的发明或者实用新型具有显著经济意义的重大技术进步，其实施又有赖于前一发明或者实用新型的实施的，国务院专利行政部门根据后一专利权人的申请，可以给予实施前一发明或者实用新型的强制许可。 |
| | 在依照前款规定给予实施强制许可的情形下，国务院专利行政部门根据前一专利权人的申请，也可以给予实施后一发明或者实用新型的强制许可。 |
| **市场范围** | 除反垄断、药品强制许可外，强制许可的实施应当主要为了供应国内市场。 |

续　表

| 许可限制 | 取得实施强制许可的单位或者个人不享有独占的实施权，并且无权允许他人实施。 |
|---|---|
| 管理费用 | 取得实施强制许可的单位或者个人应当付给专利权人合理的使用费，或者依照中华人民共和国参加的有关国际条约的规定处理使用费问题。付给使用费的，其数额由双方协商；双方不能达成协议的，由国务院专利行政部门裁决。 |

## 二、开放许可（新增）

| 开放许可声明 | 专利权人自愿以书面方式向国务院专利行政部门声明愿意许可任何单位或者个人实施其专利，并明确许可使用费支付方式、标准的，由国务院专利行政部门予以公告，实行开放许可。就实用新型、外观设计专利提出开放许可声明的，应当提供专利权评价报告。<br>专利权人撤回开放许可声明的，应当以书面方式提出，并由国务院专利行政部门予以公告。开放许可声明被公告撤回的，不影响在先给予的开放许可的效力。 |
|---|---|
| 开放许可实施 | 任何单位或者个人有意愿实施开放许可的专利的，以书面方式通知专利权人，并依照公告的许可使用费支付方式、标准支付许可使用费后，即获得专利实施许可。开放许可实施期间，对专利权人缴纳专利年费相应给予减免。<br>实行开放许可的专利权人可以与被许可人就许可使用费进行协商后给予普通许可，但不得就该专利给予独占或者排他许可。 |
| 开放许可纠纷 | 当事人就实施开放许可发生纠纷的，由当事人协商解决；不愿协商或者协商不成的，可以请求国务院专利行政部门进行调解，也可以向人民法院起诉。 |

### 总　结

　　1. 取得实施强制许可的单位或者个人不享有独占的实施权，并且无权允许他人实施。

　　2. 实行开放许可的专利权人可以与被许可人就许可使用费进行协商后给予普通许可，但不得就该专利给予独占或者排他许可。

# 第七节　专利权的保护

| 诉前保全（新修） | 1. 专利权人或者利害关系人有证据证明他人正在实施或者即将实施侵犯专利权、妨碍其实现权利的行为，如不及时制止将会使其合法权益受到难以弥补的损害的，可以在起诉前依法向人民法院申请采取财产保全、责令作出一定行为或者禁止作出一定行为的措施。 |
|---|---|
| | 2. 为了制止专利侵权行为，在证据可能灭失或者以后难以取得的情况下，专利权人或者利害关系人可以在起诉前依法向人民法院申请保全证据。 |
| 现有技术抗辩 | 在专利侵权纠纷中，被控侵权人有证据证明其实施的技术或者设计属于现有技术或者现有设计的，不构成侵犯专利权。 |

| | |
|---|---|
| **赔偿数额**<br>**（新修）** | 1. 侵犯专利权的赔偿数额按照权利人因被侵权所受到的实际损失或者侵权人因侵权所获得的利益确定；<br>2. 权利人的损失或者侵权人获得的利益难以确定的，参照该专利许可使用费的倍数合理确定。对故意侵犯专利权，情节严重的，可以在按照上述方法确定数额的1倍以上5倍以下确定赔偿数额；<br>3. 权利人的损失、侵权人获得的利益和专利许可使用费均难以确定的，人民法院可以根据专利权的类型、侵权行为的性质和情节等因素，确定给予3万元以上500万元以下的赔偿。<br>4. 赔偿数额还应当包括权利人为制止侵权行为所支付的合理开支。 |
| **不视为侵犯**<br>**专利权** | 1. 专利产品或者依照专利方法直接获得的产品，由专利权人或者经其许可的单位、个人售出后，使用、许诺销售、销售、进口该产品的；<br>2. 在专利申请日前已经制造相同产品、使用相同方法或者已经作好制造、使用的必要准备，并且仅在原有范围内继续制造、使用的；<br>3. 临时通过中国领陆、领水、领空的外国运输工具，依照其所属国同中国签订的协议或者共同参加的国际条约，或者依照互惠原则，为运输工具自身需要而在其装置和设备中使用有关专利的；<br>4. 专为科学研究和实验而使用有关专利的；<br>5. 为提供行政审批所需要的信息，制造、使用、进口专利药品或者专利医疗器械的，以及专门为其制造、进口专利药品或者专利医疗器械的。 |
| **善意侵权** | 为生产经营目的使用、许诺销售或者销售不知道是未经专利权人许可而制造并售出的专利侵权产品，能证明该产品合法来源的，**不承担赔偿责任**。 |
| **诉讼时效**<br>**（新修）** | 侵犯专利权的诉讼时效为3年，自专利权人或者利害关系人知道或者应当知道侵权行为以及侵权人之日起计算。<br>发明专利申请公布后至专利权授予前使用该发明未支付适当使用费的，专利权人要求支付使用费的诉讼时效为3年，自专利权人知道或者应当知道他人使用其发明之日起计算，但是，专利权人于专利权授予之日前即已知道或者应当知道的，自专利权授予之日起计算。 |
| **药品上市**<br>**（新增）** | 药品上市审评审批过程中，药品上市许可申请人与有关专利权人或者利害关系人，因申请注册的药品相关的专利权产生纠纷的，相关当事人可以向人民法院起诉，请求就申请注册的药品相关技术方案是否落入他人药品专利权保护范围作出判决。国务院药品监督管理部门在规定的期限内，可以根据人民法院生效裁判作出是否暂停批准相关药品上市的决定。<br>药品上市许可申请人与有关专利权人或者利害关系人也可以就申请注册的药品相关的专利权纠纷，向国务院专利行政部门请求行政裁决。 |

**总　结**

| 全面覆盖原则 | 1. 被诉侵权技术方案包含与权利要求记载的全部技术特征相同或者等同的技术特征的，人民法院应当认定其落入专利权的保护范围； |
| --- | --- |
| | 2. 被诉侵权技术方案的技术特征与权利要求记载的全部技术特征相比，缺少权利要求记载的一个以上的技术特征，或者有一个以上技术特征不相同也不等同的，人民法院应当认定其没有落入专利权的保护范围。 |
| 现有技术抗辩 | 在专利侵权纠纷中，被控侵权人有证据证明其实施的技术或者设计属于现有技术或者现有设计的，不构成侵犯专利权。 |

# 第八节　关于审理侵犯专利权纠纷案件应用法律若干问题的解释（二）

权利人在专利侵权诉讼中主张的权利要求被国务院专利行政部门宣告无效的：驳回权利人基于该无效权利要求的起诉。

权利人诉请在发明专利申请公布日至授权公告日期间实施该发明的单位或者个人支付适当费用的：参照有关专利许可使用费合理确定。

明知有关产品系专门用于实施专利的材料等，未经专利权人许可，为生产经营目的将该产品提供给他人实施了侵犯专利权的行为：属于帮助他人实施侵权行为。

明知有关产品、方法被授予专利权，未经专利权人许可，为生产经营目的积极诱导他人实施了侵犯专利权的行为：属于教唆他人实施侵权行为。

为生产经营目的使用、许诺销售或者销售不知道是未经专利权人许可而制造并售出的专利侵权产品，且举证证明该产品合法来源的：

1. 停止使用、许诺销售、销售，但举证证明其已支付该产品的合理对价的除外。

2. 不知道，是指实际不知道且不应当知道。

3. 合法来源，是指通过合法的销售渠道、通常的买卖合同等正常商业方式取得产品。

在专利侵权诉讼中主张依据约定确定赔偿数额的：人民法院应予支持。

**总　结**

| 适当费用 | 权利人诉请在发明专利申请公布日至授权公告日期间实施该发明的单位或者个人支付适当费用的，参照有关专利许可使用费合理确定。 |
| --- | --- |
| 善意侵权 | 1. 原则：为生产经营目的使用、许诺销售或者销售不知道是未经专利权人许可而制造并售出的专利侵权产品，且举证证明该产品合法来源的，不承担赔偿责任，停止使用、许诺销售、销售； |
| | 2. 例外：但被诉侵权产品的使用者举证证明其已支付该产品的合理对价的除外，继续使用。 |

# 专题十七　商标法

## 知识体系图

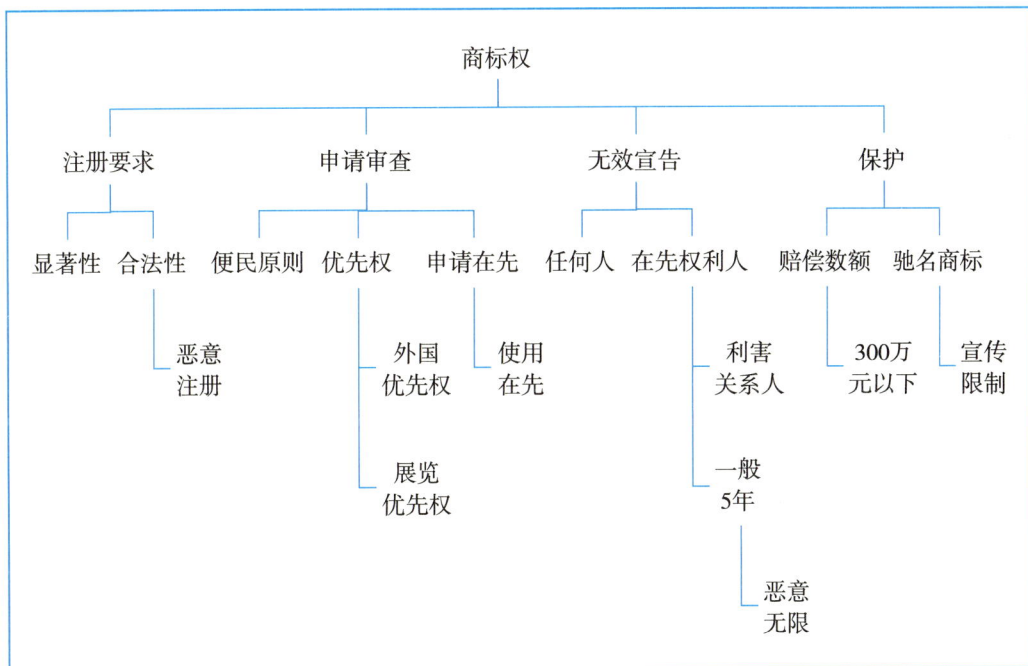

## 命题点拨

本专题重点内容包括商标专用权、商标权的客体、注册商标的申请、转让与许可使用、无效宣告、商标侵权等。命题重点是商标侵权等。

# 第一节　商标法概述

## 一、注册商标分类

经商标局核准注册的商标为注册商标，包括商品商标、服务商标和集体商标、证明商标；商标注册人享有商标专用权，受法律保护。法律、行政法规规定必须使用注册商标的商品，必须申请商标注册，未经核准注册的，不得在市场销售。

| 集体商标 | 是指以团体、协会或者其他组织名义注册，供该组织成员在商事活动中使用，以表明使用者在该组织中的成员资格的标志。 |
|---|---|

| 证明商标 | 是指由对某种商品或者服务具有监督能力的组织所控制，而由该组织以外的单位或者个人使用于其商品或者服务，用以证明该商品或者服务的原产地、原料、制造方法、质量或者其他特定品质的标志。 | |

## 二、注册商标要求

| 要素 | 任何能够将自然人、法人或者其他组织的商品与他人的商品区别开的标志，包括文字、图形、字母、数字、三维标志、颜色组合和声音等，以及上述要素的组合，均可以作为商标申请注册。 | |
|---|---|---|
| 显著性 | 申请注册的商标，应当有显著特征，便于识别，并不得与他人在先取得的合法权利相冲突。 | |
| 不得作为商标使用 | 1. 同中华人民共和国的国家名称、国旗、国徽、国歌、军旗、军徽、军歌、勋章等相同或者近似的，以及同中央国家机关的名称、标志、所在地特定地点的名称或者标志性建筑物的名称、图形相同的； | 任何人可以向商标局提出异议。 |
| | 2. 同外国的国家名称、国旗、国徽、军旗等相同或者近似的，但经该国政府同意的除外； | |
| | 3. 同政府间国际组织的名称、旗帜、徽记等相同或者近似的，但经该组织同意或者不易误导公众的除外； | |
| | 4. 与表明实施控制、予以保证的官方标志、检验印记相同或者近似的，但经授权的除外； | |
| | 5. 同"红十字"、"红新月"的名称、标志相同或者近似的； | |
| | 6. 带有民族歧视性的； | |
| | 7. 带有欺骗性，容易使公众对商品的质量等特点或者产地产生误认的； | |
| | 8. 有害于社会主义道德风尚或者有其他不良影响的。 | |
| | 9. 县级以上行政区划的地名或者公众知晓的外国地名，不得作为商标。但是，地名具有其他含义或者作为集体商标、证明商标组成部分的除外；已经注册的使用地名的商标继续有效。 | |
| 不得作为商标注册 | 1. 仅有本商品的通用名称、图形、型号的； | 任何人可以向商标局提出异议。 |
| | 2. 仅直接表示商品的质量、主要原料、功能、用途、重量、数量及其他特点的； | |
| | 3. 其他缺乏显著特征的。 | |
| | 上述所列标志经过使用取得显著特征，并便于识别的，可以作为商标注册。 | |
| 三维商标特殊要求 | 以三维标志申请注册商标的，仅由商品自身的性质产生的形状、为获得技术效果而需有的商品形状或者使商品具有实质性价值的形状，不得注册。 | 任何人可以向商标局提出异议。 |

## 三、驰名商标

| 保护 | 1. 为相关公众所熟知的商标，持有人认为其权利受到侵害时，可以依照本法规定请求驰名商标保护。 | |
| --- | --- | --- |
| | 2. 就相同或者类似商品申请注册的商标是复制、摹仿或者翻译他人未在中国注册的驰名商标，容易导致混淆的，不予注册并禁止使用。 | 先权利人、利害关系人可以向商标局提出异议。 |
| | 3. 就不相同或者不相类似商品申请注册的商标是复制、摹仿或者翻译他人已经在中国注册的驰名商标，误导公众，致使该驰名商标注册人的利益可能受到损害的，不予注册并禁止使用。 | 先权利人、利害关系人可以向商标局提出异议。 |
| 认定因素 | 1. 相关公众对该商标的知晓程度； | |
| | 2. 该商标使用的持续时间； | |
| | 3. 该商标的任何宣传工作的持续时间、程度和地理范围； | |
| | 4. 该商标作为驰名商标受保护的记录； | |
| | 5. 该商标驰名的其他因素。 | |
| 认定机关 | 1. 商标局根据审查、处理案件的需要，可以对商标驰名情况作出认定。 | |
| | 2. 商标评审委员会根据处理案件的需要，可以对商标驰名情况作出认定。 | |
| | 3. 最高人民法院指定的人民法院根据审理案件的需要，可以对商标驰名情况作出认定。 | |
| 限制 | 生产、经营者不得将"驰名商标"字样用于商品、商品包装或者容器上，或者用于广告宣传、展览以及其他商业活动中。 | |

## 四、恶意注册

| 未经授权，代理人或者代表人以自己的名义将被代理人或者被代表人的商标进行注册，被代理人或者被代表人提出异议的，不予注册并禁止使用。 | 先权利人、利害关系人可以向商标局提出异议。 |
| --- | --- |
| 就同一种商品或者类似商品申请注册的商标与他人在先使用的未注册商标相同或者近似，申请人与该他人具有前款规定以外的合同、业务往来关系或者其他关系而明知该他人商标存在，该他人提出异议的，不予注册。 | |
| 商标中有商品的地理标志，而该商品并非来源于该标志所标示的地区，误导公众的，不予注册并禁止使用；但是，已经善意取得注册的继续有效。 | |

## 五、商标代理机构

1. 申请商标注册或者办理其他商标事宜，可以自行办理，也可以委托依法设立的商标代理机构办理。

2. 外国人或者外国企业在中国申请商标注册和办理其他商标事宜的，应当委托依法设立的商标代理机构办理。

3. 商标代理机构除对其代理服务申请商标注册外，不得申请注册其他商标。

**经典考题：** 营盘市某商标代理机构，发现本市甲公司长期制造销售"实耐"牌汽车轮胎，但一直未注册商标，该机构建议甲公司进行商标注册，甲公司负责人鄢某未置可否。后鄢某辞职新创立了乙公司，鄢某委托该商标代理机构为乙公司进行轮胎类产品的商标注册。关于该商标代理机构的行为，下列哪一选项是正确的？（2016年·卷三·17题，单选）①

　A. 乙公司委托注册"实耐"商标，该商标代理机构不得接受委托

　B. 乙公司委托注册"营盘轮胎"商标，该商标代理机构不得接受委托

　C. 乙公司委托注册普通的汽车轮胎图形作为商标，该商标代理机构不得接受委托

　D. 该商标代理机构自行注册"捷驰"商标，用于转让给经营汽车轮胎的企业

## 总　结

| | |
|---|---|
| **不得作为商标使用** | 县级以上行政区划的地名或者公众知晓的外国地名，不得作为商标。 |
| | 但是，地名具有其他含义或者作为集体商标、证明商标组成部分的除外；已经注册的使用地名的商标继续有效。 |
| **驰名商标限制** | 生产、经营者不得将"驰名商标"字样用于商品、商品包装或者容器上，或者用于广告宣传、展览以及其他商业活动中。 |
| **商标代理机构** | 外国人或者外国企业在中国申请商标注册和办理其他商标事宜的，应当委托依法设立的商标代理机构办理。 |
| | 商标代理机构除对其代理服务申请商标注册外，不得申请注册其他商标。 |
| **恶意注册** | 不以使用为目的的恶意商标注册申请，应当予以驳回。 |
| | 对恶意申请商标注册的，根据情节给予警告、罚款等行政处罚； |
| | 对恶意提起商标诉讼的，由人民法院依法给予处罚。 |
| **请求宣告无效** | 已经注册的商标，违反规定的，自商标注册之日起5年内，在先权利人或者利害关系人可以请求商标评审委员会宣告该注册商标无效。 |
| | 对恶意注册的，驰名商标所有人不受5年的时间限制。 |

---

① 【答案】A。《商标法》第32条规定："申请商标注册不得损害他人现有的在先权利，也不得以不正当手段抢先注册他人已经使用并有一定影响的商标。"《商标法》第19条第3款规定："商标代理机构知道或者应当知道委托人申请注册的商标属于本法第十五条和第三十二条规定情形的，不得接受其委托。"A选项正确。《商标法》第10条第2款规定："县级以上行政区划的地名或者公众知晓的外国地名，不得作为商标。但是，地名具有其他含义或者作为集体商标、证明商标组成部分的除外；已经注册的使用地名的商标继续有效。"铁打的营盘流水的兵，营盘具有其他含义，可以作为商标，B选项错误。《商标法》第11条规定："下列标志不得作为商标注册：（一）仅有本商品的通用名称、图形、型号的；（二）仅直接表示商品的质量、主要原料、功能、用途、重量、数量及其他特点的；（三）其他缺乏显著特征的。前款所列标志经过使用取得显著特征，并便于识别的，可以作为商标注册。"C选项对应情形（一），但经过使用取得显著特征，并便于识别的可以注册，C选项错误。《商标法》第19条第4款规定："商标代理机构除对其代理服务申请商标注册外，不得申请注册其他商标。"D选项错误。【错误原因】本题考查申请商标注册相关法律规则。本题错误原因主要是对相关法律制度理解不准确，对于"商标代理"、"地名商标"等规则理解不到位。

# 第二节 商标注册的申请

| 分类填报 | 商标注册申请人应当按规定的商品分类表填报使用商标的商品类别和商品名称，提出注册申请。 |
|---|---|
| 一申多类 | 商标注册申请人可以通过一份申请就多个类别的商品申请注册同一商标。 |
| 方式灵活 | 商标注册申请等有关文件，可以以书面方式或者数据电文方式提出。 |
| 另行申请 | 注册商标需要在核定使用范围之外的商品上取得商标专用权的，应当另行提出注册申请。 |
| 重新申请 | 注册商标需要改变其标志的，应当重新提出注册申请。 |
| 外国优先权 | 1. 商标注册申请人自其商标在外国第一次提出商标注册申请之日起6个月内，又在中国就相同商品以同一商标提出商标注册申请的，依照该外国同中国签订的协议或者共同参加的国际条约，或者按照相互承认优先权的原则，可以享有优先权。<br>2. 依照前款要求优先权的，应当在提出商标注册申请的时候提出书面声明，并且在3个月内提交第一次提出的商标注册申请文件的副本；未提出书面声明或者逾期未提交商标注册申请文件副本的，视为未要求优先权。 |
| 展览优先权 | 1. 商标在中国政府主办的或者承认的国际展览会展出的商品上首次使用的，自该商品展出之日起6个月内，该商标的注册申请人可以享有优先权。<br>2. 依照前款要求优先权的，应当在提出商标注册申请的时候提出书面声明，并且在3个月内提交展出其商品的展览会名称、在展出商品上使用该商标的证据、展出日期等证明文件；未提出书面声明或者逾期未提交证明文件的，视为未要求优先权。 |

**总 结**

未提出书面声明或者逾期未提交证明文件的，视为未要求优先权。

# 第三节 商标注册的审查和核准

| 审查 | 1. 对申请注册的商标，商标局应当自收到商标注册申请文件之日起9个月内审查完毕，符合本法有关规定的，予以初步审定公告。 | |
|---|---|---|
| | 2. 申请注册的商标，凡不符合本法有关规定或者同他人在同一种商品或者类似商品上已经注册的或者初步审定的商标相同或者近似的，由商标局驳回申请，不予公告。 | 先权利人、利害关系人可以向商标局提出异议。 |
| 原则 | 两个或者两个以上的商标注册申请人，在同一种商品或者类似商品上，以相同或者近似的商标申请注册的，初步审定并公告申请在先的商标；同一天申请的，初步审定并公告使用在先的商标，驳回其他人的申请，不予公告。 | |
| 保护在先权利 | 申请商标注册不得损害他人现有的在先权利，也不得以不正当手段抢先注册他人已经使用并有一定影响的商标。 | |

初步审定并公告申请在先的商标；同一天申请的，初步审定并公告使用在先的商标。

# 第四节　注册商标的期限、续展、转让和使用许可

| 期限 | 注册商标的有效期为10年，自核准注册之日起计算。 |
|---|---|
| 续展 | 注册商标有效期满，需要继续使用的，商标注册人应当在期满前12个月内按照规定办理续展手续；在此期间未能办理的，可以给予6个月的宽展期。每次续展注册的有效期为10年，自该商标上一届有效期满次日起计算。期满未办理续展手续的，注销其注册商标。 |
| 转让 | 转让注册商标的，转让人和受让人应当签订转让协议，并共同向商标局提出申请。受让人应当保证使用该注册商标的商品质量。 |
| 转让 | 转让注册商标的，商标注册人对其在同一种商品上注册的近似的商标，或者在类似商品上注册的相同或者近似的商标，应当一并转让。 |
| 转让 | 转让注册商标经核准后，予以公告。受让人自公告之日起享有商标专用权。 |
| 许可 | 经许可使用他人注册商标的，必须在使用该注册商标的商品上标明被许可人的名称和商品产地。 |
| 许可 | 许可他人使用其注册商标的，许可人应当将其商标使用许可报商标局备案，由商标局公告。商标使用许可未经备案不得对抗善意第三人。 |

**经典问答：什么是商标独占使用许可？**

独占使用许可，是指商标注册人在约定的期间、地域和以约定的方式，将该注册商标仅许可一个被许可人使用，商标注册人依约定不得使用该注册商标。

**经典问答：什么是商标排他使用许可？**

排他使用许可，是指商标注册人在约定的期间、地域和以约定的方式，将该注册商标仅许可一个被许可人使用，商标注册人依约定可以使用该注册商标但不得另行许可他人使用该注册商标。

**经典问答：什么是商标普通使用许可？**

普通使用许可，是指商标注册人在约定的期间、地域和以约定的方式，许可他人使用其注册商标，并可自行使用该注册商标和许可他人使用其注册商标。

1. 期满未办理续展手续的，注销其注册商标。
2. 商标使用许可未经备案不得对抗善意第三人。

# 第五节　注册商标的无效宣告

| | |
|---|---|
| （一） | 已经注册的商标，违反商标法禁止性规定的，或者是以欺骗手段或者其他不正当手段取得注册的，由商标局宣告该注册商标无效；其他单位或者个人可以请求商标评审委员会宣告该注册商标无效。 |
| （二） | 已经注册的商标，侵害先权利人或者利害关系人合法权益的，自商标注册之日起 5 年内，在先权利人或者利害关系人可以请求商标评审委员会宣告该注册商标无效。对恶意注册的，驰名商标所有人不受 5 年的时间限制。 |
| （三） | 宣告无效的注册商标，由商标局予以公告，该注册商标专用权视为自始即不存在。 |
| | 宣告注册商标无效的决定或者裁定，对宣告无效前人民法院做出并已执行的商标侵权案件的判决、裁定、调解书和工商行政管理部门做出并已执行的商标侵权案件的处理决定以及已经履行的商标转让或者使用许可合同不具有追溯力。但是，因商标注册人的恶意给他人造成的损失，应当给予赔偿。 |
| | 依照前款规定不返还商标侵权赔偿金、商标转让费、商标使用费，明显违反公平原则的，应当全部或者部分返还。 |

**经典考题：** 出生于 A 国的 Jone.Labe 因获得世界"王者联盟"联赛大满贯而名声大噪，艾派德从中发现了商机，在其所卖的游戏用品上注册了"Jone"的商标，并且销售使用了该商标的游戏用品。安丽娜发现艾派德没有设立专门的公司来销售游戏用品，于是安丽娜设立了"Jone 游戏用品公司"，并在其销售的游戏用品上突出展示"Jone"的标志。对此，下列说法正确的是哪一选项？（2019 年回忆版·卷二·单选）[①]

　　A. 在艾派德起诉安丽娜侵权时，安丽娜以艾派德的注册商标侵犯他人权利为由进行抗辩的，艾派德无法获得赔偿

　　B. 在艾派德起诉安丽娜侵权时，安丽娜以公司名称经过合法登记为由抗辩的，艾派德对安丽娜的使用行为无权禁止

　　C. 如果 Jone.Labe 想宣告艾派德的注册商标无效，那么其只能在注册之日起五年内提出申请

　　D. Jone.Labe 仅对"Jone.Labe"享有姓名权，不能以"Jone"注册商标侵犯其姓名权为由请求宣告该注册商标无效

---

[①]【答案】C。根据《商标法》第 45 条第 1 款："已经注册的商标，违反本法第十三条第二款和第三款、第十五条、第十六条第一款、第三十条、第三十一条、第三十二条规定的，自商标注册之日起五年内，在先权利人或者利害关系人可以请求商标评审委员会宣告该注册商标无效。对恶意注册的，驰名商标所有人不受五年的时间限制。"C 选项正确。【错误原因】本题错误原因主要是对相关法律制度理解不准确，对于"在先权利"、"无效宣告"等规则理解不到位。

**总　结**

侵害先权利人或者利害关系人合法权益的，自商标注册之日起 5 年内，在先权利人或者利害关系人可以请求宣告该注册商标无效。

# 第六节　商标使用的管理

（一）本法所称商标的使用，是指将商标用于商品、商品包装或者容器以及商品交易文书上，或者将商标用于广告宣传、展览以及其他商业活动中，用于识别商品来源的行为。

（二）商标注册人在使用注册商标的过程中，自行改变注册商标、注册人名义、地址或者其他注册事项的，由地方市场监督管理部门责令限期改正；期满不改正的，由商标局撤销其注册商标。

（三）注册商标成为其核定使用的商品的通用名称或者没有正当理由连续 3 年不使用的，任何单位或者个人可以向商标局申请撤销该注册商标。

（四）注册商标被撤销、被宣告无效或者期满不再续展的，自撤销、宣告无效或者注销之日起 1 年内，商标局对与该商标相同或者近似的商标注册申请，不予核准。

**总　结**

没有正当理由连续 3 年不使用的，任何单位或者个人可以向商标局申请撤销该注册商标。

# 第七节　注册商标专用权的保护

| | |
|---|---|
| （一） | 注册商标的专用权，以核准注册的商标和核定使用的商品为限。 |
| （二） | 有下列行为之一的，均属侵犯注册商标专用权：<br>1. 未经商标注册人的许可，在同一种商品上使用与其注册商标相同的商标的；<br>2. 未经商标注册人的许可，在同一种商品上使用与其注册商标近似的商标，或者在类似商品上使用与其注册商标相同或者近似的商标，容易导致混淆的；<br>3. 销售侵犯注册商标专用权的商品的；<br>4. 伪造、擅自制造他人注册商标标识或者销售伪造、擅自制造的注册商标标识的；<br>5. 未经商标注册人同意，更换其注册商标并将该更换商标的商品又投入市场的；<br>6. 故意为侵犯他人商标专用权行为提供便利条件，帮助他人实施侵犯商标专用权行为的；<br>7. 给他人的注册商标专用权造成其他损害的。 |
| （三） | 将他人注册商标、未注册的驰名商标作为企业名称中的字号使用，误导公众，构成不正当竞争行为的，依照《反不正当竞争法》处理。 |
| （四） | 注册商标中含有的本商品的通用名称、图形、型号，或者直接表示商品的质量、主要原料、功能、用途、重量、数量及其他特点，或者含有的地名，注册商标专用权人无权禁止他人正当使用。 |

续 表

| | |
|---|---|
| （五） | 三维标志注册商标中含有的商品自身的性质产生的形状、为获得技术效果而需有的商品形状或者使商品具有实质性价值的形状，注册商标专用权人无权禁止他人正当使用。 |
| （六） | 商标注册人申请商标注册前，他人已经在同一种商品或者类似商品上先于商标注册人使用与注册商标相同或者近似并有一定影响的商标的，注册商标专用权人无权禁止该使用人在原使用范围内继续使用该商标，但可以要求其附加适当区别标识。 |
| （七） | 1. 侵犯商标专用权的赔偿数额，按照权利人因被侵权所受到的实际损失确定；实际损失难以确定的，可以按照侵权人因侵权所获得的利益确定；权利人的损失或者侵权人获得的利益难以确定的，参照该商标许可使用费的倍数合理确定。对恶意侵犯商标专用权，情节严重的，可以在按照上述方法确定数额的 1 倍以上 3 倍以下确定赔偿数额。赔偿数额应当包括权利人为制止侵权行为所支付的合理开支。<br><br>2. 人民法院为确定赔偿数额，在权利人已经尽力举证，而与侵权行为相关的账簿、资料主要由侵权人掌握的情况下，可以责令侵权人提供与侵权行为相关的账簿、资料；侵权人不提供或者提供虚假的账簿、资料的，人民法院可以参考权利人的主张和提供的证据判定赔偿数额。<br><br>3. 权利人因被侵权所受到的实际损失、侵权人因侵权所获得的利益、注册商标许可使用费难以确定的，由人民法院根据侵权行为的情节判决给予 500 万元以下的赔偿。 |
| （八） | 注册商标专用权人请求赔偿，被控侵权人以注册商标专用权人未使用注册商标提出抗辩的，人民法院可以要求注册商标专用权人提供此前 3 年内实际使用该注册商标的证据。注册商标专用权人不能证明此前 3 年内实际使用过该注册商标，也不能证明因侵权行为受到其他损失的，被控侵权人不承担赔偿责任。 |
| （九） | 销售不知道是侵犯注册商标专用权的商品，能证明该商品是自己合法取得并说明提供者的，不承担赔偿责任。 |

**经典问答**：人民法院审理商标纠纷案件，对属于假冒注册商标的商品、主要用于制造假冒注册商标的商品的材料，应如何处理？

应权利人请求，对属于假冒注册商标的商品，除特殊情况外，责令销毁；对主要用于制造假冒注册商标的商品的材料、工具，责令销毁，且不予补偿；或者在特殊情况下，责令禁止前述材料、工具进入商业渠道，且不予补偿。

## 总 结

1. 不以使用为目的的恶意商标注册申请，应当予以驳回。
2. 假冒注册商标的商品不得在仅去除假冒注册商标后进入商业渠道。

# 第四部分　劳动及社会保障法

# 专题十八　劳动法

## 第一节　劳动法概述

**知识体系图**

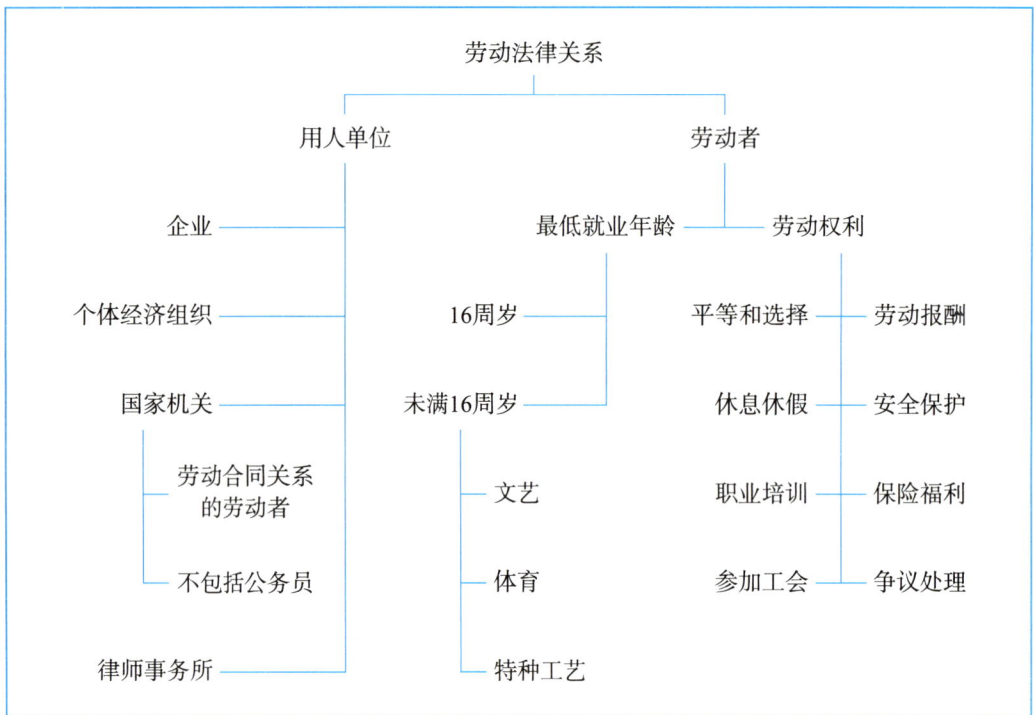

**命题点拨**

　　本专题重点内容包括我国劳动法的适用范围、劳动法律关系、工作时间、休息休假等，其中命题重点是特殊保护制度、工资法律制度等。要理解劳动法的概念和调整对象、我国劳动法的适用范围、劳动法律关系。

## 一、适用范围

| | |
|---|---|
| 在中国境内的企业、个体经济组织（以下统称用人单位）和与之形成劳动关系的劳动者：适用本法。 | |

在中国境内的企业、个体经济组织（以下统称用人单位）和与之形成劳动关系的劳动者：适用本法。

国家机关、事业组织、社会团体和与之建立劳动合同关系的劳动者：依照本法执行。

依法成立的会计师事务所、律师事务所等合伙组织和基金会：属于劳动合同法规定的用人单位。

## 二、劳动者

| 劳动者 | 1. 劳动者的法定劳动年龄为最低就业年龄 16 周岁。 |
|---|---|
| | 2. 不包括公务员、参公管理人员、实行聘用制的事业单位工作人员、现役军人、家庭保姆、在校学生、单纯从事农业生产的农民等。 |
| 劳动者的劳动权利 | 1. 平等就业和选择职业的权利； |
| | 2. 取得劳动报酬的权利； |
| | 3. 休息休假的权利； |
| | 4. 获得劳动安全卫生保护的权利； |
| | 5. 接受职业技能培训的权利； |
| | 6. 享受社会保险和福利的权利； |
| | 7. 依法参加工会和职工民主管理的权利； |
| | 8. 提请劳动争议处理的权利； |
| | 9. 法律规定的其他劳动权利。 |
| 劳动者职业技能考核鉴定 | 国家确定职业分类，对规定的职业制定职业技能标准，实行职业资格证书制度，由经备案的考核鉴定机构负责对劳动者实施职业技能考核鉴定。 |

**经典问答**：用人单位与其招用的领取退休金的人员发生用工争议，如何处理？

用人单位与其招用的已经依法享受养老保险待遇或者领取退休金的人员发生用工争议而提起诉讼的，人民法院应当按劳务关系处理。

## 三、工作时间和休息休假制度

| 工时 | 1. 标准工时：8 小时 / 日，40 小时 / 周，1 周休息 2 天 |
|---|---|
| | 2. 企业因生产特点不能实行法定工作时间的，经劳动行政部门批准，可以实行其他工作和休息办法，如不定时工作时间和综合计算工作时间。 |
| 年休假 | 年休假：国家实行带薪年休假制度。 |
| | 1. 职工累计工作已满 1 年不满 10 年的，年休假 5 天； |
| | 2. 已满 10 年不满 20 年的，年休假 10 天； |
| | 3. 已满 20 年的，年休假 15 天。 |
| 加班 | 1. 用人单位由于生产经营需要，经与工会和劳动者协商后可以延长工作时间： |
| | （1）一般每日不得超过 1 小时； |
| | （2）因特殊原因需要延长工作时间的，在保障劳动者身体健康的条件下延长工作时间每日不得超过 3 小时，但是每月不得超过 36 小时。 |

续　表

| | |
|---|---|
| | 2.有下列情形之一的，延长工作时间不受《劳动法》第41条的限制：<br>（1）发生自然灾害、事故或者因其他原因，威胁劳动者生命健康和财产安全，需要紧急处理的；<br>（2）生产设备、交通运输线路、公共设施发生故障，影响生产和公众利益，必须及时抢修的。 |
| | 3.加班工资：<br>（1）安排劳动者延长工作时间的，支付不低于工资的150%的工资报酬；<br>（2）休息日安排劳动者工作又不能安排补休的，支付不低于工资的200%的工资报酬；<br>（3）法定休假日安排劳动者工作的，支付不低于工资的300%的工资报酬。 |

## 四、工资制度

| | |
|---|---|
| **最低工资不包括：** | 1.加班工资；中班、夜班、高温、低温、井下、有毒有害等特殊工作环境条件下的津贴； |
| | 2.国家法律、行政法规和政策规定的劳动者保险、福利待遇； |
| | 3.用人单位通过贴补伙食、住房等支付给劳动者的非货币收入。 |
| **对扣除工资金额的限制：** | 赔偿损失和违纪罚款，每月不得超过20%。 |

## 五、劳动安全卫生制度

| |
|---|
| 单位义务： |
| 1.建立制度，执行规程和标准； |
| 2."三同时"； |
| 3.对从事有职业危害的劳动者定期体检； |
| 4.对特种作业劳动者进行培训并持证上岗。 |

## 六、童工、未成年工与女职工特殊保护制度

| | | |
|---|---|---|
| **童工**<br>（16岁以下） | 原则不可召收。 | |
| | 例外可召收：文艺、特种工艺、体育。注意：但仍需主管机关审批、且保障义务教育的前提下才可召收。 | |
| | 违反效果：<br>（1）责令改正并可罚款。<br>（2）情节严重可吊销营业执照。 | |
| **未成年工**<br>（16~18岁） | 禁忌工作 | 矿山井下、有毒有害、第四级体力劳动强度和其他禁忌劳动。 |
| **女职工** | 禁忌工作 | 矿山井下、第四级体力劳动强度和其他禁忌劳动。 |
| | 经期 | 不得安排第三级体力劳动强度，不得安排从事高处、低温、冷水作业。 |
| | 孕期 | 不得安排第三级体力劳动强度、孕期禁忌活动。怀孕7个月以上不得延长工作时间和夜班。 |

续　表

| | |
|---|---|
| 哺乳期 | **未满一周岁期**不得安排第三级体力劳动强度，哺乳期禁忌活动，不得延长工作时间和夜班。 |
| 产假 | 不少于 98 天产假。 |

**总　结**

1. 禁止用人单位招用未满 16 周岁的未成年人。

2. 文艺、体育和特种工艺单位招用未满 16 周岁的未成年人，必须遵守国家有关规定，并保障其接受义务教育的权利。

# 第二节　劳动合同法

## 知识体系图

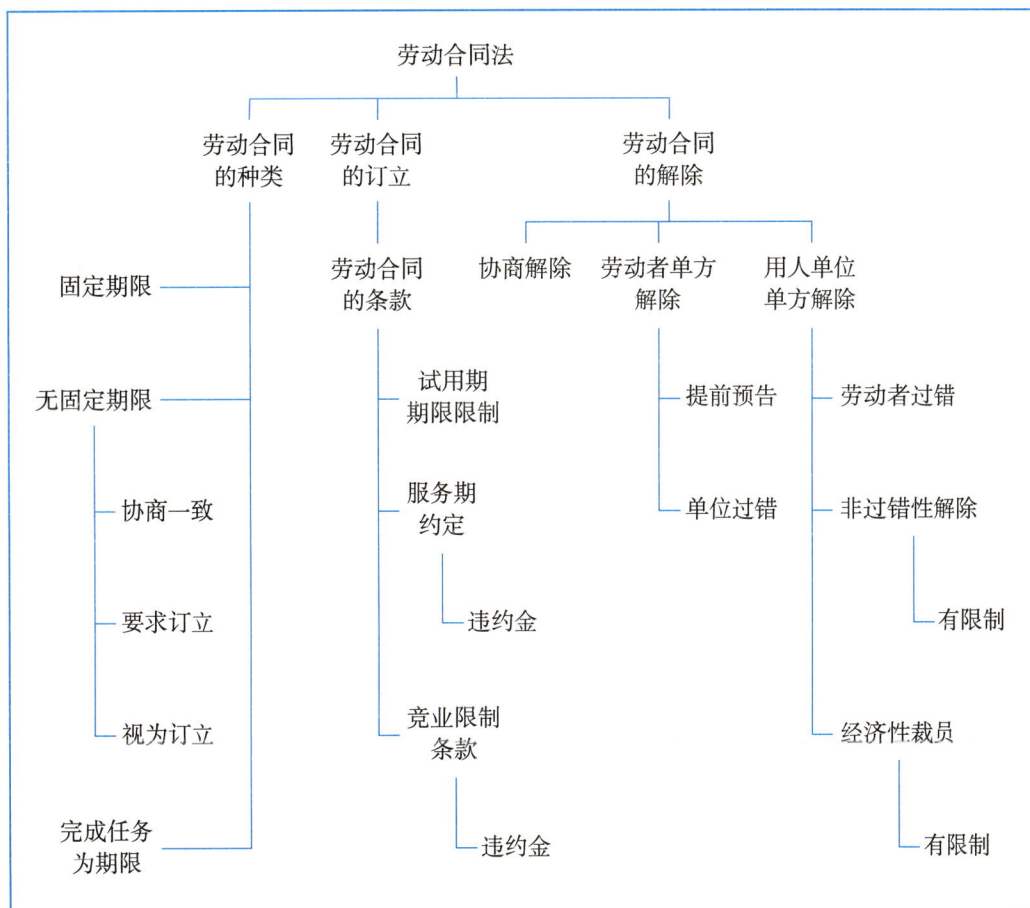

命题点拨

本专题重点内容包括劳动合同的种类、劳动合同的订立、劳动合同的条款、劳动合同的解除、非全日制用工等，其中命题重点是集体合同、劳务派遣、法律责任等。要理解调整劳动合同关系和保障劳动者权益的各主要制度的目标、原则和基本规则。

## 一、劳动合同的种类

| | |
|---|---|
| **劳动合同种类** | 1. 固定期限劳动合同；<br>2. 无固定期限劳动合同；<br>3. 和以完成一定工作任务为期限的劳动合同。 |
| **无固定期限劳动合同** | 无固定期限劳动合同，是指用人单位与劳动者约定无确定终止时间的劳动合同。 |
| | 1. 自愿订立：用人单位与劳动者协商一致，可以订立无固定期限劳动合同，无条件限制。 |
| | 2. 劳动者有权要求订立：有下列情形之一，劳动者有权要求订立：<br>（1）劳动者在该用人单位连续工作满 10 年的；<br>（2）用人单位初次实行劳动合同制度或者国有企业改制重新订立劳动合同时，劳动者在该用人单位连续工作满 10 年且距法定退休年龄不足 10 年的；<br>（3）连续订立二次固定期限劳动合同，续订劳动合同的。 |
| | 3. 视为订立：用人单位自用工之日起满 1 年不与劳动者订立书面劳动合同的：<br>视为用人单位与劳动者已订立无固定期限劳动合同。 |
| | 4. 用人单位违反本规定不与劳动者订立无固定期限劳动合同的：<br>自应当订立无固定期限劳动合同之日起向劳动者每月支付二倍的工资。 |

## 二、劳动合同的成立和效力

| | | |
|---|---|---|
| **劳动关系的建立** | 实际用工时为准，不论有无书面劳动合同。 | |
| **劳动合同应书面订立** | 订立时间限制： | 用工开始 1 个月内订立。 |
| **1. 用工单位不订立** | 超过 1 个月未订立，未超过 1 年者： | 自第 2 个月起给付劳动者 2 倍工资。 |
| | 超过 1 年未订立： | 视为无固定期限劳动合同。 |
| | 注意：自第 2 个月起至第 12 个月计算 2 倍工资。自第 13 个月起转为无固定期限劳动合同。 | |
| **2. 劳动者不订立** | 1 个月内： | 书面通知劳动者终止，付工资无经济补偿。 |
| | 超过 1 个月： | 书面通知劳动者终止，付工资有经济补偿。 |
| **无书面劳动合同，且约定报酬不明确** | 1. 按集体劳动合同。 | |
| | 2. 没有集体合同或集体合同未规定，同工同酬。 | |
| **禁止用工担保** | 1. 不得扣押证件；<br>2. 不得要求担保；<br>3. 不得收取财物。 | |

| 优先适用合同约定 | 劳动合同由劳动合同书和规章制度等附件构成。规章制度与集体合同或者劳动合同不一致的，劳动者有权请求优先适用合同约定。 | |
|---|---|---|
| 劳动合同无效 | 1. 以欺诈、胁迫的手段或者乘人之危，使对方在违背真实意思的情况下订立或者变更劳动合同的； | |
| | 2. 用人单位免除自己的法定责任、排除劳动者权利的； | |
| | 3. 违反法律、行政法规强制性规定的。 | |
| | 法律后果 | 1. 停止履行。<br>2. 支付劳动报酬、经济补偿、赔偿金。<br>3. 修正劳动合同。<br>4. 赔偿损失。 |

## 三、劳动合同的条款

| 必备条款 | 1. 当事人；<br>2. 期限；<br>3. 工作内容和地点；<br>4. 工作时间和休息休假；<br>5. 劳动报酬；<br>6. 社会保险；<br>7. 劳动保护；<br>8. 劳动条件和职业危害防护。 | |
|---|---|---|
| | 必备条款欠缺会导致合同不成立。 | |
| 法律责任 | 用人单位提供的劳动合同文本未载明必备条款或者用人单位未将劳动合同文本交付劳动者的，由劳动行政部门责令改正； | |
| | 给劳动者造成损害的，应当承担赔偿责任。 | |
| 约定不明 | 约定不明时的补充性任意规定：重新协商→集体合同→同工同酬→国家标准。 | |

## 四、试用期

| 不得约定试用期 | 1. 劳动合同期限不满 3 个月。 | |
|---|---|---|
| | 2. 以完成一定工作任务为期限的劳动合同。 | |
| | 3. 非全日制用工。 | |
| 试用期时间 | 3 个月以上不满 1 年： | 不得超过 1 个月。 |
| | 1 年以上不满 3 年： | 不得超过 2 个月。 |
| | 3 年以上固定期限、无固定期限： | 不得超过 6 个月。 |
| | 违反效果：责令改正且就违法超过部分按正式月工资支付赔偿金。 | |

续  表

| 试用期工资标准 | 不得低于：<br>1. 本单位相同岗位最低档工资的 80% 或者不得低于劳动合同约定工资的 80%；<br>2. 并不得低于用人单位所在地的最低工资标准。 |
| --- | --- |
| 试用期约定限制 | 1. 只能约定 1 次试用期。<br>2. 劳动合同不得只约定试用期，否则试用期不成立，该期限为劳动合同期限。 |

## 五、服务期

| 专项培训的交换关系 | 1. 用人单位为劳动者提供专项培训费用，进行专业技术培训。 |
| --- | --- |
|  | 2. 劳动者承诺约定服务期限。 |
| 劳动者违反服务期限的效果： | 1. 应按约定向用人单位支付违约金。 |
|  | 2. 违约金总数额不得超过用人单位提供的培训费用。 |
|  | 3. 不得要求支付超过服务期尚未履行应分摊的培训费用。 |

## 六、竞业限制

| 保密义务范围 | | 用人单位的商业秘密，知识产权相关的保密事项。 |
| --- | --- | --- |
| 竞业禁止范围 | 禁止内容 | 在解除或终止劳动合同后：<br>1. 禁止到竞争对手处工作；<br>2. 禁止自己开业与原单位竞争。 |
|  | 受禁对象 | 1. 负保密义务人员。<br>2. 高级管理人员。<br>3. 高级技术人员。 |
|  | 禁止期限 | 最长 2 年，原单位在禁止期限内，按月给付经济补偿。 |
| 违反保密或竞业禁止效果 | | 支付违约金 |

经典问答：因用人单位的原因导致三个月未支付经济补偿，劳动者请求解除竞业限制约定的，如何处理？

当事人在劳动合同或者保密协议中约定了竞业限制和经济补偿，劳动合同解除或者终止后，因用人单位的原因导致 3 个月未支付经济补偿，劳动者请求解除竞业限制约定的，人民法院应予支持。

## 七、合意解除与劳动者单方解除

| 合意解除 | 双方协商一致即可解除。 |
| --- | --- |
| 预告解除 | 提前 30 日书面通知； |
|  | 试用期提前 3 日通知； |
|  | 无经济补偿。 |

| 过错解除<br>（用人单位有过错） | 可随时通知解除：<br>1. 未按照劳动合同约定提供劳动保护或者劳动条件的；<br>2. 未及时足额支付劳动报酬的；<br>3. 未依法为劳动者缴纳社会保险费的；<br>4. 用人单位的规章制度违反法律、法规的规定，损害劳动者权益的；<br>5. 劳动合同无效的；<br>6. 法律、行政法规规定劳动者可以解除劳动合同的其他情形。 |
|---|---|
| | 可立即解除不需事先告知：<br>1. 用人单位以暴力、威胁或者非法限制人身自由的手段强迫劳动者劳动的。<br>2. 用人单位违章指挥、强令冒险作业危及劳动者人身安全的， |

## 八、用人单位单方解除

| 分类 | 方式 | 事由 |
|---|---|---|
| 过错解除（劳动者有过错） | 告知方式没有限制 | 1. 试用期间不符合录用条件；<br>2. 严重违反规章制度；<br>3. 严重失职、营私舞弊、造成重大损害；<br>4. 同时与其它用人单位建立劳动关系，拒不改正，或造成本单位工作严重影响；<br>5. 因欺诈等原因导致劳动合同无效；<br>6. 被追究刑事责任。 |
| 预告解除 | 提前30日，"书面"通知或额外支付1个月工资 | 1. 因病、非工伤，医疗期满后仍不能工作（职业病不能解除、医疗期内不能解除）；<br>2. 经培训、调整岗位仍不能胜任工作；<br>3. 情事变更，致原合同无法履行，经双方协商，未能就变更劳动合同内容达成协议。 |
| 经济性裁员 | 需要裁减人员20人以上或者裁减不足20人但占企业职工总数10%以上的。 | 1. 企业重整。<br>2. 生产经营严重困难。<br>3. 转产、革新，经营方式调整。<br>4. 情事变更，合同无法履行。 |
| | | 提前30日向工会或全体职工说明，听取意见。裁员方案向劳动行政部门报告。 |
| | 优先留用人员 | 1. 无固定期限合同；<br>2. 较长期限的固定期限合同；<br>3. 家庭无其他就业人员，有需要扶养的老人或者未成年人的。 |
| | 6个月内重新招用人员 | 应通知被裁减人员，在同等条件下优先招用被裁减人员。 |

续　表

| 解除限制 | 不得解除<br>（过错解除不受限制） | 1. 在本单位患职业病或因工伤被确认丧失全部或部分劳动能力。<br>2. 患病或非因工负伤，在医疗期内。<br>3. 从事接触职业病危害作业，未进行离岗前健康检查或疑似职业病在诊断或观察期。<br>4. 女职工在孕期、产期、哺乳期。<br>5. 连续工作 15 年且距法定退休年龄不足 5 年。 |
|---|---|---|
| 解除程序 | | 用人单位单方解除劳动合同，应当事先将理由通知工会。 |
| | | 用人单位违反法律、行政法规规定或者劳动合同约定的，工会有权要求用人单位纠正。用人单位应当研究工会的意见，并将处理结果书面通知工会。 |
| 违法解除 | | 1. 劳动者可要求继续履行劳动合同；<br>2. 劳动者不要求继续履行劳动合同或不能继续履行的，用人单位应支付赔偿金（经济补偿的 2 倍）。 |

## 九、经济补偿

| 应经济补偿事项 | 1. 劳动者因用人单位的违法或过错解除劳动合同的； |
|---|---|
| | 2. 用人单位提出解除劳动合同并与劳动者协商一致解除劳动合同的； |
| | 3. 用人单位提前通知解除劳动合同的； |
| | 4. 用人单位经济性裁员的； |
| | 5. 劳动合同期满而终止（但劳动者不同意续订的除外）； |
| | 6. 用人单位消灭终止劳动合同的； |
| | 7. 以完成一定工作任务为期限的劳动合同因任务完成而终止的。 |
| 经济补偿计算 | 1. 按劳动者工作年限，每满 1 年支付 1 个月工资,6 个月 ~1 年支付 1 个月工资，不满 6 个月，支付半个月工资。 |
| | 2. 月工资是指在合同解除或终止前 12 个月的平均工资，不满 12 个月，就以实际工作月数计算。 |
| | 3. 月工资最低不得低于当地最低工资标准。 |
| | 4. 月工资最高不得高于当地政府公布上年度职工月平均工资 3 倍。 |
| | 5. 支付经济补偿最高年限不得超过 12 年。 |
| 加倍经济补偿 | 如用人单位解除或终止不合法，应支付两倍经济补偿。 |
| 支付 | 在办理工作交接时一次性支付。 |

## 十、劳动合同的终止

| 有下列情形之一的，劳动合同终止： |
| --- |
| 1.劳动合同期满的； |
| 2.劳动者开始依法享受基本养老保险待遇的； |
| 3.劳动者死亡，或者被人民法院宣告死亡或者宣告失踪的； |
| 4.用人单位被依法宣告破产的； |
| 5.用人单位被吊销营业执照、责令关闭、撤销或者用人单位决定提前解散的； |
| 6.劳动者达到法定退休年龄的； |
| 7.法律、行政法规规定的其他情形。 |

## 十一、集体合同

| | |
| --- | --- |
| **集体合同订立** | 集体合同草案应当提交职工代表大会或者全体职工讨论通过。集体合同由工会代表企业职工一方与用人单位订立；尚未建立工会的用人单位，由上级工会指导劳动者推举的代表与用人单位订立。 |
| | 集体合同订立后，应当报送劳动行政部门；劳动行政部门自收到集体合同文本之日起 15 日内未提出异议的，集体合同即行生效。 |
| **集体合同效力** | 底线和补充。集体合同中劳动报酬和劳动条件等标准不得低于当地人民政府规定的最低标准；用人单位与劳动者订立的劳动合同中劳动报酬和劳动条件等标准不得低于集体合同规定的标准。 |
| | 约定不明时适用集体合同。未订立劳动合同的，有集体合同适用集体合同的规定。 |
| **集体合同争议** | 用人单位违反集体合同，侵犯职工劳动权益的，工会可以依法要求用人单位承担责任； |
| | 因履行集体合同发生争议，经协商解决不成的，工会可以依法申请仲裁、提起诉讼。 |

　　**经典考题**：关于集体劳动合同，根据《劳动合同法》，下列哪些说法是正确的？（2017年·卷一·73题·多选）①

---

① 【答案】CD。《劳动合同法》第 51 条第 2 款规定："集体合同由工会代表企业职工一方与用人单位订立；尚未建立工会的用人单位，由上级工会指导劳动者推举的代表与用人单位订立。"A 选项错误。《劳动合同法》第 54 条规定："集体合同订立后，应当报送劳动行政部门；劳动行政部门自收到集体合同文本之日起十五日内未提出异议的，集体合同即行生效。依法订立的集体合同对用人单位和劳动者具有约束力。行业性、区域性集体合同对当地本行业、本区域的用人单位和劳动者具有约束力。"B 选项错误，C 选项正确。《劳动合同法》第 56 条规定："用人单位违反集体合同，侵犯职工劳动权益的，工会可以依法要求用人单位承担责任；因履行集体合同发生争议，经协商解决不成的，工会可以依法申请仲裁、提起诉讼。"D 选项正确。【错误原因】本题考查集体合同的生效等问题。本题错误原因主要是对相关法律制度理解不准确，对于"工会订立"、"争议解决"等规则理解不到位。

A. 甲公司尚未建立工会时，经其 2/3 以上的职工推举的代表，可直接与公司订立集体合同

B. 乙公司系建筑企业，其订立的行业性集体合同，报劳动行政部门备案后即行生效

C. 丙公司依法订立的集体合同，对全体劳动者，不论是否为工会会员，均适用

D. 因履行集体合同发生争议，丁公司工会与公司协商不成时，工会可依法申请仲裁、提起诉讼

## 十二、劳务派遣

| 劳务派遣单位 | | |
|---|---|---|
| **用人单位** | 与劳动者 | 履行劳动法中用人单位的义务。 |
| | | 由劳务派遣单位与劳动者签订 2 年以上固定期限劳动合同。 |
| | | 按月支付报酬，无工作期间，应按当地最低工资标准支付。 |
| | | 跨地派遣，报酬应按用工单位所在地标准执行。 |
| | 与用工单位 | 负责与用工单位签订劳务派遣协议，并应将劳务派遣协议内容告知被派遣劳动者。 |
| | 自我派遣禁止 | 不得设立劳务派遣单位向本单位派遣劳动者。 |
| **用工单位** | 劳动者被派遣工作单位 | |
| | 与用人单位 | 订立劳务派遣协议。 |
| | 与劳动者 | 应根据用工实际需要确定派遣期限，不得将连续用工期限分割订立数个短期派遣协议。 |
| | | 提供劳动条件、劳动保护。 |
| | | 支付加班费、绩效奖金、福利待遇，连续用工实行正常工资调整。 |
| | | 不得再派遣到其他用人单位。 |
| | | 报酬标准：同工同酬，劳务派遣协议应载明。<br>1. 与用工单位同类岗位的劳动者同工同酬的权利；<br>2. 用工单位无同类岗位劳动者的，参照用工单位所在地相同或者相近岗位劳动者的劳动报酬确定。 |
| **争议处理** | 连带责任<br>共同当事人 | 用工单位违法造成劳动者损害，用工单位与劳务派遣单位承担连带赔偿责任。二者为仲裁共同当事人。 |

## 十三、劳务派遣工作岗位

劳动合同用工是我国的企业基本用工形式，劳务派遣用工是补充形式。

1. 只能在临时性、辅助性或替代性工作岗位上实施。

（1）临时性工作岗位：存续时间不超过 6 个月的岗位。

（2）辅助性工作岗位：为主营业务岗位提供服务的非主营业务岗位。

（3）替代性工作岗位：用工单位的劳动者因脱产学习、休假等原因无法工作的一定期间内，可以由其他劳动者替代工作的岗位。

2. 用工单位应当严格控制劳务派遣用工数量，不得超过其用工总量的一定比例，具体比例由国务院劳动行政部门规定。

## 十四、非全日制用工

|  |  | 非全日制 | 全日制 |
|---|---|---|---|
| 要件 | 1 | 以小时计酬为主，结算支付周期最长不超过 15 日 | 以月薪为主，按月结算 |
|  | 2 | 每日工作不超过 4 小时 | 每日 8 小时 |
|  | 3 | 每周工作时间累计不超过 24 小时 | 每周 40 小时 |
| 用工协议 | 1 | 可以口头协议 | 需书面协议 |
|  | 2 | 可以同时与多个用人单位订立合同，但后订立合同工作不能影响先订立合同工作 | 不可以，如拒绝改正或对本单位工作造成严重影响，用人单位可以解除 |
| 特殊规定 | 1 | 禁止试用 | 原则可以试用 |
|  | 2 | 双方可以任意终止，用人单位不用支付经济补偿 | 不可以任意终止 |

## 总　结

1. 劳动者单方解除

| 预告解除 | 提前 30 日书面通知 |
|---|---|
|  | 试用期提前 3 日通知 |
|  | 无经济补偿 |
| 过错解除 | 用人单位有过错，可随时解除。 |

2. 用人单位单方解除

| 过错解除 | 劳动者有过错 |
|---|---|
| 预告解除 | 提前 30 日书面通知或额外支付 1 个月工资 |
|  | 不能工作；不能胜任工作；情事变更 |

3. 劳务派遣

| 争议处理 | 用工单位违法造成劳动者损害，用工单位与劳务派遣单位承担连带赔偿责任。 |
|---|---|
| 工作岗位 | 只能在临时性、辅助性或替代性工作岗位上实施。 |

# 第三节　劳动争议调解仲裁法

## 知识体系图

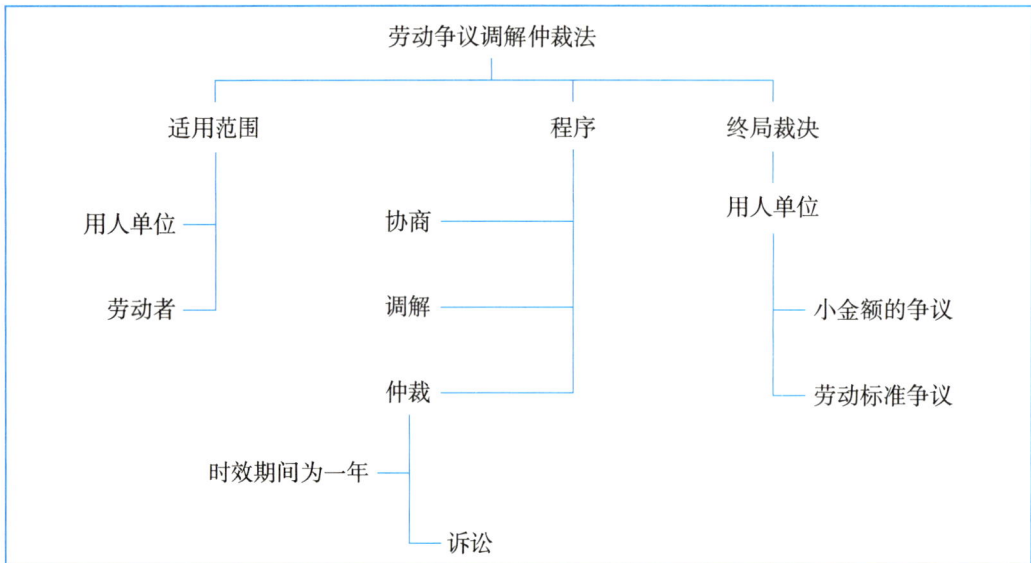

## 命题点拨

　　本专题重点内容包括劳动争议的处理机构，劳动争议处理程序等。命题重点是仲裁时效、终局裁决等。要理解劳动纠纷的解决机制。

## 一、适用范围

| 适用 | 中华人民共和国境内的用人单位与劳动者发生的下列劳动争议，适用本法：<br>1. 因确认劳动关系发生的争议；<br>2. 因订立、履行、变更、解除和终止劳动合同发生的争议；<br>3. 因除名、辞退和辞职、离职发生的争议；<br>4. 因工作时间、休息休假、社会保险、福利、培训以及劳动保护发生的争议；<br>5. 因劳动报酬、工伤医疗费、经济补偿或者赔偿金等发生的争议；<br>6. 法律、法规规定的其他劳动争议。 |
|---|---|
| 排除 | 下列纠纷不属于劳动争议：<br>1. 劳动者请求社会保险经办机构发放社会保险金的纠纷；<br>2. 劳动者与用人单位因住房制度改革产生的公有住房转让纠纷；<br>3. 劳动者对劳动能力鉴定委员会的伤残等级鉴定结论纠纷；<br>4. 家庭或者个人与家政服务人员之间的纠纷；<br>5. 个体工匠与帮工、学徒之间的纠纷；<br>6. 农村承包经营户与受雇人之间的纠纷。 |

## 二、劳动争议处理程序

| | |
|---|---|
| **仲裁前置** | 发生劳动争议，当事人不愿协商、协商不成或者达成和解协议后不履行的，可以向调解组织申请调解；<br>不愿调解、调解不成或者达成调解协议后不履行的，可以向劳动争议仲裁委员会申请仲裁；对仲裁裁决不服的，除本法另有规定的外，可以向人民法院提起诉讼。 |
| **仲裁时效** | 劳动争议申请仲裁的时效期间为 1 年。仲裁时效期间从当事人知道或者应当知道其权利被侵害之日起计算。<br>劳动关系存续期间因拖欠劳动报酬发生争议的，应当自劳动关系终止之日起 1 年内提出。 |
| **终局裁决** | 下列劳动争议，对用人单位而言，仲裁裁决为终局裁决，裁决书自作出之日起发生法律效力：<br>1. 追索劳动报酬、工伤医疗费、经济补偿或者赔偿金，不超过当地月最低工资标准 12 个月金额的争议；<br>2. 因执行国家的劳动标准在工作时间、休息休假、社会保险等方面发生的争议。<br>3. 劳动者对前述规定的仲裁裁决不服的，可以自收到仲裁裁决书之日起 15 日内向人民法院提起诉讼。 |

**经典问答：劳动者以用人单位的工资欠条为证据直接提起诉讼，如何处理？**

劳动者以用人单位的工资欠条为证据直接提起诉讼，诉讼请求不涉及劳动关系其他争议的，视为拖欠劳动报酬争议，人民法院按照普通民事纠纷受理。

### 总　结

| | |
|---|---|
| **仲裁前置** | 对仲裁裁决不服的，除本法另有规定的外，可以向人民法院提起诉讼。 |
| **侵权责任** | 【民法典】用人单位的工作人员因执行工作任务造成他人损害的，由用人单位承担侵权责任。用人单位承担侵权责任后，可以向有故意或者重大过失的工作人员追偿。 |

# 专题十九　社会保险法

## 知识体系图

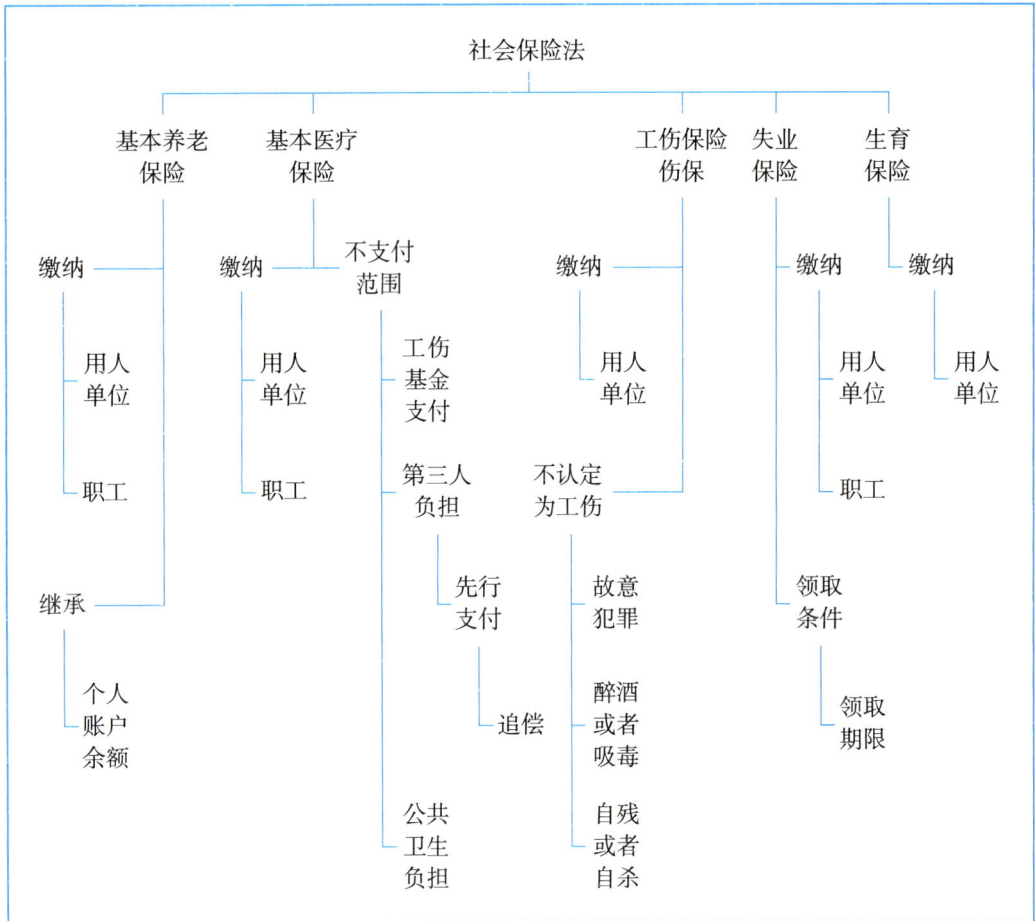

社会保险法
- 基本养老保险
  - 缴纳
    - 用人单位
    - 职工
  - 继承
    - 个人账户余额
- 基本医疗保险
  - 缴纳
    - 用人单位
    - 职工
  - 不支付范围
    - 工伤基金支付
    - 第三人负担
      - 先行支付
        - 追偿
    - 公共卫生负担
- 工伤保险伤保
  - 缴纳
    - 用人单位
  - 不认定为工伤
    - 故意犯罪
    - 醉酒或者吸毒
    - 自残或者自杀
- 失业保险
  - 缴纳
    - 用人单位
    - 职工
  - 领取条件
    - 领取期限
- 生育保险
  - 缴纳
    - 用人单位

## 命题点拨

　　本专题重点内容包括基本养老保险、基本医疗保险、工伤保险、失业保险等。命题重点是缴费制度、相关期限等。

续　表

# 一、基本养老保险

| 参保 | 职工参加，单位和职工共同缴费；<br>灵活就业人员参加，个人缴费。 |
|---|---|
| 基本养老<br>保险基金 | 1. 来源：用人单位和个人缴费以及政府补贴。 |
| | 2. 组成：社会统筹与个人账户相结合。单位缴纳的，计入基本养老保险统筹基金；职工缴纳的，计入个人账户。 |
| | 3. 个人账户不得提前支取，记账利率不得低于银行定期存款利率，免征利息。 |
| 基本养老<br>金待遇 | 1. 达到法定退休年龄时累计缴费满 15 年的，按月领取基本养老金。 |
| | 2. 达到法定退休年龄时累计缴费不足 15 年的，可以缴费至满 15 年，按月领取基本养老金；也可以转入新型农村社会养老保险或者城镇居民社会养老保险，享受相应的养老保险待遇。 |
| | 3. 参加基本养老保险的个人，因病或者非因工死亡的，其遗属可以领取丧葬补助金和抚恤金；在未达到法定退休年龄时因病或者非因工致残完全丧失劳动能力的，可以领取病残津贴。 |
| 死亡继承 | 个人死亡的个人账户余额可以继承。 |

# 二、基本医疗保险

| 参保 | 职工参保的，单位和职工共同缴纳；<br>灵活就业人员参保的，个人缴纳。 |
|---|---|
| 基本医疗<br>保险待遇 | 1. 医疗费用，按照国家规定从基本医疗保险基金中支付。由社会保险经办机构与医疗机构、药品经营单位直接结算。 |
| | 2. 下列医疗费用不纳入基本医疗保险基金支付范围：<br>（1）应当从工伤保险基金中支付的；<br>（2）应当由第三人负担的；<br>（3）应当由公共卫生负担的；<br>（4）在境外就医的。 |
| 先行支付<br>事后追偿 | 医疗费用依法应当由第三人负担，第三人不支付或者无法确定第三人的，由基本医疗保险基金先行支付。基本医疗保险基金先行支付后，有权向第三人追偿。 |

# 三、工伤保险

| 参保 | 职工参保，单位缴纳保费。 |
|---|---|
| 基本工伤<br>保险待遇 | 1. 条件：职工因工作原因受到事故伤害或者患职业病，且经工伤认定的，享受工伤保险待遇；其中，经劳动能力鉴定丧失劳动能力的，享受伤残待遇。 |
| | 2. 职工因下列情形之一导致本人在工作中伤亡的，不认定为工伤：<br>（1）故意犯罪；<br>（2）醉酒或者吸毒；<br>（3）自残或者自杀。 |

续　表

| | 3. 工伤保险基金负担的费用： |
|---|---|
| | （1）治疗工伤的医疗费用和康复费用； |
| | （2）住院伙食补助费； |
| | （3）到统筹地区以外就医的交通食宿费； |
| | （4）安装配置伤残辅助器具所需费用； |
| | （5）生活不能自理的，经劳动能力鉴定委员会确认的生活护理费； |
| | （6）一次性伤残补助金和**一至四级**伤残职工按月领取的伤残津贴； |
| | （7）终止或者解除劳动合同时，应当享受的一次性医疗补助金； |
| | （8）因工死亡的，其遗属领取的丧葬补助金、供养亲属抚恤金和因工死亡补助金； |
| | （9）劳动能力鉴定费。 |
| | 4. 停止享受工伤保险待遇： |
| | （1）丧失享受待遇条件的； |
| | （2）拒不接受劳动能力鉴定的； |
| | （3）拒绝治疗的。 |
| **用人单位负担费用** | 1. 治疗工伤期间的工资福利； |
| | 2. **五级、六级**伤残职工按月领取的伤残津贴； |
| | 3. 终止或者解除劳动合同时，应当享受的一次性伤残就业补助金。 |
| | **单位未缴费**：由用人单位支付工伤保险待遇。用人单位不支付的，从工伤保险基金中先行支付，由用人单位偿还。用人单位不偿还的，社会保险经办机构可以追偿。 |
| **先行支付事后追偿** | **第三人造成工伤**：第三人不支付工伤医疗费用或者无法确定第三人的，由工伤保险基金先行支付。工伤保险基金先行支付后，有权向第三人追偿。 |

## 四、失业保险

| **参保** | 职工参保，单位和职工共同缴纳。 |
|---|---|
| **领取失业保险金的条件与期限** | 1. 条件： |
| | （1）失业前用人单位和本人已经缴纳失业保险费满 1 年的； |
| | （2）非因本人意愿中断就业的； |
| | （3）已经进行失业登记，并有求职要求的。 |
| | 2. 期限： |
| | （1）累计缴费满 1 年不足 5 年的，领取失业保险金的期限最长为 12 个月； |
| | （2）累计缴费满 5 年不足 10 年的，领取失业保险金的期限最长为 18 个月； |
| | （3）累计缴费 10 年以上的，领取失业保险金的期限最长为 24 个月。 |
| | 3. 重新就业后，再次失业的，缴费时间重新计算，领取失业保险金的期限与前次失业应当领取而尚未领取的失业保险金的期限合并计算，最长不超过 24 个月。 |
| **失业人员死亡** | 失业人员死亡时失业人员在领取失业保险金期间死亡的，参照当地对在职职工死亡的规定，向其遗属发给一次性丧葬补助金和抚恤金。 |
| | 所需资金从失业保险基金中支付。 |
| | 个人死亡同时符合领取基本养老保险丧葬补助金、工伤保险丧葬补助金和失业保险丧葬补助金条件的： |
| | 其遗属只能选择领取其中的一项。 |

续 表

| 停止领取失业保险金的情形 | 失业人员在领取失业保险金期间有下列情形之一的，停止领取失业保险金，并同时停止享受其他失业保险待遇：<br>1. 重新就业的；<br>2. 应征服兵役的；<br>3. 移居境外的；<br>4. 享受基本养老保险待遇的；<br>5. 无正当理由，拒不接受当地人民政府指定部门或者机构介绍的适当工作或者提供的培训的。 |
|---|---|

## 五、生育保险

| 职工参保，单位缴费。 | |
|---|---|
| （一） | 生育医疗费用包括：<br>1. 生育的医疗费用；<br>2. 计划生育的医疗费用；<br>3. 法律、法规规定的其他项目费用。 |
| | 参保职工未就业配偶也可以享受。 |
| （二） | 生育津贴 |
| | 女职工生育享受产假；<br>享受计划生育手术休假；<br>法律、法规规定的其他情形。 |

## 六、军人保险法

| 军人伤亡保险 | 军人因战、因公死亡的，按照认定的死亡性质和相应的保险金标准，给付军人死亡保险金。 |
|---|---|
| | 军人因战、因公、因病致残的，按照评定的残疾等级和相应的保险金标准，给付军人残疾保险金。 |
| | 已经评定残疾等级的因战、因公致残的军人退出现役参加工作后旧伤复发的，依法享受相应的工伤待遇。 |
| | 军人伤亡保险所需资金由国家承担，个人不缴纳保险费。 |
| 退役养老保险 | 军人退出现役参加基本养老保险的，国家给予退役养老保险补助。 |
| | 军人服现役年限与入伍前和退出现役后参加职工基本养老保险的缴费年限合并计算。 |
| 退役医疗保险 | 参加军人退役医疗保险的军官、文职干部和士官应当缴纳军人退役医疗保险费，国家按照个人缴纳的军人退役医疗保险费的同等数额给予补助。 |
| | 义务兵和供给制学员不缴纳军人退役医疗保险费，国家按照规定的标准给予军人退役医疗保险补助。 |
| | 军人服现役年限视同职工基本医疗保险缴费年限，与入伍前和退出现役后参加职工基本医疗保险的缴费年限合并计算。 |

续　表

| | |
|---|---|
| 随军未就业的军人配偶保险 | 国家为随军未就业的军人配偶建立养老保险、医疗保险等。 |
| | 随军未就业的军人配偶参加保险，应当缴纳养老保险费和医疗保险费，国家给予相应的补助。 |
| | 军人配偶在随军未就业期间的养老保险、医疗保险缴费年限与其在地方参加职工基本养老保险、职工基本医疗保险的缴费年限合并计算。 |
| 军人保险基金 | 中国人民解放军军人保险主管部门负责全军的军人保险工作。 |
| | 军人保险基金由个人缴费、中央财政负担的军人保险资金以及利息收入等资金构成。 |
| | 军人保险基金包括军人伤亡保险基金、军人退役养老保险基金、军人退役医疗保险基金和随军未就业的军人配偶保险基金。 |
| | 各项军人保险基金按照军人保险险种分别建账，分账核算，执行军队的会计制度。 |
| | 军人应当缴纳的保险费，由其所在单位代扣代缴。 |

## 总结

1. 工伤保险与失业保险

| | |
|---|---|
| 工伤保险 | 职工参保，单位缴纳保费。 |
| | 工伤基金：一次性伤残补助金和一至四级伤残职工按月领取的伤残津贴等。 |
| | 用人单位：五级、六级伤残职工按月领取的伤残津贴等。 |
| 失业保险 | 职工参保，单位和职工共同缴纳。 |
| | 领取条件：<br>（1）失业前用人单位和本人已经缴纳失业保险费满 1 年的；<br>（2）非因本人意愿中断就业的；<br>（3）已经进行失业登记，并有求职要求的。 |
| | 领取期限：<br>累计缴费 10 年以上的，领取失业保险金的期限最长为 24 个月。 |

2. 除基本医疗保险基金与生育保险基金合并建账及核算外，其他各项社会保险基金按照社会保险险种分别建账，分账核算。

3. 社会保险基金执行国家统一的会计制度。

4. 军人服现役年限视同职工基本医疗保险缴费年限，与入伍前和退出现役后参加职工基本医疗保险的缴费年限合并计算。

# 第五部分　环境资源法

# 专题二十　环境保护法

**知识体系图**

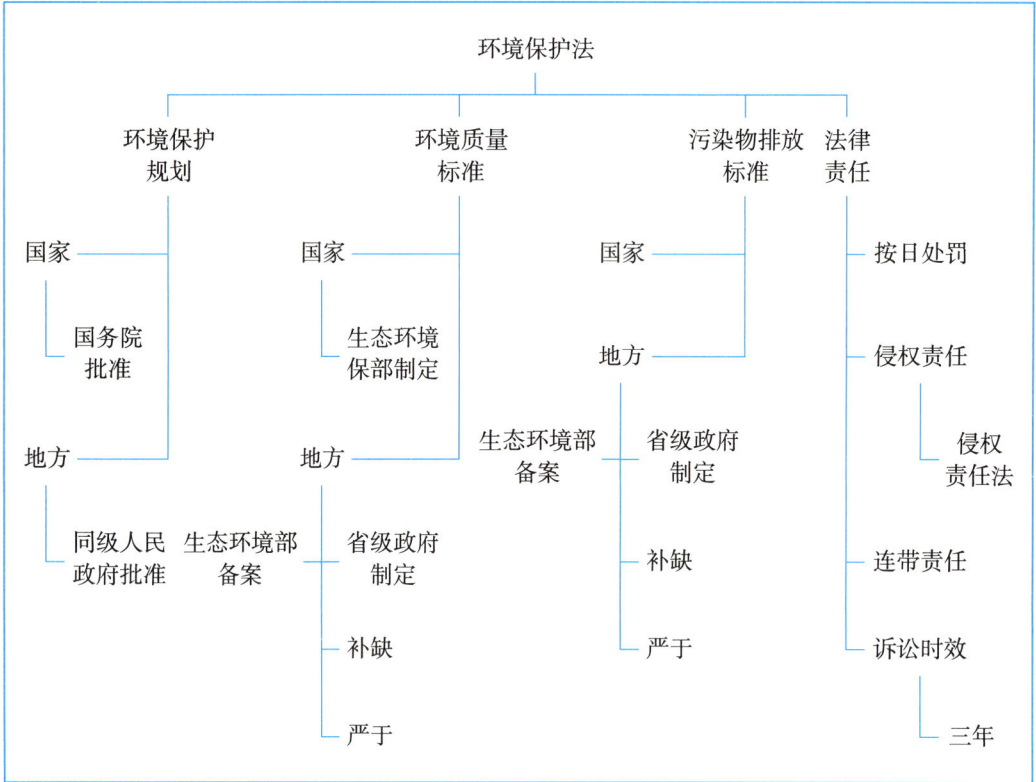

**命题点拨**

　　本专题重点内容包括我国环境保护的基本原则、基本制度和环境法律责任。命题重点是环境规划制度、环境影响评价制度、"三同时"制度、总量控制制度、环境标准制度、生态保护制度等。

# 第一节 生态保护制度、环境规划与标准

## 一、环境保护法概述

| 环保原则 | 保护优先、预防为主、综合治理、公众参与、损害担责。 |
|---|---|
| 特殊保护 | 1. 国家在重点生态功能区、生态环境敏感区和脆弱区等区域划定生态保护红线，实行严格保护。 |
| | 2. 国家建立、健全生态保护补偿制度。<br>（1）国家加大对生态保护地区的财政转移支付力度。有关地方人民政府应当落实生态保护补偿资金，确保其用于生态保护补偿。<br>（2）国家指导受益地区和生态保护地区人民政府通过协商或者按照市场规则进行生态保护补偿。 |

经典考题：关于我国生态保护制度，下列哪一表述是正确的？（2015 年·卷一·31 题·单选）①

A. 国家只在重点生态功能区划定生态保护红线

B. 国家应积极引进外来物种以丰富我国生物的多样性

C. 国家应加大对生态保护地区的财政转移支付力度

D. 国家应指令受益地区对生态保护地区给予生态保护补偿

## 二、环境保护规划

| 国家环境保护规划 | 国务院环境保护主管部门会同有关部门，根据国民经济和社会发展规划编制国家环境保护规划，报国务院批准并公布实施。 |
|---|---|
| 地方环境保护规划 | 县级以上地方人民政府环境保护主管部门会同有关部门，根据国家环境保护规划的要求，编制本行政区域的环境保护规划，报同级人民政府批准并公布实施。 |
| 内容 | 环境保护规划的内容应当包括生态保护和污染防治的目标、任务、保障措施等，并与主体功能区规划、土地利用总体规划和城乡规划等相衔接。 |

---

① 【答案】C。根据《环境保护法》第 29 条第 1 款的规定："国家在重点生态功能区、生态环境敏感区和脆弱区等区域划定生态保护红线，实行严格保护。"A 选项错误。根据《环境保护法》第 30 条第 2 款的规定："引进外来物种以及研究、开发和利用生物技术，应当采取措施，防止对生物多样性的破坏。"B 选项错误。根据《环境保护法》第 31 条第 2 款的规定："国家加大对生态保护地区的财政转移支付力度。有关地方人民政府应当落实生态保护补偿资金，确保其用于生态保护补偿。"C 选项正确。根据《环境保护法》第 31 条第 3 款的规定："国家指导受益地区和生态保护地区人民政府通过协商或者按照市场规则进行生态保护补偿。"D 选项错误。【错误原因】本题考查生态保护制度。本题错误原因主要是对相关法律制度理解不准确，对于"保护红线"、"财政转移"等规则理解不到位。

### 三、环境质量标准

| 国家环境质量标准 | 1. 国务院环境保护主管部门制定国家环境质量标准。 |
| --- | --- |
| | 2. 未达到国家环境质量标准的重点区域、流域的有关地方人民政府，应当制定限期达标规划，并采取措施按期达标。 |
| 地方环境质量标准 | 省、自治区、直辖市人民政府对国家环境质量标准中未作规定的项目，可以制定地方环境质量标准；对国家环境质量标准中已作规定的项目，可以制定严于国家环境质量标准的地方环境质量标准。地方环境质量标准应当报国务院环境保护主管部门备案。 |

### 总　结

| 环境含义 | 环境，是指影响人类生存和发展的各种天然的和经过人工改造的自然因素的总体，包括大气、水、海洋、土地、矿藏、森林、草原、湿地、野生生物、自然遗迹、人文遗迹、自然保护区、风景名胜区、城市和乡村等。 |
| --- | --- |
| 适用范围 | 本法适用于中华人民共和国领域和中华人民共和国管辖的其他海域。 |

# 第二节　重要制度

## 一、三同时制度

| （一） | 建设项目中防治污染的设施，应当与主体工程同时设计、同时施工、同时投产使用。 |
| --- | --- |
| （二） | 防治污染的设施应当符合经批准的环境影响评价文件的要求，不得擅自拆除或者闲置。 |

## 二、突发环境事件处理制度

| 县级以上人民政府 | 县级以上人民政府应当建立环境污染公共监测预警机制，组织制定预警方案；环境受到污染，可能影响公众健康和环境安全时，依法及时公布预警信息，启动应急措施。 |
| --- | --- |
| 企业事业单位 | 企业事业单位应当按照国家有关规定制定突发环境事件应急预案，报环境保护主管部门和有关部门备案。在发生或者可能发生突发环境事件时，企业事业单位应当立即采取措施处理，及时通报可能受到危害的单位和居民，并向环境保护主管部门和有关部门报告。 |
| 评估 | 突发环境事件应急处置工作结束后，有关人民政府应当立即组织评估事件造成的环境影响和损失，并及时将评估结果向社会公布。 |

## 三、信息公开制度

| 环境违法信息公开 | 县级以上地方人民政府环境保护主管部门和其他负有环境保护监督管理职责的部门，应当将企业事业单位和其他生产经营者的环境违法信息记入社会诚信档案，及时向社会公布违法者名单。 |
|---|---|
| 重点排污单位信息公开 | 重点排污单位应当如实向社会公开其主要污染物的名称、排放方式、排放浓度和总量、超标排放情况，以及防治污染设施的建设和运行情况，接受社会监督。 |
| 建设项目信息公开 | 对依法应当编制环境影响报告书的建设项目，建设单位应当在编制时向可能受影响的公众说明情况，充分征求意见。 |

## 四、环境公益诉讼

| 条件 | 对污染环境、破坏生态，损害社会公共利益的行为，符合下列条件的社会组织可以向人民法院提起诉讼：<br>1. 依法在设区的市级以上人民政府民政部门登记；<br>2. 专门从事环境保护公益活动连续 5 年以上且无违法记录。 |
|---|---|
| 禁令 | 提起诉讼的社会组织不得通过诉讼牟取经济利益。 |

> **总　结**
>
> 1. 负责审批建设项目环境影响评价文件的部门在收到建设项目环境影响报告书后，除涉及国家秘密和商业秘密的事项外，应当全文公开。
> 2. 发现建设项目未充分征求公众意见的，应当责成建设单位征求公众意见。

# 第三节　法律责任与纠纷处理

| 按日处罚 | 1. 企业事业单位和其他生产经营者违法排放污染物，受到罚款处罚，被责令改正，拒不改正的，依法作出处罚决定的行政机关可以自责令改正之日的次日起，按照原处罚数额按日连续处罚。 |
|---|---|
| | 2. 前款规定的罚款处罚，依照有关法律法规按照防治污染设施的运行成本、违法行为造成的直接损失或者违法所得等因素确定的规定执行。 |
| | 3. 地方性法规可以根据环境保护的实际需要，增加第一款规定的按日连续处罚的违法行为的种类。 |
| 连带责任 | 环境影响评价机构、环境监测机构以及从事环境监测设备和防治污染设施维护、运营的机构，在有关环境服务活动中弄虚作假，对造成的环境污染和生态破坏负有责任的，除依照有关法律法规规定予以处罚外，还应当与造成环境污染和生态破坏的其他责任者承担连带责任。 |

续　表

| | |
|---|---|
| **诉讼时效** | 提起环境损害赔偿诉讼的时效期间为3年，从当事人知道或者应当知道其受到损害时起计算。 |
| **直接决定** | 依法应当给予行政处罚，而有关环境保护主管部门不给予行政处罚的，上级人民政府环境保护主管部门可以直接作出行政处罚的决定。 |

### 总　结

1.【民法典】因污染环境、破坏生态造成他人损害的，侵权人应当承担侵权责任。

2.【民法典】因第三人的过错污染环境、破坏生态的，被侵权人可以向侵权人请求赔偿，也可以向第三人请求赔偿。侵权人赔偿后，有权向第三人追偿。

# 第四节　环境影响评价法

**知识体系图**

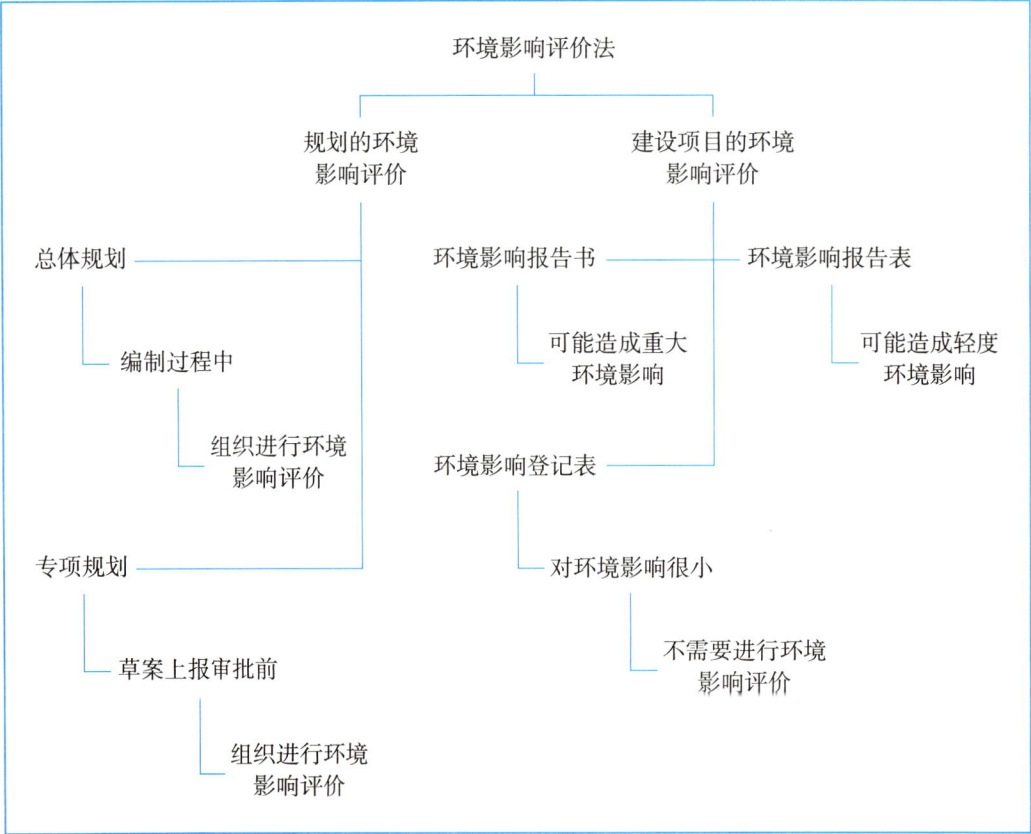

## 一、环境影响评价文件的编制与审批

| 适用范围 | 规划，包括总体规划和专项规划；建设项目，中国领域和中国管辖的其他海域内对环境有影响的建设项目。 |
|---|---|
| 规划的环境影响评价 | 1. 总体规划：应当在规划编制过程中组织进行环境影响评价，未编写有关环境影响的篇章或者说明的总体规划草案，审批机关不予审批。 |
| | 2. 专项规划：应当在该专项规划草案上报审批前，组织进行环境影响评价；编制机关应当广泛征求意见；在报批规划草案时应当将环境影响报告书一并附送审批机关审查；规划实施后要进行跟踪评价并将结果报告审批机关。 |
| | 3. 内容：实施该规划对环境可能造成影响的分析、预测和评估；预防或者减轻不良环境影响的对策和措施；环境影响评价的结论。 |
| 建设项目的环境影响评价 | 1. 形式：根据建设项目所作环境影响评价深度的不同，把环境影响评价分为三种形式：<br>环境影响报告书（可能造成重大环境影响的）；<br>环境影响报告表（可能造成轻度环境影响的）；<br>环境影响登记表（对环境影响很小，不需要进行环境影响评价的）。 |
| 编制 | 建设单位可以委托技术单位对其建设项目开展环境影响评价，编制建设项目环境影响报告书、环境影响报告表；<br>建设单位具备环境影响评价技术能力的，可以自行对其建设项目开展环境影响评价，编制建设项目环境影响报告书、环境影响报告表。 |
| | 编制建设项目环境影响报告书、环境影响报告表应当遵守国家有关环境影响评价标准、技术规范等规定。 |
| | 国务院生态环境主管部门应当制定建设项目环境影响报告书、环境影响报告表编制的能力建设指南和监管办法。 |
| | 接受委托为建设单位编制建设项目环境影响报告书、环境影响报告表的技术单位，不得与负责审批建设项目环境影响报告书、环境影响报告表的生态环境主管部门或者其他有关审批部门存在任何利益关系。 |

## 二、重要制度

| 环境影响报告书内容 | 1. 建设项目概况； | 环境影响报告表和环境影响登记表的内容和格式，由国务院环境保护行政主管部门制定。 |
|---|---|---|
| | 2. 建设项目周围环境现状； | |
| | 3. 建设项目对环境可能造成影响的分析、预测和评估； | |
| | 4. 建设项目环境保护措施及其技术、经济论证； | |
| | 5. 建设项目对环境影响的经济损益分析； | |
| | 6. 对建设项目实施环境监测的建议； | |
| | 7. 环境影响评价的结论。 | |

续　表

| 规划与建设 | 已经进行了环境影响评价的规划包含具体建设项目的，规划的环境影响评价结论应当作为建设项目环境影响评价的重要依据。 |
|---|---|
| | 建设项目环境影响评价的内容应当根据规划的环境影响评价审查意见予以简化。 |
| 审批与备案 | 审批部门应当自收到环境影响报告书之日起 60 日内，收到环境影响报告表之日起 30 日内，分别作出审批决定并书面通知建设单位。审核、审批建设项目环境影响报告书、报告表以及备案环境影响登记表，不得收取任何费用。 |
| | 国家对环境影响登记表实行备案管理。 |
| 法律责任 | 建设单位未依法报批建设项目环境影响报告书、报告表擅自开工建设的，由县级以上环境保护行政主管部门责令停止建设，处建设项目总投资额 1% 以上 5% 以下的罚款，并可以责令恢复原状。 |
| | 建设单位未依法备案建设项目环境影响登记表的，由县级以上环境保护行政主管部门责令备案，处五万元以下的罚款。 |

## 总　结

　　1. 建设单位应当对建设项目环境影响报告书、环境影响报告表的内容和结论负责。

　　2. 接受委托编制建设项目环境影响报告书、环境影响报告表的技术单位对其编制的建设项目环境影响报告书、环境影响报告表承担相应责任。

　　3. 任何单位和个人不得为建设单位指定编制建设项目环境影响报告书、环境影响报告表的技术单位。

# 专题二十一　自然资源法

## 知识体系图

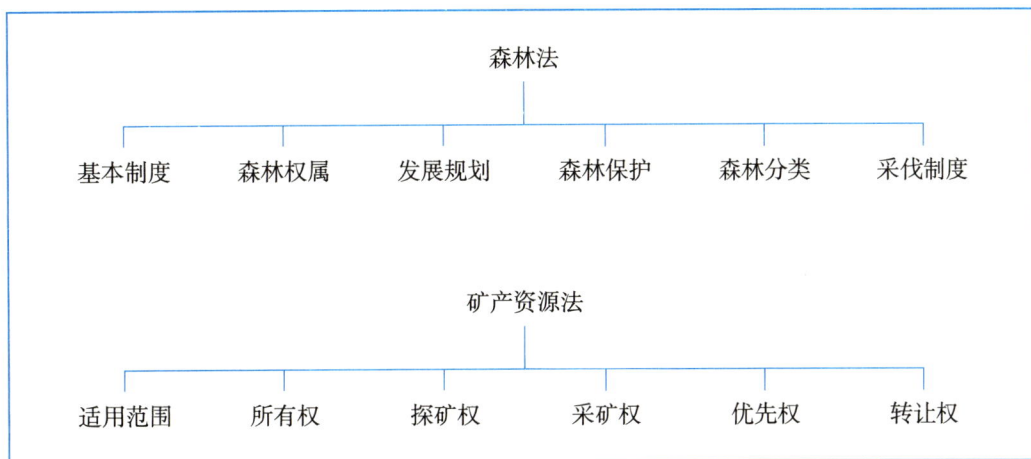

## 命题点拨

本专题重点内容包括森林基本制度、森林权属、发展规划、森林保护、森林分类、探矿权、采矿权、优先权等。命题重点是各项权利制度。

# 第一节　森林法

## 一、基本制度

| 立法宗旨 | 为了践行绿水青山就是金山银山理念，保护、培育和合理利用森林资源，加快国土绿化，保障森林生态安全，建设生态文明，实现人与自然和谐共生，制定本法。 |
| --- | --- |
| 考核评价 | 国家实行森林资源保护发展目标责任制和考核评价制度。上级人民政府对下级人民政府完成森林资源保护发展目标和森林防火、重大林业有害生物防治工作的情况进行考核，并公开考核结果。 |
| 林长制 | 地方人民政府可以根据本行政区域森林资源保护发展的需要，建立林长制。 |
| 效益补偿 | 国家建立森林生态效益补偿制度，加大公益林保护支持力度，完善重点生态功能区转移支付政策，指导受益地区和森林生态保护地区人民政府通过协商等方式进行生态效益补偿。 |

## 二、森林权属

| 所有权 | 森林资源属于国家所有，由法律规定属于集体所有的除外。 |
| :--- | :--- |
| | 国家所有的森林资源的所有权由国务院代表国家行使，国务院可以授权国务院自然资源主管部门统一履行国有森林资源所有者职责。 |
| 使用权 | 国家所有的林地和林地上的森林、林木可以依法确定给林业经营者使用。林业经营者依法取得的国有林地和林地上的森林、林木的使用权，经批准可以转让、出租、作价出资等。具体办法由国务院制定。 |
| 承包经营 | 集体所有和国家所有依法由农民集体使用的林地（以下简称集体林地）实行承包经营的，承包方享有林地承包经营权和承包林地上的林木所有权，合同另有约定的从其约定。承包方可以依法采取出租（转包）、入股、转让等方式流转林地经营权、林木所有权和使用权。 |
| 统一经营 | 未实行承包经营的集体林地以及林地上的林木，由农村集体经济组织统一经营。经本集体经济组织成员的村民会议 2/3 以上成员或者 2/3 以上村民代表同意并公示，可以通过招标、拍卖、公开协商等方式依法流转林地经营权、林木所有权和使用权。 |
| 个人所有 | 农村居民在房前屋后、自留地、自留山种植的林木，归个人所有。城镇居民在自有房屋的庭院内种植的林木，归个人所有。 |
| 争议处理 | 单位之间发生的林木、林地所有权和使用权争议，由县级以上人民政府依法处理。 |
| | 个人之间、个人与单位之间发生的林木所有权和林地使用权争议，由乡镇人民政府或者县级以上人民政府依法处理。 |
| | 当事人对有关人民政府的处理决定不服的，可以自接到处理决定通知之日起 30 日内，向人民法院起诉。 |
| | 在林木、林地权属争议解决前，除因森林防火、林业有害生物防治、国家重大基础设施建设等需要外，当事人任何一方不得砍伐有争议的林木或者改变林地现状。 |

## 三、发展规划

| 人民政府 | 县级以上人民政府应当将森林资源保护和林业发展纳入国民经济和社会发展规划。 |
| :--- | :--- |
| | 县级以上人民政府应当落实国土空间开发保护要求，合理规划森林资源保护利用结构和布局，制定森林资源保护发展目标，提高森林覆盖率、森林蓄积量，提升森林生态系统质量和稳定性。 |
| 主管部门 | 县级以上人民政府林业主管部门应当根据森林资源保护发展目标，编制林业发展规划。下级林业发展规划依据上级林业发展规划编制。 |
| | 县级以上人民政府林业主管部门可以结合本地实际，编制林地保护利用、造林绿化、森林经营、天然林保护等相关专项规划。 |
| 调查监测 | 国家建立森林资源调查监测制度，对全国森林资源现状及变化情况进行调查、监测和评价，并定期公布。 |

## 四、森林保护

| | |
|---|---|
| 国家公园 | 国家在不同自然地带的典型森林生态地区、珍贵动物和植物生长繁殖的林区、天然热带雨林区和具有特殊保护价值的其他天然林区，建立以国家公园为主体的自然保护地体系，加强保护管理。 |
| 天然林 | 国家实行天然林全面保护制度，严格限制天然林采伐，加强天然林管护能力建设，保护和修复天然林资源，逐步提高天然林生态功能。具体办法由国务院规定。 |
| 森林防火 | 地方各级人民政府负责本行政区域的森林防火工作，发挥群防作用；县级以上人民政府组织领导应急管理、林业、公安等部门按照职责分工密切配合做好森林火灾的科学预防、扑救和处置工作。 |
| | 国家综合性消防救援队伍承担国家规定的森林火灾扑救任务和预防相关工作。 |
| 占用林地 | 矿藏勘查、开采以及其他各类工程建设，应当不占或者少占林地；确需占用林地的，应当经县级以上人民政府林业主管部门审核同意，依法办理建设用地审批手续。 |
| | 占用林地的单位应当缴纳森林植被恢复费。森林植被恢复费征收使用管理办法由国务院财政部门会同林业主管部门制定。 |
| | 县级以上人民政府林业主管部门应当按照规定安排植树造林，恢复森林植被，植树造林面积不得少于因占用林地而减少的森林植被面积。上级林业主管部门应当定期督促下级林业主管部门组织植树造林、恢复森林植被，并进行检查。 |
| 临时使用 | 需要临时使用林地的，应当经县级以上人民政府林业主管部门批准；临时使用林地的期限一般不超过 2 年，并不得在临时使用的林地上修建永久性建筑物。 |
| | 临时使用林地期满后 1 年内，用地单位或者个人应当恢复植被和林业生产条件。 |

## 五、森林分类

| | |
|---|---|
| 森林分类 | 国家根据生态保护的需要，将森林生态区位重要或者生态状况脆弱，以发挥生态效益为主要目的的林地和林地上的森林划定为公益林。未划定为公益林的林地和林地上的森林属于商品林。 |
| 公益林 | 公益林由国务院和省、自治区、直辖市人民政府划定并公布。 |
| | 公益林划定涉及非国有林地的，应当与权利人签订书面协议，并给予合理补偿。 |
| | 公益林进行调整的，应当经原划定机关同意，并予以公布。 |
| | 国家级公益林划定和管理的办法由国务院制定；地方级公益林划定和管理的办法由省、自治区、直辖市人民政府制定。 |
| 商品林 | 国家鼓励发展下列商品林：<br>1. 以生产木材为主要目的的森林；<br>2. 以生产果品、油料、饮料、调料、工业原料和药材等林产品为主要目的的森林；<br>3. 以生产燃料和其他生物质能源为主要目的的森林；<br>4. 其他以发挥经济效益为主要目的的森林。 |
| | 在保障生态安全的前提下，国家鼓励建设速生丰产、珍贵树种和大径级用材林，增加林木储备，保障木材供给安全。 |
| | 商品林由林业经营者依法自主经营。在不破坏生态的前提下，可以采取集约化经营措施，合理利用森林、林木、林地，提高商品林经济效益。 |

## 六、采伐制度

| 采伐许可证 | 采伐林地上的林木应当申请采伐许可证，并按照采伐许可证的规定进行采伐；采伐自然保护区以外的竹林，不需要申请采伐许可证，但应当符合林木采伐技术规程。 |
| --- | --- |
| | 农村居民采伐自留地和房前屋后个人所有的零星林木，不需要申请采伐许可证。 |
| | 禁止伪造、变造、买卖、租借采伐许可证。 |
| | 采伐许可证由县级以上人民政府林业主管部门核发。 |
| | 农村居民采伐自留山和个人承包集体林地上的林木，由县级人民政府林业主管部门或者其委托的乡镇人民政府核发采伐许可证。 |
| 不得核发 | 有下列情形之一的，不得核发采伐许可证：<br>1. 采伐封山育林期、封山育林区内的林木；<br>2. 上年度采伐后未按照规定完成更新造林任务；<br>3. 上年度发生重大滥伐案件、森林火灾或者林业有害生物灾害，未采取预防和改进措施；<br>4. 法律法规和国务院林业主管部门规定的禁止采伐的其他情形。 |
| 更新造林 | 采伐林木的组织和个人应当按照有关规定完成更新造林。更新造林的面积不得少于采伐的面积，更新造林应当达到相关技术规程规定的标准。 |

### 总　结

| 森林分类 | 以发挥生态效益为主要目的的林地和林地上的森林划定为公益林。<br>未划定为公益林的林地和林地上的森林属于商品林。 |
| --- | --- |
| 采伐许可证 | 采伐林地上的林木应当申请采伐许可证；采伐自然保护区以外的竹林，不需要申请采伐许可证。 |
| | 农村居民采伐自留地和房前屋后个人所有的零星林木，不需要申请采伐许可证。 |

# 第二节　矿产资源法

| 适用范围 | 在中华人民共和国领域及管辖海域勘查、开采矿产资源，必须遵守本法。 |
| --- | --- |
| 矿产所有权 | 矿产资源属于国家所有，由国务院行使国家对矿产资源的所有权。 |
| | 地表或者地下的矿产资源的国家所有权，不因其所依附的土地的所有权或者使用权的不同而改变。 |
| 探矿与采矿权 | 国家实行探矿权、采矿权有偿取得的制度； |

| | |
|---|---|
| | 但是，国家对探矿权、采矿权有偿取得的费用，可以根据不同情况规定予以减缴、免缴。 |
| | 开采矿产资源，必须按照国家有关规定缴纳资源税和资源补偿费。 |
| 采矿限制 | 非经国务院授权的有关主管部门同意，不得在下列地区开采矿产资源： |
| | 1. 港口、机场、国防工程设施圈定地区以内； |
| | 2. 重要工业区、大型水利工程设施、城镇市政工程设施附近一定距离以内； |
| | 3. 铁路、重要公路两侧一定距离以内； |
| | 4. 重要河流、堤坝两侧一定距离以内； |
| | 5. 国家划定的自然保护区、重要风景区，国家重点保护的不能移动的历史文物和名胜古迹所在地； |
| | 6. 国家规定不得开采矿产资源的其他地区。 |
| 开采制度 | 开采矿产资源，必须采取合理的开采顺序、开采方法和选矿工艺。 |
| | 开采矿产资源，必须遵守有关环境保护的法律规定，防止污染环境。 |
| | 勘查、开采矿产资源时，发现具有重大科学文化价值的罕见地质现象以及文化古迹，应当加以保护并及时报告有关部门。 |
| 集体矿山与个体采矿 | 鼓励集体矿山企业开采国家指定范围内的矿产资源。 |
| | 允许个人采挖零星分散资源和只能用作普通建筑材料的砂、石、粘土以及为生活自用采挖少量矿产。 |

**经典考题：** 甲公司与乙公司签订《合作协议》，约定两方合作对某区域进行煤炭资源勘探，下列说法正确的是：（2018 年回忆版·卷二·不定项）[①]

A. 甲公司与乙公司组成的联合勘探主体，在勘探中的投入达到最低比例后，经依法批准，可将探矿权予以转让

B. 甲公司与乙公司完成勘探后，有权优先取得勘查作业区内煤炭资源的采矿权

C. 矿产资源属于国家或者集体所有

D. 地下的矿产资源的国家所有权，因其所依附的土地的所有权的不同而改变

---

[①] 【答案】AB。根据《矿产资源法》第 6 条，探矿权人有权在划定的勘查作业区内进行规定的勘查作业，有权优先取得勘查作业区内矿产资源的采矿权，B 项正确。探矿权人在完成规定的最低勘查投入后，经依法批准，可以将探矿权转让他人，A 项正确。根据《矿产资源法》第 11 条，国务院地质矿产主管部门主管全国矿产资源勘查、开采的监督管理工作。省、自治区、直辖市人民政府地质矿产主管部门主管本行政区域内矿产资源勘查、开采的监督管理工作。根据《矿产资源法》第 3 条，矿产资源属于国家所有，由国务院行使国家对矿产资源的所有权，C 项错误。地表或者地下的矿产资源的国家所有权，不因其所依附的土地的所有权或者使用权的不同而改变，D 项错误。【错误原因】本题考查探矿权转让、优先开采等问题。本题错误原因主要是对相关法律制度理解不准确，对于"转让权"、"优先权"等规则理解不到位。

## 总　结

| 所有权 | 矿产资源属于国家所有，由国务院行使国家对矿产资源的所有权。 |
| --- | --- |
| | 地表或者地下的矿产资源的国家所有权，不因其所依附的土地的所有权或者使用权的不同而改变。 |
| **探矿权与采矿权** | 国家实行探矿权、采矿权有偿取得的制度。 |
| | 探矿权人有权在划定的勘查作业区内进行规定的勘查作业，有权优先取得勘查作业区内矿产资源的采矿权。 |
| | 探矿权人在完成规定的最低勘查投入后，经依法批准，可以将探矿权转让他人。 |